DANA SCHWEIGER
MIT JANINA JETTEN

Im Herzen barfuß

Das Leben, die Liebe, meine Familie und ich

EDEL
BOOKS

INHALTSVERZEICHNIS

VORWORT

Was packst du in deinen Koffer, wenn es um Leben und Tod geht – wenn du nur 60 Minuten Zeit hast, dich zu entscheiden? Seit dem 9. November 2018 kann ich diese Frage beantworten. Es ist nun schon ein Jahr her … Und doch erinnere ich mich an so ziemlich alles, was an diesem Morgen passierte und was ich gedacht habe. Ganz so, als wäre es gestern gewesen.

Ich lag an diesem Tag gegen sechs Uhr morgens noch in meinem Bett, in dem Haus in Malibu, das Til und ich uns 1998 in glücklichen Zeiten gemeinsam gekauft hatten. Durch die Fenster fielen Sonnenstrahlen – es sah ganz danach aus, als würde es wieder ein richtig schöner kalifornischer Herbsttag werden, als ich per SMS von der Behörde alarmiert wurde, dass alle Bewohner Malibus ihre Häuser zu verlassen haben. Am Vortag waren mehrere Feuer ausgebrochen. Das wusste ich natürlich aus den Nachrichten, aber das war ja nichts Ungewöhnliches zu dieser Jahreszeit. Oktober und November werden hier nicht umsonst »Fire Season«, Feuer-Saison, genannt. Dass es irgendwo oberhalb der Küstenstädte in den Hügeln brennt, gehört in Kalifornien genauso dazu wie der Ozean und die Erdbeben. Ach, nur eine Vorsichtsmaßnahme – so schlimm wird's schon nicht sein …, tat ich die Nachricht ab. Was ich zu dem Zeitpunkt nicht wusste, war, dass die Santa-Ana-Winde aufgekommen waren. Sie werden nicht umsonst auch Teufelswinde genannt, denn sie fegen heiß, trocken und mit bis zu 40 Kilometern pro Stunde über Land und Meer. Und leider hatten sie über Nacht dafür gesorgt, dass sich die Brände in rasendem Tempo und völlig unkontrolliert ausbreiten konnten. Die Feuerwehr war machtlos. Ich dachte zunächst nur daran, endlich nach unten zu gehen, die Espressomaschine anzuschmeißen und mir meinen ersten Kaffee des Tages und meiner Tochter ihren geliebten Avocado-Toast zu machen. So schnell wie möglich unser Haus zu verlassen, fand ich in diesen frühen Morgenminuten undenkbar und regelrecht skurril. Ich war noch im Pyjama und schmiss mich gerade in meine Lieblingsjogginghose und ein T-Shirt, als mir Emma eine SMS schickte. Sie hat ihr Zimmer direkt unter meinem und schickt mir oft aus dem Bett heraus Nachrichten. Diesmal fragte sie mich, ob sie zu Hause bleiben dürfe, weil sie Bauchschmerzen habe. Ich sagte natürlich Ja und dachte: Na, dann kann ich mich ja heute früher mit meiner Freundin Eva treffen und durch die Santa Monica Mountains wandern ... Das mache ich morgens wahnsinnig gern, nachdem ich Emma in die Schule gefahren habe. Es gibt wundervolle Wanderwege in den Hügeln, die durch die Natur führen und je nach Wetterlage einen unglaublichen Blick über die Küste bieten. Selbst nach 20 Jahren kann ich mich daran nicht sattsehen. Und da ich sowieso viel zu wenig Sport mache, gibt mir dieser halbstündige Spaziergang bergauf mit Lunas Hunden Banksy und Yoda, auf die ich aufpasste, während sie in Paris studierte, das Gefühl, dass es um mich noch nicht total verloren ist. Evas Antwort fiel allerdings anders aus als erwartet: »Sweetie, ich sitz längst mit meiner Familie im Auto, raus hier. Das solltest du auch tun. Und zwar sofort.«

Okaaaaay, dachte ich da, das erste Mal mit einem wirklich mulmigen Gefühl im Bauch. Vielleicht solltest du das doch mal ernst nehmen. Ich ging auf den Balkon, der direkt an meinem Schlafzimmer im ersten Stock liegt. Von da aus kann ich nicht nur ein Stück des Pazifischen Ozeans sehen, sondern auch in Richtung der Hügel – und auf einmal wurde die SMS durch eine gigantische, schwarz-graue und bedrohlich nahe Rauchwolke zur Wirklichkeit. Ich bin nicht der Typ, der schnell hysterisch wird, im Gegenteil: Je mehr um mich herum los ist, desto ruhiger werde ich. Wer vier Kinder hat, wird wohl in jeglicher Hinsicht stressresistent, würde ich sagen. Anders kann ich mir nicht erklären, dass ich selbst da noch dachte: Kaffee. Der wird erst einmal helfen. Und dann kannst du immer noch entscheiden. Als ich jedoch durch das stille Haus nach unten in die Küche ging und vor der Espressomaschine stand, drängte sich ein Gedanke immer weiter nach oben und weil es noch so leise im Haus war, war er auf einmal so laut in meinem Kopf, als hätte ich ihn ausgesprochen: Verlasst das Haus, Dana, verlasst sofort das Haus. Als sei das der Startschuss gewesen, begann mein Handy mit einem pausenlosen Piepen, eingehende Nachrichten anzuzeigen. Es kamen immer mehr – von anderen Freunden, die auf der Flucht waren und fragten, ob es uns gut ginge. Von einem Nachbarn, der auf der Suche nach einem Anhänger für sein Pferd war. Von einer Freundin, die völlig verzweifelt schrieb, dass ihr Haus bereits in den frühen Morgenstunden abgebrannt sei. Ich lief zu meiner Tochter Emma und sagte so ruhig wie möglich: »Emma, du musst aufstehen. Wir werden evakuiert. Malibu brennt.« Sie war sofort völlig durch den Wind, erst recht, als eine Freundin ihr schrieb, dass die gemeinsame Schule bereits dem Feuer zum Opfer gefallen sei. »Mom, Mom«, rief sie. »Was sollen wir denn tun?« Ich versuchte sie zu beruhigen:

»Keine Angst, Sweetie, wir kriegen das hin. Pack deine Sachen. Alles wird gut.« Sie nahm als Erstes ihre geliebten Kurt-Cobain-, Nirvana- und David-Bowie-Poster und die gemeinsamen Fotos mit ihrem Vater und ihren Geschwistern von den Wänden, denn die bedeuteten ihr am allermeisten, und verschwand im Kleiderschrank, um ihre Lieblingsklamotten von den Bügeln zu reißen. Sie ist mein jüngster Schatz, war gerade vor ein paar Wochen 16 Jahre alt geworden und lebt als einzige ihrer vier Geschwister noch bei mir. Ich liebe sie über alles, natürlich. Aber wie es zwischen Mama und Teenager so ist, beschränken sich unsere Konversationen derzeit meistens auf Kurzinfos wie »Aufstehen!«, »Hast du was gegessen?« meinerseits und »Man, Moooooom!« »———« und »Wo. Ist. Mein. Schwarzer. Hoodie?« ihrerseits. Auf einmal stand das Haus, in dem sie so glücklich geworden war, der realen Bedrohung gegenüber, bald nicht mehr zu existieren. Ihr verzweifelter Aktionismus zerbrach mir das Herz, ich hätte sie am liebsten sofort auf den Schoß genommen. Aber selbst wenn sie es zugelassen hätte, hätte ich mich ohnehin nicht allzu lange um sie kümmern können, denn ich musste unsere Mitbewohner wecken. Wie immer war das Grundstück randvoll mit den Freunden meiner Kinder aus Deutschland. Wer eine Anlaufstation in Los Angeles braucht, meldet sich bei mir und natürlich sage ich zu allen immer und gern »Ja, klar, stay with us.« Ich mag es, ein volles Haus zu haben. Und auch wenn es manchmal hart ist, nicht loszubrüllen, wenn mal wieder keine Milch, keine Avocado oder kein Kaffee mehr da sind und alle mich mit großen »Ich war das nicht«-Augen anschauen, macht es mich wahnsinnig glücklich, sie bei mir zu haben. Natürlich fühlte ich mich verantwortlich für diese jungen Menschen, alle Anfang 20, alle dabei, im Leben durchzustarten. Der schlagfertige Marvin und sein höflicher kleiner Bruder Alan, die zusammen einen Abi-Crash-Kurs entwickelt haben, die durchtrainierte blitzgescheite Jana, die in Los Angeles studieren und eine Karriere im Fashion-Marketing starten will, die rothaarige Carla, die nach dem Abi für ein paar Wochen aus Hamburg rauswollte und mir ein bisschen im Haushalt hilft und die eloquente Lina, die einen erfolgreichen Travel-und-Lifestyle-Blog hat. Ich klopfte an die Tür meines kleinen Gästehauses, das hinten im Garten steht, und weckte Carla und Lina. Jana war schon wach und kümmerte sich um die Hunde und die Jungs steckten verschlafen ihre Köpfe aus dem vintage Airstream-Wohnwagen, der in unserer Auffahrt steht. Sie konnten gar nicht glauben, was ich sagte und mussten sich erst einmal die Brandwolke von meinem Balkon aus ansehen. »Krass«, »Heftig«, »Guck mal, ganz schön nah« waren ihre Kommentare, als sie ungläubig Fotos machten. Die beiden sind aus Hamburg angereist – »Schietwetter« ist ihnen ein Begriff, aber nicht die Gefahr von Flächenbränden wegen einer weggeworfenen Zigarette, eines nachlässig gelöschten Campingfeuers oder eines kleinen Funkens aus einer defekten Stromleitung. Die wahren Ausmaße der Katastrophe erahnten wir natürlich alle noch nicht am Morgen des 9. November 2018. Dieses Feuer vernichtete in einer Minute eine Fläche von sechs Fußballfeldern, 88 Menschen verloren ihr Leben in den Flammen – an die vielen, vielen Tiere mag ich gar nicht denken – und über 9700 Wohnhäuser brannten nieder. Und es traf, das kann ich nach so vielen Jahren hier weiß Gott beurteilen, nicht, wie viele immer denken, nur Reiche. Malibu ist eine sehr gemischte Gemeinde, in der Wohlhabende neben Althippies und Großfamilien mit durchschnittlichem Einkommen neben alten Menschen leben. Das Feuer hat keinen Unterschied gemacht – es wird sicher Jahre dauern, bis alles wiederaufgebaut ist.

Bei uns im Haus, es war mittlerweile gegen halb sieben am Morgen, schwirrten alle umher. Die Kids, in meinen Augen sind sie das natürlich noch, versuchten, die Ruhe zu bewahren, aber ich merkte: Das war nur Fassade. Verständlich. Die Angst »Was ist, wenn uns doch was passiert?« schlummerte wohl in jedem von uns. Sie schauten mich mit großen Augen an und es stand ihnen ins Gesicht geschrieben, dass sie dachten: Was macht Dana? Und weil es als vierfache Mama seit jeher mein Job ist, habe ich das gemacht, was ich am besten kann: die Kontrolle übernehmen. »Lina, du fährst mit Carla.« »Packt genug Wasser ein.« »Vergesst nicht, Essen für die Hunde mitzunehmen.« »Nein, wir werden nicht sterben.« »Wir fahren alle den Pacific Coast Highway, bleibt möglichst dicht beisammen.« »Habt ihr alles gepackt?« Alles ein bisschen zackig im Ton, um Autorität und Sicherheit auszustrahlen. Das war es schließlich, was in der Situation alle brauchten.

Als alle ihre Anweisungen hatten, holte auch ich meine Koffer und schmiss sie aufs Bett. Da lagen sie geöffnet vor mir – mein Kleiderschrank keine zwei Meter entfernt. Was sollte ich einpacken? Was von meinem Leben musste in diese Koffer? Ich, 50 Jahre, vier Kinder, geschieden, Single, mit so vielen wunderbaren Erinnerungen und auch ein paar richtig traurigen.

Als ich mit meinen Koffern dann nach unten kam, wollte Marvin sie gleich ins Auto tragen, hob sie an und setzte sie überrascht ab. »Die sind leer. Soll ich die überhaupt mitnehmen?«

»Ja«, antwortete ich. »Nimm sie mit.« Ich weiß nicht, warum ich nichts reingepackt habe. Meinen Laptop mit den Familienfotos, den Pass, das Portemonnaie hatte ich natürlich dabei. Aber ansonsten landete nur ein völlig unbedeutendes Sommerkleid in der Handtasche – zusammen mit der Jogginghose war das mein Outfit für die nächsten sieben Tage. Ich kann es mir nur so erklären: Kleidung, Handtaschen, Schmuck, die Bilder an den Wänden – davon scheint mir nichts wirklich wichtig zu sein. Ich habe schon so oft alles losgelassen, bin umgezogen mit einer ungewissen Zukunft – und habe immer neu begonnen. Egal, wie schwierig es war. Alles, was mir wichtig ist, trage ich als Erinnerung in meinem Herzen oder kann ich an die Hand nehmen. Wie meine Tochter Emma.

MEIN FOOD-BABY UND ICH

Ob es so eine gute Idee ist, das Kapitel mit der jungen und überaus schlanken Ex-Freundin des Ex-Mannes zu beginnen? Vor allem, wenn man über sich schreiben will und über die Erkenntnis, dass man mit 50 zwar meistens durchaus zufrieden mit sich selbst, aber eindeutig aus der Figurspur geraten ist?

Francesca war im Grunde die erste Freundin von Til, die ich wirklich mochte. Schade, dass die beiden nicht mehr zusammen sind. Ich hatte damals allerdings einen Verdacht: Sie wollte mich dick machen. Noch dicker als ohnehin schon, müsste ich fairerweise sagen. Oder warum sonst bringt man als Gast zum Abendessen gleich *zwei* Kuchen und eine ganze Armada von super lecker aussehenden Cake Pops mit, die lauthals schreien: »Dana, iss mich«?!

Wenn Til in Amerika ist, und das ist er allein wegen Emma regelmäßig, kommt er natürlich bei uns vorbei – er ist immer ein gern gesehener Gast im Haus, das mittlerweile ganz mir gehört. Wir machen dann ein großes Familienessen, bei dem möglichst viele Freunde und Kinder dabei sind. Und als er mit ihr zusammen war, brachte Til eben Francesca mit. Wenn sie nicht so sympathisch gewesen wäre, hätte ich sie eigentlich doof finden müssen: 20 Jahre jünger als ich, klug, hübsch – und extrem schlank. Immerhin aß sie einen ganzen Teller Pasta, statt eine spaßbefreite Salatpickerin zu sein, sagte dann aber den Satz aller Dünnbäuchigen: »Für Kuchen ist jetzt wirklich kein

Platz mehr.« Ja, warum bringt sie ihn dann mit? Meine Töchter Lilli und Emma waren bei dem Abendessen auch dabei, befinden sich aber seit Jahren in einer Ernährungsphase, in der essbare Endorphinzufuhr offensichtlich nicht als gängige Glückswährung gilt – und Til zähle ich mal nicht, der hatte nie mit hängengebliebenen After-Baby-Pfunden zu kämpfen. Blieb also nur ich. Ein Stück Kuchen – das war alles, was ich mir erlaubte. Dem hätten noch ein paar mehr folgen können, aber wie entwürdigend ist es, wenn alle Dünnen der einen Nicht-ganz-so-Dünnen beim Mampfen zuschauen?

Wenn man aber alleine ist, geht das wiederum ganz gut. Und so gestehe ich, dass ich am nächsten Morgen um halb sieben zu meinem Kaffee einen dieser Cake Pops essen musste. Eine Impulsentscheidung mit Konsequenzen in Höhe von 150 Kalorien. Warum standen die im Kühlschrank auch direkt neben der Milch? Ungefähr zehn Sekunden lang war da dieser ungeheure Geschmackskick – saftiger Kuchenteig mit knackiger Schokoglasur trifft auf morgendlich-unberührte Geschmacksnerven. Dann übernahm das schlechte Gewissen und ich verfluchte Francesca dafür, dass sie ihre Kuchenmitbringsel »großzügig« hiergelassen hatte: »Nein, nein, Dana, keep them – behalte sie. Bitte. Die sind aus diesem super angesagten Cake-Store aus Venice.« Interessant, dass überhaupt noch Läden in Los Angeles existieren, die kohlenhydrathaltige und nicht-vegane Kuchen herstellen. Also befanden sie sich im Haus und sendeten ihre »Iss mich«-Signale an die Einzige, die sich auf der gleichen Wellenlänge befand … Und im Gegensatz zu Francesca habe ich gerade keinen Partner. Was macht man dann? Man isst. Ich habe also eine Beziehung mit Pasta, Tacos, Pizza – und seit neuestem mit Cake Pops. Sie ist sehr innig und durch Treue geprägt. Meine Mutter sagt immer zu mir, wenn ich ihr mein Leid klage: »Kind, wenn du dich mal wieder verliebst, nimmst du auch wieder ab.« Ich bezweifle das. Denn um einen Mann kennenzulernen, würde ein knackiger Hintern ja durchaus helfen. Über den ich derzeit nicht verfüge.

Mit 16 bestand ich eigentlich nur aus Haut und Knochen. Ich hätte alles essen können, ohne zuzunehmen. Leider weiß man das in dem Alter nicht zu schätzen. Ich hatte auch einfach keine Zeit, zu essen. Es gab so viel Wichtigeres – Skifahren, Party, Jungs.

Anfang 20 bin ich viel als Model herumgereist. Da schwankt man zwischen »Nicht genug Geld für Essen« und »Wow, wieder eine Party mit Champagner und Kanapees!« Damals habe ich also auch nicht groß zugenommen – nur endlich Brüste bekommen, das war nett für mich und alle Beteiligten. Und irgendwann zwischen damals und jetzt, bin ich morgens aufgewacht, zum Spiegel gegangen und plötzlich war ich so, wie ich jetzt bin. Wahrscheinlich war das der Tag, an dem ich den Ganzkörperspiegel gekauft habe. Und dann denkt man: Oh mein Gott, wann ist *das* denn passiert? Wahrscheinlich sollte mein Buch heißen: »I woke up 50 and fat« – »Ich bin aufgewacht, war 50 und dick«.

Leider mache ich auch viel zu wenig Sport. Na gut, gar keinen. Seit mittlerweile 18 Jahren. Jetzt, wo die Kinder so gut wie aus dem Haus sind, könnte ich ja wieder loslegen. Aber ich liege abends nicht einmal mit einem schlechten Gewissen im Bett und denke: Morgen, da machst du endlich Sport! Und stelle mir schon die Turnschuhe zurecht. Dabei würde ich mich nicht einmal als unsportlich bezeichnen. Ich walke gerne in den Bergen. Mag es, windzusurfen. Und ich liebe es, Ski fahren zu gehen. Ich bin in Seattle aufgewachsen. Meine Eltern waren nicht sehr wohlhabend, aber wir hatten eine kleine einfache Hütte in den nahe gelegenen Bergen. Meine Schwester und ich waren jedes Wochenende auf der Piste und durften vor Einbruch der Dunkelheit gar nicht nach Hause kommen. Aber hier in Kalifornien liegt irgendwie nie Schnee – was kann ich also dafür, dass ich keinen Sport machen kann?

Ins Fitnessstudio zu gehen, ist wiederum so gar nicht meins, wenn ich ehrlich bin. Ich mag es lieber, mich in der Natur zu bewegen. Fast noch schlimmer als das Indoor-Feeling finde ich allerdings den Dresscode. All die biegsamen Mädchen in ihren Instagram-perfekten Outfits.

Oder beim Yoga – wenn man ein schön weites T-Shirt anzieht, um den Bauch zu kaschieren, und dann geht man in die Position des herabschauenden Hundes und das T-Shirt rutscht einem hoch bis zum Hals. Ist doch absurd, dass man fürs coole Trainingsoutfit erst einmal die richtige Figur haben muss, um sich ins Fitnessstudio zu trauen. Deswegen eben ohne mich.

Ich habe mir jetzt ein neues Fahrrad gekauft, damit fange ich wirklich bald an. Heute geht das allerdings nicht, heute regnet es.

Die Kinder sind schuld, dass ich a) unstolze Besitzerin von Muffin Tops bin und b) zu wenig Sport mache. Bei jedem Kind ist weniger Energie da gewesen, um sich noch zu bewegen. Wäre Spielzeug-, Klamotten- und undefinierbares-Essen-Aufheben eine Sportart, wäre ich wohl die Meisterin darin – ich sage nur »Lego«. Nach Valentin war noch alles easy-peasy, da bin ich allein durch den Erstmama-Stress blitzschnell wieder dünn gewesen. Und auch nach Luna passte ich nach ein paar Monaten wieder in meine alten Klamotten. Bei beiden habe ich es auch noch hinbekommen, zwischendurch joggen zu gehen und Fahrrad zu fahren. Aber als ich mit Lilli schwanger war, ging es bergab mit meiner Figur. In der Zeit habe ich nämlich auch noch Bellybutton gegründet. Ich habe quasi mit einem Schlag aufgehört, Sport zu machen. Weil mein Tag leider auch nur 24 Stunden hat.

Die meisten dieser Stunden waren für die Kids reserviert – alles, was man für sich selbst hatte, war die Zeit, die zwischen dem Abliefern des letzten Kindes und dem Abholen des ersten lag. Und ich sage mal so: Wo ein schwacher Wille ist, darf keine Couch sein. Ich hatte vier, höchstens fünf oft müde Stunden für mich. Wer hat denn da noch Lust, sich Fitnessklamotten überzuschmeißen, zum Yoga zu fahren, zu duschen, sich wieder anzuziehen und schnell wieder nach Hause zu hetzen? Wo dann komischerweise in der Zwischenzeit niemand den Haushalt gemacht hat oder die Bellybutton-E-Mails beantwortet. Außerdem: Zwischendurch etwas essen geht so viel schneller. Für mich hieß das also ab Lilli: »Wir haben heute leider keinen Sport für Sie! Dafür aber ein paar griffige Extrapfunde.« Ich hatte dann noch einmal eine ganz heftige Phase, während der Scheidung, da habe ich fast gar nichts gegessen vor Kummer. Aber als sie durch war, haben die verlorenen Pfunde mich wiedergefunden.

Wer sagt eigentlich, dass füllige Frauen immer Strass auf ihren Jeans haben wollen oder T-Shirts mit abgrundtief hässlichen Prints? Ich muss niemandem auf meinen Brüsten mitteilen, dass ich »beautiful« bin. Am liebsten mag ich hübsche Boho-Kleider, die schön lässig sitzen. Die muss ich morgens nur schnell überwerfen und gut ist. Und das alles motze ich dann mit den passenden Accessoires auf, mit viel Schmuck, Hüten, einem Gürtel. Gepflegte Hände, Füße und Zähne und ein leichtes Make-up sind für mich wie zusätzliche Accessoires. Abends, wenn ich weggehe, tausche ich die Flip-Flops oder Sandalen gegen High Heels aus. Auf figurbetonte Sachen verzichte ich lieber. Enge Hosen kneifen irgendwann im Laufe des Tages. Und außerdem ist es mir zu oft passiert, dass ich gefragt wurde, in welchem Monat ich bin. Ich weiß noch, dass ich laaaange nach der Geburt von Emma mit Til einkaufen war und ein Kleid anhatte, das ein bisschen enger anlag. Ich fühlte mich weiblich und wohl – bis die Verkäuferin an der Kasse mich augenzwinkernd fragte: »Und wie weit bist du?« Til hat beinahe auf dem Boden gelegen vor Lachen und ich habe gesagt: »Fuck you very much.« Das war in Deutschland übrigens meine Standardantwort für alle, die mich geärgert haben. Wenn man das schön schnell sagt, verstehen die meisten: »Thank you very much.«

Zum Glück befinde ich mich hier eine gesunde Autostunde von Los Angeles entfernt, wo Größe 8, das ist in Deutschland Größe 36, schon als Übergröße gilt. Wo hervorstehende Hüftknochen und definierte Schlüsselbeine als beneidenswerte Accessoires gelten. Und wo nicht nur die jungen Schauspielerinnen sehr, sehr dünn und straff sind, sondern auch Verkäuferinnen, Baristi und 40-jährige Mütter, die selbst zum Spielen mit den Kindern in Yogahosen und winzigen Tanktops rumlaufen. In Malibu ist es figur- und klamottentechnisch wesentlich entspannter. Hier gibt es nur einen dieser Läden, in dem kein Kleidungsstück größer als 36 ist. Und ich rede nicht von einem Kindergeschäft. Leider ist die Auswahl wunderschön und entspricht zu 100 Prozent meinem Stil. Ich quäle mich manchmal und gehe rein, auch wenn ich im Grunde eine diskriminierte Person in diesem Laden bin, einfach nur, um zu schauen. Danach denke ich jedes Mal: Dieses Kleid da, das würde so gut an dir aussehen! Nimm halt jetzt mal ab! Das kann doch nicht so schwer sein … Ich nehme mir dann immer vor, ab sofort nur noch Salat zu essen. Und scheitere.

Ich beneide meine dünnen Freundinnen für ihre Disziplin, außer Fisch, Avocados und Salat nichts zu essen und jeden Tag Sport zu machen, damit sie in die coolen Klamotten reinpassen. Dieser Drang geht mir leider völlig ab. Ich weiß nicht, wie oft ich mir schon überlegt habe, eine bestimmte Diät anzufangen. Da gibt es hier – Hollywood sei Dank – ja einige. Madonna zum Beispiel ernährt sich angeblich hauptsächlich von Seegemüse. Da wundert es mich zwar nicht, dass sie immer noch so gut in Shape ist, aber was muss diese Frau hungrig sein. Mariah Carey sieht derzeit wahnsinnig gut aus, angeblich, weil sie sich hauptsächlich von Lachs und Kapern ernährt – und jeglichen Zucker strikt meidet. Ein bisschen zu verschroben für mich. Alle schwören auf die »Herkules-Diät«, die Beyoncé nach der Geburt ihrer Kinder rasend schnell wieder in Form gebracht hat. Aber einzig Limonade mit Cayennepfeffer zum Abendessen, das schaffe ich leider nicht. Am Ende muss ich, im Gegensatz zu diesen Ladys, auch nicht auf die Bühne, um meine Bauchmuskeln zu präsentieren. Die einzige Diät, die mir einfällt und die zu mir passt, ist die »New Hollywood Flat Diet«. Da isst man nur Sachen, die flach sind. Pfannkuchen, Quesadillas, Toast. Die schafft mal eben »zwei Kilo in drei Tagen«. Plus.

Am Ende lasse ich es dann und muss zugeben, dass es Schlimmeres gibt, als in meinem Alter etwas mehr zu wiegen. Zumindest solange es keine gesundheitlichen Konsequenzen hat. Mein ganz großes Glück verdanke ich ohnehin Dana-internen Fake News, die mein Kopf hartnäckig zu glauben bereit ist: »Sweetie«, flüstert die Dana Trump im meinem Kopf. »Du bist dünn. Warst es über 40 Jahre, bist es auch jetzt noch. Iss ruhig, was du willst.« Mein Körper lügt mich eiskalt an. Er gaukelt meiner Selbstwahrnehmung vor, dass ich immer noch das dünne Model bin, das ich mit Anfang 20 war. Ich, fünf Größen zugelegt? No way! So kommt es, dass ich mich eigentlich die meiste Zeit erstaunlich wohl in meiner Haut fühle, wenn ich erst mal ein Outfit anhabe. Und aufgrund der Tatsache, schon immer den Hang gehabt zu haben, dass es mir am Ende total egal ist, was andere von mir denken und ich im Gegenzug andere auch so zu nehmen versuche wie sie sind. Das ist eine ziemlich ausgeprägte Seite an mir, die ich wohl entwickelt habe, als ich als Teenager in meiner Schule eine Außenseiterin war. Ich war zwar nicht unbeliebt, hatte aber wenig Freunde. Da habe ich mein Ding durchgezogen und gemerkt, dass ich so auch gut durchs Leben komme. Als ich Til kennenlernte und mir erzählt wurde, er sei ein bekannter Schauspieler, hat mich das auch kaum beeindruckt. Warum auch? Ich kannte Deutschland ja nicht besonders gut und konnte seinen Berühmtheitsgrad nicht einordnen. Und so ist es geblieben: Am Ende bin ich immer am glücklichsten mit mir selbst und da ist es mir dann eben egal, wer was denkt, sagt oder schreibt.

Und jetzt mal ganz ehrlich: Warum sollte ich mich meines Körpers schämen? Warum sollte ich nicht den Mut haben, Hotpants anzuziehen (wenn ich mal hübsche finde, die mir passen)? Was passiert denn groß, wenn jemand die paar Dellen sieht, wenn ich Shorts trage? Dann habe ich eben einen kleinen … oder na ja … mittelkleinen Bauch, na und? Ich wollte ja immer fünf Kinder – nun habe ich eben noch ein Food-Baby. Wir sind doch Frauen, die alle unterschiedlich daherkommen, in jeder Größe und in jeder Gewichtsklasse. Wir haben alle unsere Probleme, ob physisch oder ganz gern auch mal psychisch. Dummerweise sind wir alle Opfer einer visuellen Diät, die uns durch unsere Umgebung, die Medien und die Schönheitsindustrie verabreicht wird. Wir finden die Körper am attraktivsten, die wir am häufigsten sehen. Befinden wir uns in einer Gesellschaft, die Wert auf einen dünnen Körper legt, denken wir irgendwann sehnsüchtig: Das möchte ich auch!

Ein Blick durch unsere Social-Media-Feeds kann ausreichen und das Selbstwertgefühl sinkt. Dabei wissen wir doch ganz genau, dass dort jeder nur das zeigt, was er zeigen will. Wir teilen selten unsere schlechten Momente, unsere nicht so guten Bilder, unsere Doppelkinne, Bingo-Arme, unsere Kinder, die einen Wutanfall im Supermarkt haben, oder verschwitzte Körper nach einer Trainingseinheit. Mir tut es leid, wenn ich die Mädels im Alter meiner Töchter sehe – wie sie denselben Schönheitsidealen nachspüren und alle gleich sein wollen. Ich bin davon überzeugt, dass ich meinen Kindern ein gesundes Selbstwertgefühl mitgegeben habe. Ich habe ihnen beigebracht, die Dinge positiv zu sehen. Nicht zu sagen: »Meine Beine sehen aus wie Presswürste.« Sondern sich lieber bewusst zu machen, was man an sich mag.

Ich zum Beispiel mag meinen Mund. Er hat einen hübschen Schwung und wenn er etwas sagt, bekomme ich gute Laune. Letztes Jahr hat Emma auf Instagram ein ganz nahes Foto von ihrem Gesicht gepostet und dazu geschrieben: »Ich habe meine Nase gehasst, bis ich gesehen habe, wie meine große Schwester sie zelebriert und jetzt liebe ich sie.« Das konnten, bevor sie all ihre Bilder löschte, immerhin über 426 000 Follower lesen – das und ihr Mut, bei dem ganzen öffentlichen Social-Media-Wahn nicht mehr mitzumachen, macht mich wirklich stolz.

Ich habe mit meinen Kindern auch grundsätzlich nie über Diäten gesprochen oder ihnen gesagt: »Du bist zu dünn« oder »Kind, pass mal auf, du wirst noch zu dick!« Ich weiß, wie sehr die eigene Mutter ihre Kinder mit Kommentaren über die Figur und das Aussehen verletzen kann. Ich habe es sogar gerade gelesen: Negative Kommentare zum Gewicht in jungen Jahren können bei Erwachsenen zu Essstörungen führen. Je mehr ein Elternteil sich über das Gewicht insbesondere seiner Tochter äußert, desto sicherer ist sie mit ihrem Körper als Erwachsene unzufrieden. Das ist doch schrecklich. Mir war und ist es auch heute noch wichtig, dass wir uns alle möglichst gesund ernähren (zwischen all den Sünden gelingt mir das auch) und möglichst häufig gemeinsam als Familie essen. Valentin kocht für sein Leben gern – und das mittlerweile auch richtig gut. Zu meinem Bedauern liebt er es, Comfort Food zuzubereiten, bei ihm gibt es Pancakes und Bacon zum Frühstück und abends häufig mit Käse Überbackenes. Wenn ich ihm sage: »Mach deiner Mama doch mal was Leichtes«, lacht er nur und sagt: »Du siehst doch genau richtig aus!« Luna ist die typische Stress-esserin – wenn in ihrem Leben zu viel los ist, greift sie gern zu

Schokoriegeln. Lilli hat mit dem Gewicht gar kein Problem, sie ist extrem dünn – ein bisschen so wie ich früher. Und Emma hat eine ganz normale, schöne Figur. Sie achtet extrem auf ihre Ernährung, der Kühlschrank ist voller gesunder Lebensmittel, das finde ich toll von ihr.

Sicher ist aber auch, dass ich meine Kinder ab einem gewissen Alter vor den äußeren Einflüssen kaum mehr bewahren konnte – sie werden viel stärker von den Medien geprägt als wir in ihrem Alter früher. Facebook, Instagram, Tinder, Livestreams von den Modenschauen, das alles gab es ja früher gar nicht. Und darüber bin ich persönlich wahnsinnig froh. Zum Glück gibt es auch tolle Gegenströmungen in den Social-Media-Feeds. Body Positivity zum Beispiel finde ich wichtig. Es wäre für uns alle wunderbar, zu lernen, unseren Körper so zu akzeptieren, wie er ist. Das ist kein Freifahrtschein, sich total gehen zu lassen und alles in sich reinzustopfen, denn auf die Gesundheit zu achten, fällt eindeutig unter Body Respect. Uns Frauen wird aber viel zu oft suggeriert, dass unsere Körper falsch sind und wir uns ihrer schämen sollten. Fett, mittel und selbst dünn – jede weibliche Körperform wird überprüft und zerlegt.

Wir Frauen sind Meisterinnen im Uns-selbst-Niedermachen.

Meine Freundin erzählte mir gerade, dass ihre siebenjährige Nichte ein Selfie von sich und ihr gemacht hatte. Sie zeigte es ihr danach und meine Freundin antwortete ganz reflexartig: »Um Gottes Willen, ich sehe ja schrecklich aus!« Ihre Nichte starrte sie erst an und bearbeitete das Foto dann. Und meine Freundin schämte sich und dachte im Nachhinein: Super, was für eine großartige Lektion hast du dem Mädchen gerade gegeben? Dass es in Ordnung ist, sich selbst als fürchterlich zu bezeichnen. Wenn ich daran denke, wie viele meiner Freundinnen sich im Spiegel betrachten und nur Schlechtes sehen, wird mir übel. Und dann fangen sie an, hier etwas absaugen zu lassen, da ein Pfund wegzuhungern, hier ein bisschen Detox und da etwas Botox und am Ende noch einen Instagram-Filter drüber. Alles, um perfekter auszusehen. Ich möchte sie schütteln und sagen: »Ihr seid schön, so wie ihr seid!«

Und, by the way, was ist bitteschön »schön«? Ist es nicht schön, wenn es uns egal ist, was andere denken, solange wir uns wohlfühlen? Macht es uns nicht schöner, wenn wir authentisch sind? Wenn wir lachen und uns nicht zu ernst nehmen? Ich finde Individualität schön. Darin steckt kein Konkurrenzgedanke, keine Unerreichbarkeit von sogenannten #bodygoals wie der bekloppten Oberschenkellücke, kein Streben nach Selbstoptimierung: »So will ich sein, so muss ich sein – upps, diese To-do-Liste ist 200 Seiten lang.« Und für wen auch? Die Schönheitsindustrie? Männer? Instagram? Den skeptischen Auf-und-ab-Blick anderer Frauen? Kann man da überhaupt gewinnen?

Nein, wir sollten lieber aufhören, andere zu beurteilen. Stattdessen sollten wir laut und stolz sein, uns lieben und pflegen von außen wie von innen. Wer das schafft, strahlt es auch aus. Ich denke, »sexy« ist ein erwachsenes Wort, um eine Person zu beschreiben, die sich kennt und mag, genau so wie sie aussieht, denkt und fühlt. Die nicht versucht, sich zu ändern, um sich anderen anzupassen.

Deswegen habe ich im Großen und Ganzen meinen Frieden damit gemacht, dass ich etwas fülliger bin – dafür weiß ich, wer ich bin. Ich bin fest davon überzeugt, dass diese Einstellung das Positive am Älterwerden ist. Ich werde so viel entspannter. Für mich fingen meine besten Jahre nach der Scheidung an, als es mir langsam wieder besser ging. Das soll sich gar nicht gemein anhören. Aber damals war ich Anfang 40 und irgendwas in mir wurde gelassener. Ich lebe am liebsten im Moment und bin gern spontan. Ich flippe nicht aus, wenn etwas passiert, das ich sowieso nicht ändern kann. Sich selbst anzunehmen in der Veränderung, das ist die Kunst – das Geflüster zu ignorieren und zu erkennen, dass der Weg breiter wird, je mehr man erlebt hat.

Die einzigen beiden Dinge, bei denen man nicht allzu sehr entspannen sollte, sind diese: den Körper pflegen und die Gesundheit aufrechterhalten. Mit 50 stehen die Chancen gut für ein paar weitere Jahrzehnte – da muss man etwas tun, damit der Körper mitmacht. Maniküre, Pediküre und eincremen kann ich ziemlich gut. Mein neues Fahrrad steht bereit. Und Francescas Kuchen habe ich an meine Nachbarinnen weitergereicht. Geteilte Kalorien, halbes Zunehmen, doppeltes Glück.

KOMM KLAR, KIND!

»Früher war alles besser.« Sagen ja alle jenseits der 50 über ihre Kindheit, ist das irgendjemandem schon mal aufgefallen?

Ich weiß nicht so recht. Ist es so? Ich denke nicht, dass die Welt schlechter wird und auch nicht viel besser, sie weiß sich nur immer wieder zu wandeln und neu zu erfinden. Vielleicht lässt uns auch die Tatsache, dass eine Kindheit ohne größere Schicksalsschläge wohl die sorgenfreiste Zeit unseres Lebens ist, in einen Nostalgie-Loop eintauchen. Ich selbst bin verdammt glücklich darüber, dass es iPhones in meiner Kindheit noch nicht gab – ich wäre selbstverständlich genauso eine Handysüchtige geworden wie die meisten Jugendlichen es sind und sicher nicht halb so viel in der freien Natur gewesen. Meine Mutter hätte allerdings auch einen hysterischen Lachanfall bekommen, wenn ich damals gesagt hätte, so wie es heute meine Kinder tun – und all die Kinder meiner Freunde –, dass ich aber ECHT, WIRKLICH, UNBEDINGT, ÜBERLEBENSDRINGEND das neue iPhone 11 supreme in supernaturalbubbleblue bräuchte.

Wir waren alles andere als wohlhabend. Allein deswegen kann ich nicht uneingeschränkt sagen: Früher war alles besser. Meine Eltern haben den ganzen Tag gearbeitet – und ich war ganz schön einsam. Sie haben mich und meine Schwester natürlich geliebt – trotzdem habe ich mich wie ein Haustier gefühlt, dem man zu essen und zu trinken hinstellt und dann sagt: »Und nun, husch, husch, wieder raus mit dir! Kannst wiederkommen, wenn es dunkel wird.«

Wenn ich dagegen meine Tochter Emma sehe: Nach der Schule kommt sie in dem Wagen nach Hause, den Til ihr zum Geburtstag geschenkt hat, setzt sich an den Tisch, um die Mahlzeit zu essen, die ich ihr zubereitet habe, macht in ihrem Zimmer in Ruhe Hausaufgaben, surft auf ihrem Laptop, schwimmt eine Runde im Pool. Am Nachmittag trifft sie sich mit ihrer Freundin, um bei Sephora die neuesten Kosmetik-Gadgets zu testen und geht abends mit den Hunden am Strand spazieren, der kaum 500 Meter entfernt ist. Dann denke ich: Wow, sie hat es verdammt einfach – verwöhnen wir sie zu sehr? Aber es sind eben andere Zeiten … Und ich kann gar nicht anders, als meine Kinder zu umsorgen. Ich freue mich, wenn es ihnen allen so gut wie nur irgendwie möglich geht.

Meine Kindheit war in Emmas Alter vorbei – als ich 16 war, verkündeten meine Eltern mir: »Dana, du bist jetzt alt genug, deine Krankenversicherung selbst zu bezahlen. Benzin und die Autoversicherung übrigens auch. Ach ja, und wenn du studieren willst: deine Gebühren ebenfalls.« So einfach war das: Deal with it – komm klar damit, Mädchen!

Sie wollten mir mit der Ansage keine Lektion fürs Leben erteilen – sie kannten es einfach nicht anders. Für alles, was meine Eltern besaßen, mussten sie richtig hart arbeiten. Sie starteten mit nichts, als Kinder armer Hafenarbeiter, die aus Schweden und Norwegen eingewandert waren, in der Hoffnung auf ein besseres Leben. Kennengelernt haben sie sich auf der Highschool und geheiratet haben sie, als meine Mutter Joyce 19 war und mein Vater John 22. Er wurde Elektriker. Viel Auswahl blieb ihm auch gar nicht, weil er nach seinem Abschluss nicht besonders gut lesen konnte. Ihm war Feiern wohl wichtiger als Bildung. Meine Großmutter hat mir mal erzählt, dass mein Vater gern in Bars rumhing und wenn er zu viel trank, fing er an, sich zu streiten. Was dann folgte: wilde Kneipenprügelei, Festnahme, Ausnüchterungszelle und der obligatorische Anruf bei meiner Mutter: »Könnten Sie Ihren Mann abholen?« Fand meine Mom nicht lustig – sie pflegte meiner Oma zu sagen: »Pass auf, ich habe keine Zeit, deinen Sohn aus dem Gefängnis zu holen – ich wollte dir nur Bescheid sagen.«

Dann kamen wir – ich, als sie Anfang 20 waren, drei Jahre später Erica. Mein Vater nahm ein Darlehen für ein Haus in einem Vorort von Seattle auf und als ich etwa sechs Jahre alt war, kauften sie sich dazu eine kleine schlichte Skihütte für etwa 10 000 Dollar. Mit ihr verbinde ich meine schönsten Kindheitserinnerungen. Sie war eine ehemalige Unterkunft der damaligen Eisenbahnarbeiter der Great Northern Railway aus dem 19. Jahrhundert, in einem Kaff namens Skykomish, ungefähr eine Dreiviertelstunde außerhalb von Seattle, unterhalb der Berge. Skykomish war stinklangweilig – es gab gerade mal einen Einkaufsladen, eine Pizzeria, ein Café, in dem man Burger, Pommes, Steaks und natürlich Bloody Marys bekommen konnte, und eine Bar, an die 200 Einwohner, jede Menge Wald drumherum und sonst nix. Aber meine Eltern luden einfach jedes Wochenende alle ihre Freunde und deren Kinder zu uns ein und so war immer was los in der Hütte. Deswegen mag ich es wohl heute selbst so gern, wenn jedes Zimmer in meinem Haus mit Freunden und deren Freunden belegt ist.

Und dann sind wir von morgens bis abends Ski gefahren. Wenn man in Seattle lebt, fährt man Ski, alles andere wäre absurd. Man ist ja umgeben von Bergen, der Mount Rainier mit seinen 4392 Metern prägt die Skyline der Stadt. Auf ihm liegt fast das ganze Jahr Schnee – bis zu 28 Meter Neuschnee sind nichts Ungewöhnliches. Wir waren weiter südlich auf dem Cowboy Mountain auf 2000 Metern unterwegs, aber auch dort gab es immer rekordverdächtig viel Neuschnee. Wir waren alle mehr oder weniger süchtig danach, die perfekten Linien durch den unglaublich tiefen Schnee zu fahren – das war ein gigantisches Gefühl.

Wenn abends um zehn die Pistenbeleuchtung ausgeschaltet wurde, sind die Erwachsenen noch auf einen oder zwei Absacker in eine Bar gegangen und wir Kinder mussten so lange draußen warten, bis sie fertig waren. Dann ging es mit den Vans 30 Minuten runter vom Berg, im Dunkeln und auf spiegelglatter Fahrbahn. Das zum Thema »Don't drink and drive«. Wir Kinder waren immer ganz still, weil es ein bisschen unheimlich war und die Eltern sich konzentrieren mussten. Aber das war damals einfach so – Autofahren ohne Gurt, Ski- und Radfahren ohne Helm, ein bisschen fahren mit Whiskey im Blut und Zigarette in der Hand … Kann solche Geschichten nicht jeder erzählen, der in den 70ern und 80ern Kind war?

In unserer Skihütte angekommen, wurde weitergefeiert. Gefühlt war bei meinen Eltern immer Party am Start, natürlich unterstützt von Fleetwood Mac und Neil Diamond als Hintergrundmusik von 8-Spur-Kassetten. Ich habe es geliebt. In Seattle bestand der Alltag aus viel Arbeit und Haushalt – in Skykomish sind Mom und Dad immer lockerer drauf und so viel weniger streng gewesen. Die Hütte wurde irgendwann unser absoluter Lebensmittelpunkt. Wir waren jedes Wochenende und in allen Ferien dort, weil es für meine Eltern die billigste Form war, Urlaub zu machen. Da wir es nicht anders kannten, war es okay.

Und auch ohne Fernsehen, Handy und Shoppingmall gab es genug, womit wir uns die Zeit vertreiben konnten: Im Sommer sind wir in den Bergen gewandert, lungerten an den Schienen rum, sind mit den Fahrrädern durch den Wald gefahren und haben uns viel am Skykomish River aufgehalten. Wir nannten den Fluss »unsere Riviera«, obwohl das Wasser eiskalt aus den Bergen kam und natürlich nichts von der französischen Mittelmeerküste hatte. Man konnte sich aber im Neoprenanzug mit dem Schwimmreifen vier Stunden den Fluss runtertreiben lassen – das war genial. Später als Jugendliche haben wir uns als Upgrade ein paar Dosen Bier aus dem Kühlschrank gemopst und an die Schwimmreifen geschnürt. Wir hatten alle Freiheiten – Hauptsache, wir waren eine halbe Stunde vor Sonnenuntergang zu Hause. Wenn es nicht gerade in Strömen gegossen hat, war es toll, von morgens bis abends unbewacht in der Natur rumzustreunen. Und ich kann mich nicht erinnern, dass meine Eltern vor Sorge um uns durchgedreht wären – eher im Gegenteil – sie waren froh, wenn sie uns los waren. Ganz so lässig bin ich selbst mit meinen Kindern nicht. Ich finde es schön, dass es auf dem Handy eine Trackingfunktion gibt, durch die ich weiß, wo alle meine Liebsten sind. Wenn sie denn gefunden werden möchten.

Als ich acht war, hatte mein Vater einen ganz schlimmen Autounfall in Skykomish. Er war frühmorgens mit einem Freund auf dem Weg zum Berg hoch, um Ski zu fahren, als ein betrunkener Fahrer frontal in seinen Van reinfuhr. Dabei ist einer seiner Rückenwirbel gebrochen und er konnte über ein Jahr nicht arbeiten. Von einem auf den anderen Tag hatten wir kein Einkommen mehr. Aber meine Mutter hat nicht groß gejammert, sie hat gemeinsam mit einer Freundin angefangen, im Keller Jeans zu nähen. Sie nannten ihr Label Swaby's. Tatsächlich konnten wir uns damit erstaunlich gut über Wasser halten, denn die Jeans waren unter den Jugendlichen der Renner und wurden ganz beachtlich in einem Laden in einer angesagten Shoppingmall in Seattle verkauft. Und meine Schwester und ich bekamen 20 Cent für jede Hose, der wir die sichtbaren Nahtfäden abschnitten …

Meine Mutter wurde daraufhin immer mutiger und als sie auf einer Stoffmesse Gore-Tex aufgetan hat (das war damals der neue Hightech-Stoff), hat sie ihr zweites Label Dynamic Designs gegründet und Skianzüge genäht. Ihre Kunden kamen aus dem ganzen Land, sowohl die Bergwacht als auch Skischulen haben ihre Skianzüge bei meiner Mutter bestellt. Zu unserem Leidwesen waren Erica und ich ihre Werbeträger. Sie hat uns jede Saison zwei ähnliche Exemplare angefertigt, damit wir im Partnerlook rumlaufen konnten. Für angehende Teenager wohl die Höchststrafe. Wenn wir nebeneinander im Skilift saßen, waren die Leute ganz entzückt und fragten, woher wir denn die tollen Skianzüge hätten und ich sagte brav meinen Spruch auf: »Meine Mama hat das für uns genäht. Willst du auch so einen?«

Als mein Vater wieder arbeiten konnte, wollte meine Mutter nicht alles wieder hinschmeißen und machte mit seinem Einverständnis weiter. Irgendwann später gab sie die beiden

Firmen aber doch auf und fing an, in einem Laden für Inneneinrichtung zu arbeiten, den sie später kaufte. Im Rückblick muss ich sagen, dass meine Mutter wirklich ein Gespür für Design hatte – die Jeans mit dem hohen Bund und den weiten Beinen im 70s-Style würden sich heute wieder richtig gut verkaufen und die Ski-Jumpsuits in Orange mit schrägen Streifen und die Jacken mit Tiger-Prints ganz sicher auch. Damals fanden Erica und ich sie leider nur peinlich und hätten alles dafür gegeben, Helly-Hansen-Anzüge tragen zu dürfen. Aber für Designerklamotten war kein Geld da. So war das Jahr für Jahr: Die Skier wurden secondhand gekauft, Mama nähte die Skianzüge und zu Weihnachten gab es die Skipässe als Geschenk.

Was unsere Kinder dagegen schon alles unterm Weihnachtsbaum hatten … Til, seine Familie und ich haben es eventuell ein bisschen zu gut gemeint. Soll heißen: Es gab einen Riesenhaufen Scheiß. Mit dem haben die Kinder zwei Stunden gespielt – und dann verschwand alles in der Versenkung (es sei denn, ein anderes Kind entdeckte es wieder, dann wurde bis aufs Blut darum gekämpft: »Das ist MEEEINS!«).

Wobei ich zu meiner Verteidigung anmerken muss, dass ich meine Kinder im Alltag nicht mit unnützem Zeug überflutet habe. Ich bin ohnehin stolz darauf, ihnen beigebracht zu haben, sparsam mit Geld umzugehen. Wenn man so wie ich aufgewachsen ist, vergisst man nicht, wie hart es sein kann, Geld zu verdienen. Deswegen gab es auch nie verschwenderische Shoppingtouren – und Markenkleidung war auch nicht furchtbar wichtig im Hause Schweiger. Es wurde gekauft, was nötig ist, nicht mehr und nicht weniger. Gerade habe ich mit Valentin und Luna zusammengesessen und ihnen gezeigt, wie sie ein

Monatsbudget aufstellen, wie sie also mit dem Geld, das sie zur Verfügung haben, klarkommen. Damit sie wissen, wie viel sie verdienen müssen, um die Versicherungen und die Miete selbst zahlen zu können.

Zum Glück mussten meine Kinder nie so viel arbeiten wie ich als Kind. Schon mit zwölf hatte ich meinen ersten Nebenjob nach der Schule. Ich wusste, wenn ich nicht irgendwoher Geld bekomme, kann ich mir nie mal Kaugummis oder ein Extra-Spielzeug kaufen. Ich habe zweimal die Woche Müll auf einem Parkplatz aufgesammelt, später kam Babysitten dazu und seit ich 16 war, hatte ich am Wochenende eine Festanstellung in einem Baumarkt. Natürlich musste ich immer mit anpacken, wenn was im Haus oder in der Skihütte anstand. Ich musste beispielsweise mit meinem Vater Holz hacken, es in den Truck laden und hinterm Haus aufstapeln. Das habe ich sogar genossen, denn bei diesen Gelegenheiten war ich mal allein mit ihm. Wenn ich Glück hatte, hat er mich ein Bierchen mit sich trinken oder von seiner Pfeife ziehen lassen. Und es war ganz selbstverständlich, dass ich als die Ältere nach der Schule zu Hause die Wäsche gewaschen, geputzt und meistens auch das Abendessen gekocht habe. Meine Mutter hat mir die Rezepte am Telefon durchgesagt – abends gab es dann Rosmarin-Knoblauch-Hühnchen à la Dana. Von dem alle aßen – nur ich nicht. Die Innereien aus dem Viech zu holen, die Knochen und die Adern zu sehen, war ein bisschen zu viel für mich.

Der Vorteil, den man erst im Nachhinein sieht – und ich meine damit jetzt nicht, Tiere auszunehmen – ist natürlich, dass man sehr selbstständig wird. Ich muss schon stark mit den Augen rollen, wenn das bei uns zu Hause etwas anders abläuft.

Neulich schrie eine meiner Töchter lauthals durchs Haus: »Mama, wo ist denn das Saahaalz?« und sie hat ernsthaft erwartet, dass ich aus dem Schlafzimmer nach unten in die Küche komme, um es ihr zu suchen. Dass sie selbst mal dort nachguckt, wo es schon sein wird, nämlich in einem der Küchenschränke – Fehlanzeige …

Meine kleine Schwester hatte den vollen Nesthäkchen-Bonus. Erica musste lange nicht so viel im Haushalt mithelfen und sie durfte eigentlich immer alles. Ich habe es so empfunden, dass sie mir ganz klar vorgezogen wurde. Ich weiß noch, dass ich zum Beispiel immer Fußball spielen wollte, aber bei mir hieß es: »Mädchen spielen nicht Fußball, die machen Ballett.« Dann kam Erica drei Jahre später daher und durfte auf einmal Fußball spielen. Meine Eltern sind gefühlt zu jeder Sportveranstaltung meiner Schwester gegangen, aber wenn ich irgendwas in der Schule hatte, ist niemand zum Zuschauen gekommen. Ständig durfte ich mir anhören: »Oh, die Erica ist eine so tolle Fußballerin. Oh, die Erica kann aber gut Ski fahren …« Ich weiß noch, wie ungerecht ich das alles fand. Als Kind ist man doch so angewiesen auf die Anerkennung der Eltern und manchmal wusste ich gar nicht, auf wen ich wütender sein sollte: auf meine Eltern oder meine kleine perfekte Schwester.

Erica wiederum hat mich, glaube ich, ziemlich um meine Figur beneidet – sie war eher der robuste Typ, ich war klein und zart. Trotzdem hat mein Vater in Erica eine Mischung aus sportlichem Sohn und naivem Engel gesehen. Mir hingegen hat er alles zugetraut. Dabei waren wir beide extrem sportlich und beim Feiern hat Erica in meiner Erinnerung wesentlich öfter über die Stränge geschlagen als ich.

Im Gegensatz zu mir haben meine Eltern Erica auch die Ausbildung finanziert: Erst ging sie auf eine private Skischule, dann durfte sie sogar in Paris studieren. »Aus ihr wird einmal was«, sagte mein Vater. Und fügte hinzu: »Du machst ja eh nur Party.«

Dass wir so ungleich behandelt wurden, hat mich tief verletzt – aber wenn ich jetzt Bilanz ziehe, sehe ich es ein bisschen mehr im Kontext: Ich habe vier Kinder, meine Schwester zwei. Ich war erfolgreich als Model, hatte eine gut gehende Firma und habe die Produktionsfirma meines Ex-Mannes unterstützt. Sie besitzt zwar einen Abschluss in Biochemie, doch mehr hat sie aus dem teuer bezahlten Studium nicht gemacht, ist stattdessen Immobilienmaklerin geworden. Prinzipiell habe ich das Gefühl, dass sie viel leichter überfordert ist und gar nicht gut mit Stress umgehen kann. Ich glaube, weil ich alles allein machen musste und auf mich selbst gestellt war, bin ich generell besser klargekommen. Wenn dir keiner hilft, findest du allein einen Weg. Aber wenn immer alles für dich gemacht wird, fällt es dir allein schwerer.

Später, als wir geheiratet und beide Kinder bekommen haben, war all das Konkurrenzdenken und das Buhlen um die Aufmerksamkeit null und nichtig – mittlerweile besteht ein richtig gutes und inniges Verhältnis zwischen uns. Wir haben den gleichen trockenen Humor meines Vaters geerbt und lachen viel miteinander. Neulich hat sie mich besucht und wir unterhielten uns über unsere Eltern, da sagte sie zu mir: »Ach du, du hattest es doch früher einfach. Du warst ja Mamas und Papas Liebling ...« Ich hätte beinahe den Rotwein aufs Sofa geprustet. »So ein Bullshit«, habe ich gesagt. »Genau umgekehrt war es, my dear!« Aber so ist das vermutlich in allen Familien. Meine Kinder streiten sich auch oft darum, wie viele Redeminuten sie angeblich hatten. Und jeder geht am Ende gefühlt als Verlierer und Benachteiligter daraus hervor. Es tut dann so gut, auch nach so vielen Jahren, dass man seine Gefühle teilen kann und sich nicht mehr wie der ewig zurückgesetzte Außenseiter der Familie fühlt.

Eines der letzten gemeinsamen Familienereignisse war der Urlaub auf Hawaii, als ich 18 Jahre alt war. Da sind wir endlich auch mal woanders hingefahren als in unsere geliebte Skihütte. Ich habe lange Jahre gar nicht gecheckt, dass es so etwas wie »in andere Bundesstaaten oder gar Länder reisen« gibt. Aber als Teenager dachte ich, wenn alle braungebrannt aus den Winterferien nach Hause kamen und von Hawaii, Florida oder dem Disneyland erzählten: Na toll, und wir fahren immer in die olle Hütte. Ich schätze, meine Eltern haben ähnlich empfunden und als es finanziell ging, sind wir endlich nach Hawaii geflogen. Danach hatte ich lange den Traum, irgendwann eine Kaffeeplantage auf der Insel zu kaufen und dort zu leben. Die Natur, das gute Wetter, die Farben – es war traumhaft schön dort und ein unfassbarer Urlaub. Schon ein Jahr später bin ich als Model allein durch die Weltgeschichte geflogen. Und auch wenn ich noch ein paarmal wiederkam, war die gemeinsame Familienzeit endgültig zu Ende.

Die Skihütte und das Haus meiner Kindheit wurden vor etwa zehn Jahren abgerissen. Meine Mutter hatte die Finanzen sehr gut im Griff, sodass meine Eltern sich ihr Traumhaus am Lake Washington leisten konnten. Mittlerweile sind sie seit über 55 Jahren zusammen. Beeindruckend, oder? Ich muss ehrlich sagen, dass ich keine Ahnung habe, wie die beiden es so lange miteinander ausgehalten haben, aber wenn zwei Menschen zueinanderpassen, dann funktioniert es wohl. Ich hingegen habe es nicht aushalten können und bin froh, dass ich niemandem mehr die Unterwäsche hinterherräume, ständig abgestandene Weingläser einsammle und volle Aschenbecher ausleere. Dieses Lebenskonzept, Traummann finden, heiraten, 50 Jahre zusammen sein, hatte ich komischerweise nie im Kopf. Als junges Mädchen habe ich zu meiner Mama gesagt: »Mein Mann wird mein Nachbar sein.« So war das in meiner Vorstellung: Ich lebe in meinem Haus, er nebenan in seinem und zusammen haben wir vier Kinder. Immerhin, das mit den Kindern hat geklappt.

Meine Eltern leben mittlerweile ziemlich zurückgezogen, aber dadurch, dass wir uns nun wieder auf dem gleichen Kontinent befinden, statt 4900 Kilometer, lediglich 1800 voneinander entfernt, sehen wir uns regelmäßiger – dennoch habe ich ein ambivalentes Verhältnis zu ihnen. Sie sind lieb und unkompliziert, das schon. Aber ich frage mich immer, ob sie prinzipiell nur sehr relaxt sind oder extrem gleichgültig. Ob sie stolz auf mich sind? Ich habe keinen blassen Schimmer. Bis heute haben meine Eltern so was in die Richtung nie erwähnt. Als ich als Model international erfolgreich war: keine Reaktion. Als ich sie anrief, um von meinem Heiratsantrag zu erzählen, sagten sie nur: »Ach Mensch, nett, Kind.« Als sie Til und mich einmal in Hamburg besuchten, fragten sie IHN: »Können wir dein Büro mal sehen?« Für die neuen Geschäftsräume von Bellybutton haben sie sich gar nicht interessiert. Am Wichtigsten ist für die beiden, glaube ich, dass wir nicht drogenabhängig geworden sind oder andere Probleme haben, wie so einige Kinder ihrer Freunde.

Als ich selbst anfing, darüber nachzudenken, wie ich als Mutter so sein möchte, kam ganz oft der Satz in mir hoch: »Das will ich anders machen als meine Mutter.« Ich wollte unbedingt warmherziger sein und Gefühle ernst nehmen. Meine Mutter empfand ich als maskulin und streng. Wenn ich kuscheln wollte, hat sie mich weggeschoben. Wenn ich traurig war, hat sie abgewinkt: »Was soll das denn jetzt? Stell dich nicht so an!«

Natürlich habe ich mich auch dabei ertappt, trotz aller Vorsätze, doch ganz vieles so zu machen wie sie. Meine Mutter ist so ziemlich die planloseste Person, die ich kenne. Wenn Erica und ich nicht wären, würde sie selbst Weihnachten vergessen. Ich bin leider fast genauso chaotisch geworden. Gepaart mit der Grundgelassenheit meines Vaters, kann ich Freunde und Geschäftspartner damit in den Wahnsinn treiben, dass ich zu spät zu einer Verabredung komme oder sie ganz vergesse. Einmal haben Til und ich sogar Lillis Geburtstag vergessen. Dafür durften wir auch sehr lange Buße tun. Mit unendlich vielen Extra-Umarmungen.

Ich will meine Mutter nicht verurteilen, denn ich vermag es mir nicht vorzustellen, wie es für meine Eltern gewesen sein muss, immer von der Hand in den Mund zu leben. Und was ich so mitbekommen habe, haben sie selbst nicht gerade viel Geborgenheit in ihrer eigenen Kindheit erfahren. Ich kann mich gut daran erinnern, dass ich als kleines Mädchen meinen Großvater zum Abschied küssen wollte. Der schob mich mit den Worten weg: »Lass das. Das gehört sich nicht.« Wie ist es da erst meiner Mutter ergangen?

Dennoch hätte ich mir gewünscht, dass meine Mutter mehr für mich da gewesen wäre. Mütter spielen im Leben der Töchter lebenslang eine zentrale Rolle. Sie sind eine Referenzperson, egal ob wir uns gegen sie positionieren oder uns auf ihrer Seite fühlen. Natürlich habe ich auch vieles von ihr, was ich schätze: Wie sie die Dinge in die Hand genommen hat, als die Familie in Not war. Wie sie sich selbstständig gemacht und hart dafür gearbeitet hat, dass es funktioniert. Diese Stärke ist auch in mir. So konnte ich Bellybutton gründen, als ich mich von Til unabhängiger machen wollte. So schaffte ich es, mit den Kindern weiterzumachen, als Til und ich uns getrennt haben und ich quasi über Nacht in einem neuen Land alleinerziehend war.

Ich würde mir heute wünschen, mehr ernsthafte Gespräche mit meiner Mutter führen zu können. Aber irgendwie kriegen wir das einfach nicht hin. Sie stöhnt nur, wenn ich mich mal überwinde, sie auf früher und auf unser Verhältnis anzusprechen. Ich glaube, wenn man alt wird, traut man sich nicht mehr, die Themen zu bearbeiten. Aber ich bin auch entspannter und versöhnlicher mit allem geworden. Das passiert automatisch, wenn man selbst Mutter wird und einen die Erkenntnis mit voller Wucht trifft, wie schwer es ist, den eigenen Vorstellungen gerecht zu werden. Und ich kann mir nun lebhaft vorstellen, dass ich als Kind durchaus meinen Teil zu den Dingen beigetragen habe. Das erlebe ich ja nun dreifach live (Valentin muss ich da raushalten, der ist meistens tiefenentspannt). Ob ich mich sorge oder gelassen bleibe, lobe oder kritisiere, berate oder mich zurückhalte, rede oder schweige – es kommt der Augenblick, wo alles zu viel, alles zu wenig ist. »Mom, das verstehst du nicht«, »Für Lilli nimmst du dir viel mehr Zeit, warum hörst du mir nie so viel zu«, »Du bist eine schlechte Mom!« Alles Sätze aus den hübschen Mündern meiner Töchter, alle nicht allzu lange her, aber mir ist so, als hätte ich dieselben Sätze so oder so ähnlich zu meiner Mutter gesagt. Das ist eben der Zeitpunkt, wenn die Kinder die Mutter vom Sockel stoßen, um ihren eigenen Weg gehen zu können. Im Idealfall bleibe ich ein Hafen, in den meine Töchter immer wieder zurückkommen können. Das würde mich dann von meiner Mutter unterscheiden. Ich liebe sie zwar, ich kann sie auch immer anrufen – die innere Distanz und gefühlte Gleichgültigkeit mir gegenüber ist aber irgendwie geblieben. Ich hoffe, dass meine Kinder später nicht nur schnell und zackig all meine Defizite runterrezitieren können – davon gibt es sicher auch ein paar (wenige), sondern feststellen, dass ich zugehört und ihnen Geborgenheit gegeben habe.

Ich würde mich unendlich freuen, wenn meine Kinder später einmal zu mir sagen werden: »Du warst die beste Mutter, die du sein konntest.«

ICH WAR EINE EINZELGÄNGERIN

Teenager im Seattle der 80er-Jahre gewesen zu sein, war ziemlich cool. Weil ich Zeitzeugin einer Aufbruch-Ära geworden bin, die aus einer ruhigen Stadt im Bundesstaat Washington eine der innovativsten Metropolen in ganz Amerika machte. Es macht mich wahnsinnig stolz, aus dieser liberalen und fortschrittlichen Stadt zu kommen – in der die Arbeitslosenquote so niedrig ist wie nirgendwo im Land, der Umweltschutz selbstverständlich, Radwege kein Fremdwort sind und die Zebrastreifen regenbogenfarben.

In den 70ern ging es noch beschaulich zu. Die Nachfahren der Goldgräber aus dem 19. Jahrhundert mischten sich mit asiatischen und skandinavischen Einwanderern wie meiner Familie. Dazu gesellten sich die Althippies in ihren Birkenstocks, die die Stadt authentischer und weniger anstrengend fanden als San Francisco oder Los Angeles und uns Kombucha, Yoga und die Liebe zu Marihuana mitbrachten (was man übrigens völlig legal in einem der 45 Pot-Shops Seattles kaufen kann). Alle freuten sich über die wundervolle Natur zwischen Pazifik und Gletschern, das damit verbundene Sportangebot und die niedrigen Lebenshaltungskosten. Musikalisch, kulturell und modisch war Seattle allerdings eher provinziell. Auf Trends bezogen hieß es immer: Fünf Jahre hinter Los Angeles zurück, zehn hinter New York. Das einzig Spektakuläre, was Seattle damals aus Sicht eines Teenagers hervorgebracht hatte, war Jimi Hendrix – nur war der zu meiner Zeit schon zehn Jahre tot.

Aber Ende der 70er fing die Stadt auf einmal an zu vibrieren und das war selbst für eine Jugendliche aus einem endöden Vorort 20 Autominuten entfernt zu spüren. Zu verdanken hatten wir das allen voran Bill Gates. 1979 war er mit seinem Unternehmen Microsoft von Albuquerque in New Mexico zurück in seine Heimat gezogen – und sein Siegeszug mit Windows bescherte der Stadt immensen Wohlstand. Bisher war Boeing der attraktivste Arbeitgeber gewesen – bei über 100 000 Arbeitern kannte damals wohl jeder jemanden, der zur Boeing-Family gehörte. Auf einmal wollten alle, die jünger als 30 waren, bei Microsoft mitmischen oder ihr eigenes Hightech-Start-up ins Leben rufen. 1985 ging Bill Gates an die Börse und mit ihm wurden ziemlich viele Menschen über Nacht reich.

Die Wirtschaft boomte. Apartmenthäuser und Büros entstanden in großer Geschwindigkeit und es verging kaum ein Monat, in dem keine neuen Clubs, Restaurants und Cafés eröffnet wurden. Das war auch der Startschuss für Starbucks – 1987 expandierte das Seattler Unternehmen und wuchs von einer auf elf Filialen. Stand 2018 sind es übrigens weltweit über 29 000. Es war also in Seattle damals schon en vogue, überteuerten Kaffee zu kaufen. In der Mall, in der ich oft abhing, gab es eine der neuen Filialen, direkt neben einem Designershop. Die ganzen Tech-Nerds, Banker und wohlsituierten Hausfrauen holten sich nach dem Shoppen einen Pappbecher mit Starbucks-Emblem, um demonstrativ damit rumzulaufen. Ich hatte Freunde, die ihr Taschengeld direkt dorthin trugen, und ich wette, manch einer lief schon mal mit einem leeren Becher rum – egal, es war ein

Prestige-Objekt … Übrigens war die Meerjungfrau im Logo bei der Gründung 1971 tatsächlich noch oben ohne. Erst zu meiner Zeit bedeckten dann Haare ihre Brüste, weil es dem Unternehmen für die Expansion zu unanständig schien. Die hatten Angst, dass sie sonst noch »Slutbucks« genannt werden würden.

Den Erfolg von Bill Gates habe ich quasi hautnah mitbekommen, denn er stattete meine und andere Schulen mit den neuesten Computern aus. Ich meine, wie cool ist das, so im Nachhinein?! Wir durften als Erste auf diesen Computern lernen! Eine Zeit lang wollte ich wie die meisten meiner Mitschüler selbst Programmiererin werden. Ich habe sogar mein eigenes Programm entwickelt. Es sollte die Lottozahlen vorhersagen. Und funktionierte natürlich nicht. Mein Lehrer hat mir trotzdem ein A+, die Bestnote, gegeben – der Kreativität wegen.

Es war auch die Zeit von Ronald Reagan, der 1981 amerikanischer Präsident geworden war. Und somit die Zeit des Wettrüstens mit Russland. Meine Mitschüler und ich haben uns oft mit der Möglichkeit eines Atomkriegs beschäftigt. An der Schule wurde durchgenommen, wie man sich »richtig« verhält – das hat uns sehr beeinflusst. Vor allem aber hat es uns eine Absolution fürs Kiffen und Feiern gegeben, weil wir dachten: Wir werden ja eh sterben. Wir haben richtige Endzeitszenarien entwickelt: Falls es losgeht, treffen wir uns alle auf dem Tiger Mountain, nehmen noch schnell LSD und sterben glücklich. Wir konnten uns alle gut mit Filmen wie *Footloose*, *The Breakfast Club* und *Flashdance* identifizieren, die als provokant galten. Außerdem liebte ich *Top Gun*. Wegen Pete »Maverick« Mitchell aka Tom Cruise habe ich mich sogar bei der U.S. Air Force beworben. Ich wollte unbedingt Kampfpilotin werden und habe die Tests tatsächlich bestanden. Als ich aber erfahren habe, dass die Ausbildung vier Jahre dauern sollte, erschien mir das viel zu lang und ich ließ den Wunsch wieder sausen.

Jetzt erzähle ich nicht als nächstes, dass ich Sängerin werden wollte, aber natürlich war Musik eine Riesensache in meiner Jugend. 1981 war MTV on air gegangen und Madonna, Michael Jackson und Musikvideos standen weltweit bei jedem Teenager hoch im Kurs. Aber die wenigsten können sich wohl damit rühmen, dass in ihrem Beisein eine ganz neue Musikrichtung entstanden ist. In Seattle war das aber so. Denn in meiner Teenagerzeit wurde Grunge geboren. Der, was viele gar nicht wissen, auch Seattle-Sound genannt wird. Endlich hatten wir Los Angeles und New York mal etwas voraus. Es gab wohl Hunderte Garagenbands in der Gegend. Manche meiner Mitschüler hetzten nach dem Unterricht sofort zurück an ihre E-Gitarre und nutzten dann jede sich bietende Möglichkeit für öffentliche Auftritte, bei Geburtstagspartys oder in Einkaufszentren. Die etwas professionelleren schafften den Sprung in richtige Clubs und ortsansässige Plattenfirmen wie Sub Pop Records boten ihnen mit Glück einen Vertrag für eine Single an.

Alice in Chains habe ich in einem Vereinsheim für Veteranen gesehen, weil sie woanders keine Gigs bekamen. Meine Mom kegelte mit der Mutter eines der Bandmitglieder und sagte: »Geh da doch mal hin, die brauchen Applaus.« Nirvana spielten im The Vogue anfangs gerade mal vor einer Handvoll Kids, ich inklusive. Ich glaube, ich habe alle gesehen, die es zu was gebracht haben. Natürlich, ohne es damals zu ahnen. Ich war ständig in der Innenstadt am Pioneer Square, wo sich etliche Clubs befanden, in denen sie sich drängten, um aufzutreten, und wo alles laut, verschwitzt und familiär zuging: Da spielten Pearl Jam, Soundgarden, Adam Ant und so viele mehr. Zum Glück kannte immer irgendjemand den Türsteher, denn viele von uns waren jünger als 21 und wir hätten eigentlich gar nicht reingedurft. Ich mag mir gar nicht ausdenken, was ich alles verpasst hätte …

Oft genug hatte ich aber auch keine Lust auf Geschreddel und Geschwitze, dann bin ich einfach auf die andere Straßenseite gegangen. Dort befanden sich die besten Blues- und Jazzclubs der Stadt, und zwar immer mit Livemusik. Durch den Einfluss meiner Eltern liebte ich diese Musik fast noch mehr als Grunge. Auch da habe ich Legenden wie Stevie Ray Vaughan, John Lee Hooker, B. B. King und Robert Cray hautnah gesehen.

Das war vor allem nach meinem Highschool-Abschluss meine Welt und in der Zeit lernte ich jede Menge coole Leute kennen. Mit ihnen habe ich auch tagsüber viel unternommen, wenn ich nicht arbeiten musste. Es war ein bisschen wie ein Befreiungsschlag. Hinter mir lagen ziemlich einsame Jahre – an der Middle- und Highschool war ich so etwas wie eine Einzelgängerin. Die ganzen Collegefilme, in denen alles so schön überzeichnet wirkt, in denen die attraktiven Sportler mit den arroganten Cheerleadern zusammensitzen und die unscheinbaren Mathecracks oder die nerdigen Gothic-Verehrer lieber unter sich bleiben – für mich war das Realität. Zu manchen Zeiten hatte ich wirklich niemanden, mit dem ich zusammensitzen konnte. In der Mittagspause ging ich deshalb lieber den langen Weg nach Hause, als allein in der Kantine zu sitzen. Wie unsicher ich war, hat mir vermutlich keiner angemerkt, denn schrägerweise wurde ich mehrere Jahrgänge hintereinander zum »Most Popular Girl« gewählt. Ich war nicht unbedingt unbeliebt und kam mit meinen Mitschülern gut klar, aber eben nur oberflächlich. Woran das lag? Während des Unterrichts war es schwierig, Freundschaften aufzubauen. Man hetzte in dem Riesengebäude von Stunde zu Stunde und dann ging der Unterricht auch schon weiter. Nicht viel Zeit, um die BFF – Best Friend Forever – zu finden. Das passierte nach der Schule. Und das Fatale war: Da war ich raus. Die meisten meiner Mitschüler lebten im Bezirk Issaquah, einem wohlhabenden Vorort von Seattle. Die Siedlungen dort waren so richtig schön typisch amerikanisch: Gleich aussehende Häuser standen auf exakt gleich großen Grundstücken, umrundet von weißen Palisadenzäunen, alles schön ordentlich und konservativ.

Meine Eltern aber hatten ein Haus in einem Viertel weiter außerhalb gekauft, weil es dort günstiger war. Da lebten viele ältere Menschen und es gab keine Nachbarn mit Kindern in meinem Alter. Aber genauso lief das nun einmal damals: Wenn du jemanden kennenlernen wolltest, bist du einfach vor die Tür gegangen. Da hast du dann die anderen getroffen, um Rad zu fahren, Fußball zu spielen oder abzuhängen. Und am nächsten Tag triffst du dich in der Schulkantine und stellst das Tablett neben das deiner neuen Freunde. Aber was machst du, wenn vor deiner Tür niemand auf dich wartet?

Ich war so unendlich happy, als ich in der achten Klasse doch mal eine Freundin fand, Krista Johnson. Mit ihr habe ich alles zusammen gemacht, wir trugen die gleichen Klamotten, quatschten stundenlang – bis ich in der neunten Klasse mit CJ zusammenkam. Er war zwei Jahre älter als ich und wohnte in eben jener Nachbarschaft, in der alle lebten, nur ich nicht. Er fuhr einen cheesy roten Datsun und kam sich unglaublich cool darin vor. Ich fand das Auto zwar furchtbar, aber immerhin, er hatte eins. Das war damals die Hauptsache.

CJ hat Krista und mich immer von der Schule mitgenommen und ist mit uns durch die Gegend gefahren. Das fanden Kristas Eltern überhaupt nicht witzig. Die haben ein Drama gemacht, weil sie nicht wollten, dass ihre 15-jährige Tochter bei einem älteren Jungen in den Wagen steigt und vom ländlichen Vorort einfach so downtown in die »gefährliche« Innenstadt fährt. Sie waren davon überzeugt, dass CJ und ich einen schlechten Einfluss auf sie hätten. Krista musste tatsächlich auf eine andere Schule wechseln, damit ihre Noten nicht schlechter wurden – schließlich sollte sie ja studieren ... Das war das Ende meiner einzigen guten Mädchenfreundschaft in der Schule.

CJ und ich sind etwa zwei Jahre zusammengeblieben. Ich hatte Glück mit ihm, er war echt lieb und wollte mich nie zu irgendetwas drängen. Aber natürlich passierte »es« irgendwann mit ihm. In der Schule war ich gefühlt die Letzte, die ihre Jungfräulichkeit verlor. Die haben mich immer schon »Virginia« genannt. CJ hat meinen uncoolen Ruf aber locker wieder wettgemacht, denn auf einmal war ich es, die mit einem zwei Jahre älteren Jungen zusammen war, der schon einen Wagen hatte – während meine Mitschülerinnen »nur« mit Gleichaltrigen gingen, die die Tage zählten, bis sie ihre Ellenbogen auch endlich betont lässig aus dem Fenster der Fahrerseite raushängen lassen konnten.

Die Beziehung zu CJ hat mich sicher selbstbewusster werden lassen, aber als ich 16 wurde, musste ich ohnehin schlagartig erwachsen werden, weil sich mein Leben radikal veränderte. Vor allem, weil ich mich, wie angekündigt, weitestgehend selbst versorgen musste. Als Erstes habe ich den Führerschein gemacht und mir sofort einen Job in einem Baumarkt gesucht. Weil ich vor allem am Wochenende gearbeitet habe, bin ich kaum noch mit meinen Eltern und Erica in die Skihütte gefahren – sondern blieb allein zu Hause. Das habe ich vor allem ausgenutzt, um zu feiern. Fatalerweise übertrugen mir meine Eltern auch noch die Verantwortung für die Schule: Am Anfang eines Schuljahres mussten die Eltern immer ein Formular unterzeichnen, damit die Unterschrift mit den Entschuldigungen bei Abwesenheit verglichen werden konnte. Meine Mutter schob mir den Zettel zu und sagte: »Hier ist das Formular, unterschreib du das. Ist ja schließlich dein Leben.« Ich habe mit Freuden Joyce Carlsen druntergeschrieben. Was für ein Teenagertraum: Ich war ab sofort in der Lage, meine eigenen Entschuldigungen zu schreiben und zu schwänzen, wann immer mir danach war. Und mir war oft danach. »Dana konnte leider nicht am Unterricht teilnehmen ... Ein Alien hat ihr Auto gegessen.«

Ab dem Zeitpunkt bin ich immer weiter abgerutscht mit den Noten. Meine Eltern haben da wirklich keine besonders gute Arbeit geleistet. Sie interessierten sich null für meine schulischen Leistungen und haben sich nicht einmal mit mir hingesetzt, um die Hausaufgaben anzusehen (die ich kaum noch machte). Auch wenn sie es auf ihre Art ganz bestimmt gut gemeint haben, war dieses hohe Maß an Eigenverantwortung sicher etwas zu viel für mich. Als pubertierende 16-Jährige trifft man ja nicht immer die klügsten Entscheidungen für sich und seine Zukunft – auch wenn man zu dem Zeitpunkt felsenfest davon überzeugt ist, alles besser zu wissen. Ich wusste also mit Sicherheit, dass das Beste für mich alles war, was außerhalb der Schule stattfand. Und CJ war, wie ich zugeben muss (Kristas Eltern, lest ihr das?), wirklich nicht der beste Einfluss. Wir haben immer öfter Unsinn angestellt. Harmlos zwar, aber dem Lernprozess eher abkömmlich. So etwas wie ein Sixpack Bier von Zuhause mitgehen lassen, um sich mit seinen älteren Freunden in den Bergen zu treffen und gemeinsam abzuhängen. Oder ein bisschen kiffen und danach »Donut fahren«, das heißt, man fährt stumpf in der Gegend rum. Das Gebiet rund um Seattle eignete sich prima für solche Aktionen: Wer *Twin Peaks* gesehen hat, weiß, was ich meine – alles ist ein bisschen düster, ein bisschen neblig, ein bisschen deprimierend. Optimal für Pick-up-Partys mit Lagerfeuern und endlose Autotouren durch die Berge. Man muss uns allerdings zugutehalten, dass alles, was wir gemacht haben, selbst Teenagerblödsinn mitten in der Schulzeit, immer mit der Natur zusammenhing. Einfach, weil wir auf einem einzigen riesigen Outdoorspielplatz lebten. Wir waren immer draußen, auch wenn es regnete (und in Seattle gibt es verdammt viele Regentage. Da kann Hamburg einpacken). Wir schlichen uns abends auf Golfanlagen, segelten und surften für unser Leben gern und fuhren Ski, Ski, Ski. Einmal wollten CJ und ich unbedingt in die Berge zum Ski fahren, weil so viel Schnee gefallen war. Wir wollten morgens die Ersten sein. Das hieß natürlich, dass wir im Wagen schlafen und am nächsten Tag die Schule schwänzen würden. CJ kam spätabends, um mich abzuholen. Ich schlich mich durch mein Zimmerfenster raus, das direkt über der Garage lag, und reichte CJ gerade meine Skier durchs Fenster, als mein Vater aus dem anderen Fenster rausguckte und ganz trocken sagte: »Ihr wisst schon, dass wir auch eine Haustür haben?«

An den Wochenenden, an denen meine Eltern in der Skihütte waren und ich nicht, sind wir abends auf Partys in Downtown oder auf eines der Konzerte, die in den Vineyards stattfanden, gefahren. Dort traten Stevie Wonder oder Earth, Wind & Fire auf Bühnen auf, die mitten in den Weinanbaugebieten lagen. Wir haben anschließend im Auto geschlafen, weil keiner von uns noch in der Lage gewesen wäre, zu fahren. Ich hatte immer ein paar frische Klamotten und meine Zahnbürste dabei, damit ich vor der Arbeit im Baumarkt Katzenwäsche machen konnte.

Die Partys blieben, CJ ging. Als er auf die Universität kam, machte er mit mir Schluss – das kleine Highschool-Girl war nicht so interessant wie die Uni-Mädels. Ich litt unter heftigstem Liebeskummer, schließlich war er mein erster Freund. Eine der wenigen emotionalen Angelegenheiten, bei denen meine Mutter mal nicht »Stell dich nicht so an!« gesagt, sondern mich liebevoll getröstet hat. Bei späteren Trennungen war sie nicht mehr so sensibel. Da durfte ich mir eher anhören: »Ach, du benutzt Männer doch wie Klopapier. Was soll das Geheule jetzt?« Mit nur einem Mann in ihrem Leben stellte sich das für sie offensichtlich bei jedem meiner Freunde nach CJ so dar … Es war jedenfalls schön, sie damals an meiner Seite gehabt zu haben. CJ lebt übrigens immer noch in Seattle, verkauft Marihuana (legal natürlich) und hat Kontakt zu meinen Eltern. Ab und zu schreiben wir uns einen Gruß über Facebook.

Wenn man ein junges Mädchen ist und seinen ersten Liebeskummer hat, denkt man, dass der Schmerz niemals aufhört. So war das natürlich auch bei mir, ich hörte lauter deprimierende Lieder und gab mich meinem Weltschmerz (ein tolles deutsches Wort) hin. Für einige Wochen jedenfalls – dann traten auch schon Jim und Danny in mein Leben. Die beiden Jungs waren ein Windsurfimport aus Miami und kamen in den Jahrgang unter mir. Sie waren ultrahot und exotisch, weil sie die Haare anders trugen als die meisten Jungs. Wenn sie übers Schulgelände gingen, passierte das in Slow Motion. Und alle Mädchen hielten die Luft an und linsten rüber. Sie trugen zerschlissene, ausgeblichene Jeans zu schlabbrigen T-Shirts, waren braun gebrannt, leicht muskulös, mit blonden dicken Locken. Das war insofern geradezu exotisch, weil die Jungs aus Seattle gefühlt nur einen Dresscode kannten: Holzfällerhemd kombiniert mit dunkler Bluejeans. Jim und Danny waren mit einem Schlag die begehrtesten Typen in der Schule – und ich habe sie mir geschnappt. Da war mir CJ mit einem Schlag egal. Mit Danny hatte ich ein liebevolles Techtelmechtel, mit Jim irgendwann auch, aber vor allem waren sie beide meine besten Freunde. Wir windsurften zusammen, kifften oder machten die Pisten unsicher. Es hatte etwas von einer hippieesken Dreiecksbeziehung auf einem harmlosen Teenagerniveau. Wir fanden uns in der Kombi natürlich extrem cool und unwiderstehlich, aber ich schätze, dass mich diese Liaison-à-trois noch unnahbarer gemacht hat. Denn als der Abschlussball nahte, wurde ich von keinem einzigen Jungen aus meinem Jahrgang gefragt, ob ich ihn begleiten würde. Gut, dachte ich, das überstehe ich auch noch und fragte Danny und Jim. Ich trug ein Cocktailkleid, das schön kurz war, weil ich ein Ballkleid albern fand. Ich gehe doch nicht auf die Oscars – warum soll ich etwas Langes anziehen?, dachte ich.

Ich hatte die Highschool gerade so eben geschafft und keinen blassen Schimmer, was ich tun sollte, während die meisten anderen sich schon aufs College freuten. Aber das war mir zumindest in dem Sommer egal. Wenn einem jahrelang eingetrichtert wird »Aus dir wird eh nichts, also vergiss es ...«, genießt man irgendwie eine gewisse Narrenfreiheit. Es gibt keinerlei Erwartungen, die man erfüllen muss. Die Monate nach dem Abschluss habe ich daher als extrem unbeschwert in Erinnerung. Ich hing quasi ununterbrochen mit den Jungs rum und wir fühlten uns in der Konstellation wie Kinder der freien Liebe. Meine Mutter hat mir ein paar Jahre später erzählt, dass Dans und Jimmys Eltern nicht besonders begeistert davon waren, dass wir so zu dritt rumhingen.

So richtig habe ich erst rückblickend verstanden, wie ich wohl auf andere gewirkt haben muss. Hätte man mich damals gefragt, hätte ich mich als schüchtern und verschlossen beschrieben. Im Nachhinein war ich selbstbewusster als die meisten anderen, vielleicht sogar aufsässig und rebellisch. Das hat auch mein Aussehen ausgestrahlt: Ich lief mit kurzen Haaren Marke Eigenschnitt rum, war mehr Tomboy als Vorzeigemädchen. Ich trug Größe 32, am liebsten schön rustikal-derbe Klamotten im Grunge- oder Wave-Look, immer secondhand – weil ich mir was anderes nicht hätte leisten können.

Und dennoch war ich wohl ziemlich hübsch, ohne das so richtig zu wissen. Ein Freund aus der Schule, der Fotograf werden wollte (und es auch wurde), fragte mich nämlich: »Dana, da macht eine Agentur einen Fotowettbewerb, bei dem ich gern mitmachen würde. Ich brauche aber noch ein Model dafür. Darf ich dich fotografieren?« Ich dachte: Warum nicht? Nach der Fotosession haben wir die Bilder persönlich in die Agentur gebracht – natürlich mussten wir dafür die Schule schwänzen … Die haben die Bilder gesehen und gleich gesagt: »Die Fotos mögen wir – und das Mädchen auch. Wer ist sie denn?« Sie waren gleich Feuer und Flamme: »Wir würden dich gern unter Vertrag nehmen.« Aber ich sagte nur: »Danke, aber ich mag Lippenstift nicht besonders gern. Und Make-up auch nicht.« Und weg war ich.

Sehr, sehr viel lieber mochte ich Autos. Allen voran meinen kanariengelben Opel GT, mein ganzer Stolz.

Meine Vorbilder waren nicht Madonna, Whitney Houston oder andere Popstars, sondern starke Frauen wie die US-Außenministerin Madeleine Albright. Weil sie als erste Frau so viel Einfluss genommen hat in einer totalen Männerwelt. TV-Moderatorin Oprah Winfrey fand ich auch toll, weil sie in ihren Interviews aus allen Perspektiven gefragt hat. Von ihr habe ich gelernt, dass man nicht immer von sich ausgehen sollte, um andere zu verstehen. Jacqueline Onassis liebte ich, weil sie so fein und niveauvoll war und nie schlecht über andere gesprochen hat, nicht einmal über Marilyn Monroe, obwohl sie doch genau wusste, dass ihr Mann eine Affäre mit ihr hatte.

Ich wollte eben auf gar keinen Fall »Mainstream« sein. Was andere cool fanden, fand ich uncool. Ein Follower zu sein, hörte sich für mich immer schwach und langweilig an. Mit 13 oder 14 Jahren hätte ich sicher nichts lieber getan, als mich in bestehende Gruppen und Hierarchien einzufügen. Aber im Laufe der Schulzeit hatte ich mir einen Schutzmantel zugelegt. Es ist mir immer egaler geworden, was andere von mir denken – ich habe mein Ding durchgezogen. Das ist bis heute so – es ist mir egal, was für einen Status jemand hat, solange ich ihn mag und er mich akzeptiert. Ich denke, dass meine Einsamkeit in der Schulzeit sich als Selbstständigkeitstraining fürs echte Leben erwiesen und mir bei der Identitätsfindung geholfen hat.

Nur leider nicht bei der Entscheidung, was ich nach der Highschool mit meinem Leben anfangen sollte. Irgendwann war der tolle Sommer vorbei, Dan und Jimmy mussten in die Schule zurück und ich? War lost. Vielleicht, überlegte ich, wäre es doch besser, zu studieren. Aber für die Collegegebühren brauchte ich Geld. Also jobbte ich weiter, im Baumarkt, in einem Feinkostladen in einer sehr wohlhabenden Gegend, weil die Bezahlung dort am besten war, und als Kellnerin, und das von Montag bis Sonntag. Als ich genug Geld hatte, schrieb ich mich am College für Betriebswirtschaft ein. Aber mir fehlte einfach zu viel von dem, was ich an der Highschool sträflich vernachlässigt hatte. Wie man ein Referat strukturiert oder wie man ordentlich Quellen recherchiert. Es war mir auch zu aufwendig, in die öffentliche Bibliothek zu fahren. Eigentlich bitter, wenn man bedenkt, wie viel Energie ich darauf aufwenden konnte, abends in Clubs reinzukommen. Ich habe nach einem Semester wieder aufgegeben. Das war eine Mischung aus »Keine Ahnung« und »Schaff ich doch eh nicht«. Im Grunde erlag ich einer Selffulfilling Prophecy, denn dieses Nicht-an-mich-selbst-Glauben war mir so lange eingetrichert worden, bis es zur Wahrheit wurde. Nur Kellner- und Verkäuferjobs, das wusste ich allerdings, sind auf Dauer auch nichts, also fing ich eine Ausbildung an einem

Kosmetikinstitut in Seattle an, um Kosmetikerin zu werden und mehr Geld zu verdienen, um mir irgendwann ein College leisten zu können Die Ausbildung machte ich auch zu Ende – und später hat sie mir bei Bellybutton sogar geholfen.

Und in der Zwischenzeit tat ich das, was ich am besten konnte: durch die Gegend fahren, in den Bergen abhängen, den Alkoholvorrat der Eltern dezimieren, in der Innenstadt chillen und tanzen. Aber ich war ja nicht allein damit. Wir alle dachten, dass es immer so weitergehen würde – es waren einfach diese wahnsinnigen Umbruchzeiten, in denen alles möglich schien. In denen die Jungs, mit denen ich eben noch eine Nelkenzigarette vor der Bar geraucht habe, plötzlich weltberühmt waren. Weil sie einen Plattenvertrag unterschrieben oder eine begehrte Software entwickelt hatten. Auf die Idee, dass mir etwas hätte passieren können, bin ich nie gekommen. Dass man zum Beispiel an Typen gerät, die es falsch verstehen, wenn ein junges wildes Mädchen sie antanzt.

Ich wuchs in einer Kleinstadtidylle auf und habe die Welt durch eine rosarote Brille gesehen. Es ging nur darum, Spaß zu haben. Mich erinnert diese Zeit an den Song *Mudfootball* meines Lieblingssängers Jack Johnson (der erstaunlicherweise nicht aus Seattle kommt), in dem er singt:

»We used to laugh a lot
But only because we thought
That everything good always would remain
Nothing's gonna change
There's no need to complain.«

»Wir haben viel gelacht,
aber nur weil wir dachten,
dass alles Gute immer bleiben würde.
Nichts würde sich ändern,
es gibt also keinen Grund, sich zu beklagen.«

Aber natürlich änderte sich etwas und die unbeschwerten Zeiten gingen vorbei. Als ich etwa 18 Jahre alt war, kamen die Banden aus Los Angeles die Küste hoch zu uns. Die Crips und die Bloods lieferten sich Mitte der 80er-Jahre heftigste Gangkriege und in Downtown L.A. gab es täglich Schießereien mit vielen Toten. Manche haben sich wohl erhofft, aus der Schusslinie zu fliehen, aber die meisten waren auf der Suche nach neuen Märkten für Drogen. Soweit ich weiß, gab es zu der Zeit über 50 000 Gangmitglieder in Los Angeles. Die fingen ja schon mit zwölf Jahren an zu dealen, weil das immer noch besser war, als bettelarm zu sein.

In Seattle waren Gangs bis dahin kein Thema gewesen. Es war egal, welche Hautfarbe ein Freund hatte. Auf einmal wurden alle Schwarzen wie potenzielle Verdächtige behandelt. Und man konnte rein gar nichts dagegen machen. Meinem Bekannten John ist direkt vor meinen Augen fünfmal in den Rücken geschossen worden. Wir kamen gerade aus unserem Lieblingsclub Celebrities, da schrie ihn ein Schwarzer aus dem Wagen gegenüber auf der Straße an. Dem passte es vielleicht nicht, dass John durch sein Revier lief. John war genauso ahnungslos wie wir und wusste gar nicht, was er machen sollte. Und auf einmal schoss der Mann aus dem Wagen und traf ihn. Er starb im Krankenwagen. Solche Dinge passierten plötzlich. Ohne Vorwarnung. Ich empfand es wie eine Ohrfeige, die eine ganz eindeutige Botschaft hatte: »Willkommen in der wirklichen Welt, Dana!« Wie schnell man dann erwachsen wird und denkt: Nee, so easy ist es dann doch alles gar nicht.

Das ganz persönliche Ende meiner Unbeschwertheit und des Herumgeeieres kam dann, als ich eines Morgens zur Arbeit fahren wollte und mir ein Typ mit Starbucks-Prestige-Pappbecher in der Hand in meinen heiß geliebten Opel fuhr. Dummerweise war ich ein bisschen zu schnell gefahren und hatte ausgerechnet in dem Monat die Autoversicherung nicht bezahlt, weil ich so knapp bei Kasse war. Danke auch. Dem Wagen trauere ich immer noch hinterher.

Das war der Moment, in dem ich dachte: So kann es nicht weitergehen. Immer dieses Von-der-Hand-in-den-Mund-Gelebe, nein danke! Ich rief also bei dieser Modelagentur an und sagte: »Okay, ihr habt mich vor ein paar Jahren gecastet und wolltet mich haben. Jetzt will ich auch.« Und zack, im nächsten Moment saß ich im Flieger nach Tokio und bin erwachsen geworden.

Was ich wohl meinem jüngeren Ich raten würde, wenn ich ihm gegenüber sitzen würde? »Pass mal auf, junge Dame … Setz dich erst einmal ordentlich hin, wenn ich mit dir rede.« Nein, so würde ich selbstverständlich nicht anfangen. Eher so: »Sweetie, kauf Microsoft-Aktien!« Oder »Los, raus aus den Jeans und den Hemden! Zeig mehr Haut. Genieß es, solange alles so straff ist!« Aber nein, im Ernst. Wenn ich mein jüngeres Ich im Rückspiegel meiner Erinnerung betrachte, bin ich froh über den Spaß, den ich in jungen Jahren nicht versäumt habe. Ich habe mein Ding gemacht und bin durch meine Umgebung extrem unabhängig geworden. Aber gewisse Entscheidungen hätte ich gerne nicht so impulsiv getroffen. Ich würde meinem 18-jährigen Ich also raten, sich Ziele zu setzen und diese auch zu verfolgen. Und sich nicht von Sprüchen abbringen zu lassen wie »Das schaffst du nicht«. Vielleicht würde ich ihm raten, sich einen Mentor zu suchen, den man um Hilfe bitten kann.

Ich sehe es jetzt so, dass wir im Laufe unseres Lebens wichtige und wertvolle Lebenserfahrungen machen, die uns rückblickend viel Weisheit bescheren. Und ich würde meinen Kindern gern all das mitgeben, was ich aus heutiger Sicht weiß.

Auch wenn ich in Momenten, in denen sich bei uns alle gegenseitig anzicken, denke, oh Gott, was ist denn nur in unserer Familie schiefgelaufen?, muss ich zugeben, dass ich einiges doch richtig gemacht zu haben scheine. Meine Kinder sind, anders als ich es war, so viel straighter und zielstrebiger. Allen voran Luna. Die wusste schon mit 14, dass sie am liebsten Investmentbankerin werden wollte. Ich habe ihr ungelogen Bücher mitbringen müssen, die sich um Finanzwesen drehen. Jetzt studiert sie in Paris an der Business School. Auch Lilli möchte demnächst anfangen zu studieren, etwas in Richtung Designentwicklung, verbunden mit einer Ausbildung zur Goldschmiedin. Auch das Tischlern interessiert sie. Sie hat ein Händchen für alles Künstlerische. Valentin hat schon vor ein paar Jahren angefangen, bei Til am Set als Kameraassistent auszuhelfen, und hat dadurch sein »Auge« entdeckt. Jetzt arbeitet er als Kameramann. Er würde allerdings auch einen hervorragenden Koch abgeben. Emma liebt es, zu lernen. Sie hat sicher noch ein bisschen Zeit, aber natürlich hat sie durch ihre zahlreichen Filmrollen schon eine gute Ausgangsposition. Wie alle meine Kinder.

Und am Ende möchte ich von meinem Weg nichts missen. Es ist eben das Leben, das zu mir gehört. Wenn ich weiter Wirtschaft studiert hätte, wäre ich jetzt vielleicht Boeing-Mitarbeiterin oder Bankerin, hätte jemand anderen geheiratet und würde in einem Vorort mit einem hübschen Palisadenzaun leben.

Dann doch lieber im Herzen barfuß in Malibu.

UND DANN FEIERTE ICH MIT DER YAKUZA

Eine Sache, die ich mich schon manchmal frage, ist, ob ich mit einem anderen Mann glücklicher geworden wäre als mit Til. Wir hatten zwölf gute Jahre. Das ist ja nicht gerade lange. Nun hangelt er sich von einer Affäre zur nächsten Kurzzeitbeziehung. Und ich? Ich bin zwar happy mit mir selbst, aber es wäre gelogen, wenn ich sagen würde: »Auf meinem Sofa ist nur Platz für mich, meine Hunde und die Kinder.« Ich habe ein amerikanisches Sofa, es ist Size XXL. Soll heißen, ich hätte sehr wohl Platz. Wir beide hätten es verdient, noch einmal eine aufrichtige und länger anhaltende Beziehung in unserem Leben zu haben. Finde ich.

Es gibt einen Mann, bei dem ich immer mal wieder denke, was wohl gewesen wäre, wenn ... Sein Name ist Duane und er war meine erste richtig große Liebe nach der Schulzeit. Und auch wenn sie nicht lange währte, frage ich mich bis heute, was passiert wäre, wenn ich eben nicht angefangen hätte zu modeln. Wenn wir zusammengeblieben wären. Wäre ich vielleicht glücklicher mit ihm geworden als mit Til? Vorausgesetzt, das Schicksal hätte mich mit Duane dieselben Kinder bekommen lassen natürlich.

Ich habe ihn mit 19 kennengelernt, genau in der Zeit, in der ich mich wegen des Modelns in einer Aufbruchstimmung befand. Typisch, dass genau dann das Schicksal zuschlägt. Der Sommer hatte gerade angefangen und ich war auf einer Party, auf der dieses super beliebte Kuppelspiel veranstaltet wurde, *The Dating Game*. Im Deutschen gab es das auch mal, da hieß es *Herzblatt*. Ich saß auf der einen Seite eines Vorhangs, drei Typen befanden sich auf der anderen Seite. Einer von ihnen war Duane. An den lautstarken Reaktionen der Zuschauer merkte man, wen sie am passendsten fanden. Duane wurde bei jeder Antwort ausgebuht, weil er einen etwas schrägen Humor hatte, aber ich dachte: Genau mein Ding, den nehme ich. Mir doch egal, was die anderen denken. Als der Vorhang weggeschoben wurde und er da so vor mir stand, war es sofort um mich geschehen. Er war bildhübsch, mit blonden Haaren und Augen so blau wie die von Bradley Cooper. Er war an die zwei Meter groß, hatte große Hände und große Füße. Schmachtfaktor 100, würde ich sagen. Dazu noch ein paar Jahre älter als ich und somit in meinen Augen anziehender als gleichaltrige Typen. Aber nicht nur sein Aussehen haute mich um: Wir alberten den ganzen Abend miteinander rum, entdeckten eine Gemeinsamkeit nach der anderen (»Was? Du bist auch süchtig nach den Schmalzkringeln von Daily Dose of Donut? Unbelievable!«) und es kam uns so vor, als würden wir uns schon ewig kennen. Offensichtlich habe ich es ihm genauso angetan. Ich hatte mir zu dem Zeitpunkt die Haare länger wachsen lassen, weil die Modelagentur mich darum gebeten hatte, und der Debbie-Harry-Pagenkopf, den ich gerade trug, war damals der Inbegriff für Hippness. Na ja, und was soll ich sagen, ich war – jung. Knackig war kein Fremdwort für mich, sondern die Beschreibung des Ist-Zustands.

Ab dem Moment sind Duane und ich unzertrennlich gewesen. Da ich bei meiner Agentur »on hold« war, also nicht genau wusste, wann es wohin losgehen würde, wollten wir jede freie Minute nutzen, um den Sommer zu genießen. Wir sind so oft wie möglich in seinem Toyota-Pick-up-Truck losgefahren, mit nichts dabei als ein paar Klamotten, Zahnbürste, Bier und Lebensmitteln, und haben irgendwo am See gecampt, um am nächsten Tag windzusurfen, zu Segeln oder Wasserski zu fahren. Wir beide liebten dieses freie Leben. Ungünstig war leider, dass Duane genauso abgebrannt war wie ich und wir es uns eigentlich nicht ansatzweise leisten konnten, tagelang in der Gegend rumzudüsen.

Mit seinen 32 Jahren hatte Duane keine Vision für sein Leben. Lange Zeit hatte er selbst als Model gearbeitet, aber das wollte er nicht mehr machen. Ganz vage spielte er mit dem Gedanken, Immobilienmakler zu werden. Nur leider fehlte ihm dazu der Antrieb. Wahrscheinlich kam ihm eine Freundin, mit der er sich gut ablenken konnte, gerade recht.

Er hat sich von Anfang an ziemlich mies gefühlt, weil er mir »nichts bieten« konnte. Ich hätte mir den Mund fusselig reden können, dass es mir nichts ausmachte, dass ich es gewohnt sei und ich außer ein paar Secondhandklamotten und einem gecrashten Opel ja selbst nicht viel habe – es hätte nichts geholfen. Es ging sogar so weit, dass Duane anfing, seine Möbel zu verkaufen, weil er unbedingt ein paar Festival-Tickets für uns kaufen wollte. Ich weiß auch nicht, warum er so weit gegangen ist und warum ich es zugelassen habe, aber er hat es eben getan und tatsächlich lässt sich die besondere

Zeit, die wir dadurch miteinander verbringen konnten, durch Stühle und Tische kaum aufwiegen.

Einen Abend habe ich besonders in Erinnerung – da gingen wir aufs Gorge Festival. Das findet (noch immer) vor einer einzigartigen Kulisse statt, direkt am Columbia River. Die Bühne ist auf einer Klippe aufgebaut, hinter der der Fluss entlang fließt. Rund um uns nur Berge und Bäume. Als Stevie Ray Vaughan auftrat, fing es an, in Strömen zu regnen. Dieser warme Sommerregen, die ekstatische Gitarrenmusik und du tanzt in klatschnassen Sachen Haut an Haut mit dem Mann, den du liebst – geht's noch perfekter? Lieder sind für mich wie Fotos, nur aus Tönen. Wenn ich einen Song liebe, verbinde ich sofort Emotionen mit ihm. Und ich muss nur dieses eine Lied hören, *Caught in the Crossfire*, schon weiß ich, wie es roch (nach Gras, Bier und Erde) und wie leicht, unbeschwert und intensiv dieses Gefühl war, mit Duane zusammen zu sein.

Ja, und mitten im Sommer kam das Schicksal in Form eines Feuerwehrmannes.

Duane und ich verbrachten ein paar Tage in Skykomish, in unserer Skihütte. Im Grunde ging es darum, jede Menge Sex zu haben. Und es kostete uns nichts. Meine Eltern fanden es okay, dass ich mich mit Duane dort aufhielt (das mit dem vielen Sex habe ich natürlich nicht explizit erwähnt). Sie mochten ihn trotz des Altersunterschieds sehr gern. Tagsüber hingen wir viel am Fluss ab, an meiner Lieblingsstelle, die ein bisschen versteckt lag, und haben uns dort gesonnt, ich oben ohne. Da tauchte auf einmal Flynn dort auf. Er war der Feuerwehrmann aus Skykomish und kannte mich, seit ich sechs war. Der Arme stand da und konzentrierte sich krampfhaft darauf, mir ja nur ins Gesicht zu schauen. »Dana, deine Mom hat mich angerufen«, sagte er. Zur Erinnerung: Es waren die späten 80er-Jahre. Handys hatten bisher nur Menschen aus der Oberschicht und die meisten Ferienhäuser besaßen nicht einmal einen Festnetzanschluss. Menschen wie Flynn waren nicht nur bei einem Notfall unersetzlich. Er fungierte für viele als Telefonist des Ortes. Meine Mutter rief also Flynn an, sagte ihm, wo ich mich bei dem Wetter unter Garantie aufhalten würde und Flynn richtete mir in ihrem Namen aus: »Deine Agentur hat angerufen, du sollst dich so schnell es geht bei denen melden.« Ich bin sofort aufgeregt aufgesprungen – die Blicke der beiden Männer dabei konnten unterschiedlicher nicht sein: Flynn guckte beschämt in den wolkenlosen Himmel, Duanes Augen schauten traurig, auch wenn er tat, als würde er sich für mich freuen.

Die Agentur teilte mir mit, dass sie mich in wenigen Tagen nach Tokio schicken wollte. Asien ist ein echtes Eldorado für die zu kleinen Mädchen, die auf dem europäischen Markt keine Chance haben. Mit 1,78 Metern war ich zwar größer als Kate Moss, aber da mich weder Calvin Klein entdeckt hatte noch Karl Lagerfeld von meiner Existenz wusste, wurde ich eben den »kleinen« Models zugeordnet. Das Gute an Asien für uns Anfängerinnen: Die Topmodels ließen sich dort nicht blicken, aber es gab jede Menge Arbeit. Luxuslabels wie Louis Vuitton, Chanel oder Prada, die unter der asiatischen Bevölkerung unglaublich beliebt waren, wollten für ihre Modenschauen und Kampagnen dennoch oder gerade westliche Gesichter. Und Hersteller von Modekatalogen wiederum konnten in Asien wesentlich günstiger produzieren. Ich sollte üblicherweise gleich für drei Monate hin. Die Agentur zahlte für den Flug und die Unterbringung.

Meine Eltern und Duane brachten mich zum Flughafen. Die Trennung von ihm war natürlich furchtbar. Aber ich war überzeugt, dass alles beim Alten sein würde, wenn ich zurückkäme. Ich sah viel mehr den Vorteil, nämlich, dass ich mit möglichst viel Geld zurückkommen und zukünftig keine Tabletts mehr tragen, kein Werkzeug mehr abkassieren oder mir die Beine im Kosmetikstudio in den Bauch stehen würde. Stattdessen hätte ich mich bei Duane für die verkauften Möbel revanchieren können.

Auf dem Flug nach Tokio war ich unheimlich aufgeregt, hatte aber auch wahnsinnige Angst vor dem Unbekannten, das auf mich zukommen würde. Mit einem mulmigen Gefühl saß ich in meinem Sitz, fühlte mich sehr erwachsen, aber auch sehr allein auf der Welt – dort in der Zwischenphase zwischen zwei Lebensabschnitten, hoch oben in der Luft, auf dem Weg in ein Land, in dem ich die Sprache nicht sprechen und noch nicht einmal die Schrift erkennen würde. Zwischen all den japanischen Touristen fühlte ich mich fremd und merkte, wie weit ich bald von zu Hause entfernt sein würde.

Von der Modelbranche hatte ich nicht die geringste Ahnung und ich vertraute darauf, dass schon alles irgendwie klappt. Eine Modelfreundin von Duane, die bereits im Ausland gearbeitet hatte, war die Einzige, die mir ansatzweise erzählte, was auf mich zukommen würde – was man beim Casting trägt (am besten ein enges schwarzes Kleid) und wie man die Langeweile beim Warten während des Castings übersteht (Skizzenblock zum Zeichnen mitnehmen). Sie vermachte mir sogar ein paar bauchfreie Shirts, damit ich nicht in Flanellhemden aufschlug. Aber wie viel Geld die Agentur einbehalten würde (viel), hatte sie mir nicht gesagt. Stand natürlich im Vertrag, aber wer liest den schon? Meine Eltern waren wie immer keine große Hilfe. Wie auch? Die haben mit 22 geheiratet, sind nie groß gereist und nun fliegt die Tochter nach Japan, um dort zu modeln? Ich glaube, das lag außerhalb ihrer Vorstellungskraft.

Mein Dad hat mir für die erste Reise ganz großzügig einen 100-Dollar-Schein gegeben. Nur leider habe ich einen Teil des Geldes schon vor dem Flug für Zeitschriften, Snacks und eine Creme ausgegeben. Es war schon ein Riesenglück, dass ich auf dem Flughafen in Tokio tatsächlich den richtigen Weg zum Transfer fand. Der Busfahrer redete jedoch auf Japanisch auf mich ein, als ich ihm meine verbliebenen Scheine hinlegte. Ich hatte keinen blassen Schimmer, was er von mir wollte. Ein älterer Geschäftsmann bekam das mit und sagte zu mir: »Du hast nicht genug Geld. Es wäre mir eine Ehre, dich zu deinem Ziel zu bringen.« Er hatte sich garantiert nicht vorgestellt, wie schwierig es sein würde, das Apartment zu finden – wir irrten durch ein wenig einladendes Viertel, in dem die Straßen völlig unübersichtlich angeordnet waren. Der Taxifahrer stieg bei jeder Telefonzelle aus, um die Agentur zu befragen, wo denn nun die auf meinem Fax angegebene Adresse lag – nach über einer Stunde fanden wir sie dann endlich.

Nach dem langen Flug und dieser ermüdenden Fahrt hatte ich einen brüllenden Hunger. Ich bin vor Glück fast ausgeflippt, als ich aus dem Taxi heraus eine Pizza-Hut-Filiale sichtete. Beim

Anblick der Fotos, die die Pizzen zeigten, verging mir der Appetit – sie waren mit Algen und rohem Fisch belegt. Fürchterlich. Dem Geschäftsmann tat ich schon wieder leid und er bestand darauf, mir etwas zu essen zu besorgen. Er führte mich in ein Mini-Imbiss-Restaurant, in dem die Eingangstür so klein war, dass ich mich bücken musste. Die Karte war natürlich in Kanji geschrieben, den typischen japanischen Schriftzeichen, und ich verstand gleich null. Der Geschäftsmann sagte zuvorkommend: »Kein Problem. Ich bestell für dich.«

Was dann gebracht wurde, war ein Teller voller Schnecken. What the Fuck! Ich hatte bis dahin noch nie Schnecken gegessen – und hätte auch gern auf diese Erfahrung verzichtet. Aber nach dem, was der Geschäftsmann alles für mich getan hatte, brachte ich es nicht übers Herz, Nein zu sagen. Also versuchte ich, es möglichst schnell hinter mich zu bringen. Ich schlürfte die Schnecken aus und spülte sie mit japanischem Bier runter. Leider interpretierte der Geschäftsmann meine Eile als Hunger – und er bestellte gleich noch eine Ladung. Ein Albtraum. Hätte ich das geahnt, ich hätte die Algenpizza mit Wonnen verschlungen. Und was ist die Moral von der Geschichte? Schick dein Kind lieber mit mehr als 100 Dollar auf die andere Seite der Welt.

Bei der nächsten Reise hat meine Mutter mir immerhin eine American-Express-Karte für Notfälle besorgt. Aber auf diesem ersten Trip ... Die beiden haben ohnehin mal wieder den Preis für die am wenig fürsorglichsten Eltern abgesahnt. Sie haben es nicht einmal geschafft, mich anzurufen. Zwei Wochen kein Zeichen. Als ich endlich ein bisschen Geld verdient hatte und sie anrief, sagte meine Mutter nur: »Ach, du lebst. Wir haben uns schon gewundert …« Ich erwiderte: »Aber ihr hattet doch die Telefonnummer meiner Agentur, warum habt ihr euch denn gar nicht gemeldet? Und überhaupt, das Faxgerät in deinem Büro, das hättest du doch auch benutzen können.« Ich sah förmlich durchs Telefon, wie sie mit den Achseln zuckte. Alle anderen Mädchen bekamen Care-Pakete von ihren Eltern geschickt, prall gefüllt mit Erdnussbutter oder Oreo-Keksen. Meine Eltern haben sich nur: gewundert.

Mein erster Aufenthalt in Tokio fing nicht besonders gut an. Ich fand es wahnsinnig anstrengend und gewöhnungsbedürftig. Ich habe in einem dieser Model-Apartments gewohnt, die nur so tun, als wären sie Wohnungen. In Wahrheit sind es kleine miese Löcher, die jeder, der dort wohnt, gern verkommen lässt – nach ein paar Wochen verschwinden ja eh alle wieder. Aber man ist jung und die Ansprüche sind noch niedrig. In der ersten Wohnung liefen Kakerlaken rum und es war nicht besonders sauber, also habe ich erst einmal Putzmittel gekauft und sauber gemacht. Am Ende gewöhnt man sich an die Wohnsituation und hält sich einfach so wenig wie möglich »zu Hause« auf. Vor Ort muss man ohnehin so viele »Go-Sees« wie möglich machen, das heißt, man stellt sich in Werbeagenturen, in Redaktionen und bei den Designern vor und zeigt seine Fotomappe. »Das Mädchen aufbauen«, heißt das. Viele Jobs bleiben am Anfang nicht hängen und nur mit Glück hat man einen kleinen Gewinn. So war es auch bei mir.

Als ich sah, wie viele andere wunderschöne Mädchen ebenfalls bei den Go-Sees und Castings auftauchten, fragte ich mich, wieso ausgerechnet ich ausgewählt werden sollte.

Was sollten die Designer oder Moderedakteure an mir besser finden als an ihnen? Für diejenigen mit einem geringen Selbstwertgefühl ist der Job eine qualvolle Angelegenheit, denn man vergleicht sich permanent und wird lediglich aufs Aussehen reduziert. Mein Vorteil war sicher, dass ich nie den Traum gelebt hatte, ein begehrtes Model zu werden. Diesen Supermodelhype gab es damals noch gar nicht. Als ich 1987 nach Tokio kam, kannten Naomi Campbell, Linda Evangelista, Cindy Crawford oder Tatjana Patitz nur diejenigen, die auch schon aktiv *Vogue*, *Harper's Bazaar* oder *Elle* gelesen hatten. Zu denen gehörte ich ganz sicher nicht. Erst drei Jahre später, als Peter Lindbergh die Mädels gemeinsam auf einem *Vogue*-Cover abbildete und George Michael sie lasziv durch sein legendäres *Freedom*-Video laufen ließ, waren es DIE Supermodels. Keine Chance, jemals in der Liga mitzuspielen. Ich wollte ohnehin nur meine Rechnungen bezahlen.

Womit ich nicht gerechnet hatte, war, was für eine aufreibende Stadt Tokio sein würde. Schon vor 20 Jahren lebten in Tokio über acht Millionen Einwohner – dagegen war Seattle mit seinen gerade einmal 700 000 Einwohnern ein Dorf. Ich hatte zwischen blauem Meer, grünen Wäldern und schneebedeckten Bergen gelebt. Und auf einmal dieser Kontrast: nur grauer Asphalt und graue Gebäude, alles eng an eng, und diese Massen an Menschen, die immer »in a hurry« sind. Man selbst dazwischen. Ich musste mich jeden Tag dazu aufraffen, vor die Tür zu treten und in diese schnelle Welt einzutauchen, mit nichts als einem kaum lesbaren Fax als Wegbeschreibung. Ich konnte die Straßenschilder nicht lesen und sich für die richtige Richtung in der U-Bahn zu entscheiden, war eine große

Sache. Wie oft bin ich in die falsche Richtung gefahren, eingequetscht zwischen Japanern, die mir bis zum Hals gingen und die nur lieb gelächelt haben, wenn ich es doch einmal zaghaft auf Englisch probierte, nach dem Weg zu fragen.

Wenn ich nach einer Stunde abgehetzt beim Casting ankam, startete das Gegenprogramm: unfassbare Langeweile. Meist musste man ewig anstehen. Der Zeichenblock war also in der Tat ein bewährtes Beschäftigungsinstrument. Erst kurz bevor ich an der Reihe war, habe ich mir die Reebok-Turnschuhe ausgezogen und die High Heels an. Dann guckt dich jemand in zehn Sekunden von Kopf bis Fuß an – das war's. Ab zum nächsten Casting.

Und zwischendurch will man was essen und steht wieder vor einem Rätsel. Es gibt einige echt üble Sachen in Japan, wobei das natürlich Geschmackssache ist. Shiokara zum Beispiel, das sind Fischinnereien. Oder Shirasu, kleine Fischlein, die zu hunderten serviert werden – ein wahres Babyfischmassaker. Oder Seegurke, ein Viech, das aussieht wie ein Babyalien. Ich habe Sushi lieben gelernt, aber ich vermisste Burger, Fritten und Donuts über alle Maßen.

Ich hatte sowieso immenses Heimweh, das immer schlimmer wurde. Ich vermisste meine Schwester, meine Freunde, meine Eltern. Den Blick in die Ferne schweifen lassen zu können und Berge zu sehen. In einen Supermarkt zu gehen und lesen zu können, was man kauft. Selbst den Dauerfisselregen vermisste ich. Aber am größten war die Sehnsucht nach Duane. Er schrieb mir so oft er konnte Faxe oder Briefe, die er mit seinem Parfüm einsprühte. Ich musste jedes Mal weinen, wenn ich sie zu Ende gelesen hatte.

Nach drei Wochen bin ich durchgedreht und hatte eine Panikattacke. An dem Tag regnete es in Strömen und ich sollte natürlich wieder zu irgendeinem Casting. Die Straßen waren so voll wie nach dem Ende eines Fußballspiels, wenn alle nach Hause wollen. Man konnte sich kaum bewegen. Und weil die Japaner so klein sind, hingen ihre Regenschirme ständig in meinem Gesicht. Da bin ich ausgetickt, habe hyperventiliert und nur noch geweint, weil ich dachte, dass ich keinen Tag länger mehr in dieser verrückten Stadt aushalten würde. Mein Booker aus der Agentur reagierte ganz lieb und entspannt – der kannte das schon und schickte mich für eine Auszeit nach Kyoto. Dort wurden alle Models wie auf eine Kur hingeschickt, wenn sie einen Rappel bekommen haben. Die ehemalige Hauptstadt war ruhiger, mit 1,4 Millionen Einwohnern »leerer« und wesentlich grüner als Tokio. Für die Agentur war diese Lösung besser, als den Flug nach Hause bezahlen zu müssen. Danach war der Rest der Zeit in der Tat in Ordnung.

Die letzten Wochen fing es dann an, mir Spaß zu machen. Ich hatte Kontakte zu den Models geknüpft und wir trafen uns oft zum gemeinsamen Kochen. Das war billiger und man konnte tratschen, welches Mädchen welchen Job bekam – und warum man es ihr gönnte oder nicht. Es war toll, Teil dieser kosmopolitischen Clique zu sein. Außerdem hatte ich endlich ein paar Jobs bekommen, von Triumph und von Cecile. Beides Lingeriehersteller, die ihre Kataloge in Japan produzierten. Das brachte mich richtig auf den Geschmack. Ich mochte grundsätzlich das Gefühl, dass alles möglich sein kann. Jedes Casting war aufregend – wird man vielleicht genommen? Verdient man mit dem nächsten Job richtig viel Geld? Für nur eine Gage hätte ich viele, viele Tage im Kosmetikstudio schminken müssen. Ich fuhr also mit durchaus ambivalenten Gefühlen nach Hause …

Nach meiner Rückkehr kam mir alles klein, spießig und provinziell vor. Aber egal, ich wollte nur zu Duane. Ich hätte verrückt werden können vor Vorfreude. Er hatte zu der Zeit einen Job als Kellner im Sun Valley, einem Skigebiet in Idaho, angenommen. Meine Eltern, Erica und meine Freundinnen bekamen eine Erzählung der erlebten Ereignisse im Schnelldurchlauf serviert. Mit meinem neuen Reichtum shoppte ich erst einmal brandneue Skisachen (Yippie, endlich Helly Hansen!) und bretterte anschließend die zehn Stunden im Wagen meiner Schwester zu ihm.

Und dann ging alles den Bach runter, ohne dass ich auch nur den Hauch einer Ahnung hatte, was ich dagegen hätte tun können. Unser Wiedersehen war überhaupt nicht, wie ich es mir vorgestellt hatte. Er verhielt sich abweisend und fing wieder mit dieser »Du hast was Besseres verdient«-Leier an. Er konnte nicht damit umgehen, dass er nur Gelegenheitsjobs hatte und seine junge Freundin durch die Weltgeschichte reiste. Mag auch sein, dass ich mich verändert hatte und mehr Selbstbewusstsein und Unabhängigkeit ausstrahlte. Jedenfalls sagte er mir nach ein paar verkrampften Tagen, dass es besser sei, wenn wir uns trennen. »Du wirst jemanden finden, der dir ein besseres Leben bieten wird, Dana!« Ein besseres Leben, welches sollte das denn sein? Warum interpretierte er so viel in mich rein? Warum konnte er mir nicht glauben, dass er allein »genug« war? Er brach mir das Herz.

In diesem Moment war ich zu stolz und zu wütend, um ihn umzustimmen. Da fliegt man 8000 Kilometer um die Welt und er zerstört unsere Liebe einfach so, weil seine Dämonen ihn jagten. Ich sagte nur: »Okay, wenn du meinst« und ging. Draußen hätte ich mich am liebsten in eine verschneite Ecke gelegt und den Kältetod erlitten, aber mein Stolz war stärker. Ich ging stattdessen zu ein paar Freunden, die ich dort im Ort kannte, und sagte: »Lust auf Party? Ich möchte jetzt keine Sekunde nachdenken müssen.«

Ich habe mich total betäubt, mit einer Mischung aus Skifahren im Kamikaze-Style und Feiern. Ich habe geflirtet, was das Zeug hält, in der verzweifelten Hoffnung, dass Duane irgendwo sitzt und sieht, wen er da Tolles hat gehen lassen. Mein »Mädchen macht Junge eifersüchtig«-Plan ging auf, denn natürlich liefen wir uns in dem kleinen Skikaff irgendwann über den Weg. Leider fand Duane mein Gehabe, ich machte gerade einem australischen Touristen schöne Augen, lächerlich. Er hat mich mit sich gezerrt und gefragt, was das solle. Und ich erwiderte: »Was denn? Du hast doch gesagt, du willst mich nicht mehr.« Ich schätze, ich habe damit erst recht alles kaputtgemacht. Ich fühlte mich erleichtert, als meine Agentur kurz darauf den Startschuss für den zweiten Tokio-Aufenthalt gab.

Danach habe ich Duane nur noch einmal wiedergesehen. Valentin war schon auf der Welt und ich wieder schwanger mit Luna. Mein Herz gehörte Til, aber es raste, als ich ihn bei einem Besuch bei meinen Eltern zufällig traf. Danach habe ich mehrmals versucht, ihn wiederzufinden, aber er ist nicht mal auf Facebook. Er geht mir immer mal wieder durch den Kopf und ich wäre so unfassbar neugierig, wie sein Leben verlaufen ist. Aber vielleicht ist es auch besser, dass ich nie etwas herausgefunden habe. Vielleicht nimmt er diesen besonderen Platz in meinem Herzen nur deshalb ein, weil wir diesen einen perfekten Sommer hatten, ohne Makel, ohne Routine, ohne Fehler. Wir hätten uns wahrscheinlich auf Dauer gegenseitig runtergezogen. Er hatte keinen Plan für sein Leben. Und ich brauchte jemanden an meiner Seite, der einen hat. Weil ich selbst planlos war und damals wie heute dazu neige, mich zu sehr treiben lassen. Meine Mutter hatte zu mir gesagt: »Dana, ändere dein Leben nicht für einen Mann.« Damit hatte sie natürlich recht, erst recht, wenn die Liebe nicht in der Lage ist, popelige drei Monate Fernbeziehung auszuhalten. Wären wir länger zusammengeblieben, hätte es also kaum ein Happy End für uns bedeuten müssen. Und hätten wir uns Jahre später getrennt, hätte ich sicher bereut, seinetwegen nicht nach Tokio gegangen zu sein. So kann ich ihn in guter Erinnerung behalten.

Das zweite Mal in Tokio lief von Anfang an besser. Die Klienten kannten mich und haben mich oft gebucht. Sie mochten meinen skandinavischen Touch und meine grünen Augen … Sie haben immer ganz verzückt gesagt: »Oh, oh, oh, kawaii desu – wie hübsch!« Ich bin von Kunde zu Kunde gehetzt – Modeln im Akkord sozusagen. Weil ich nun gefragt war, bekam ich einen Fahrer und musste nicht mehr allein durch den Großstadtdschungel irren. Ich bin so ziemlich alle Modenschauen gelaufen, Valentino, die japanische Marke Cecile, Yamamoto, Calvin Klein, weil das im Gegensatz zu Paris, New York und Mailand auch mit meiner Größe ging. Am meisten Geld habe ich aber mit Shootings für Kataloge und Werbung von Panasonic oder Sony gemacht, einmal sogar als Schnittmodel für Yohji Yamamoto. Das heißt, nach meinem

Körper wurden alle Kleider ausgerichtet. Eine große Ehre mit einem noch größeren Honorar.

Das Geld habe ich zu großen Teilen sofort reinvestiert, in Klamotten, Ausflüge und Feiern. In meinem neuen Modelapartment lebte auch Shelley, eine Amerikanerin mit italienischen Wurzeln aus Chicago. Sie war super lustig und etwas naiv. Ich habe sie sofort ins Herz geschlossen. Sie erinnerte mich an CJ – wahrscheinlich, weil sie genauso gern wie er Unsinn gemacht hat und für jeden Spaß zu haben war. Sie zeigte mir, wie man über die Feuerleitern auf die Dächer des alten Tokios klettern konnte. Wir haben Wettrennen gemacht, wer wie weit von Dach zu Dach kam. Und während die braven Models ab zehn Uhr abends ihren Schönheitsschlaf hielten, waren wir immer dabei, wenn ein Clubbesitzer zur Modelparty einlud.

Die japanische Kultur kennenzulernen, fand ich an meiner Zeit dort am spannendsten. Dass ich so viel Einblick bekommen habe, verdankte ich – der japanischen Mafia, in die ich durch Zufall reingeraten bin. Wenn in der Modelwohnung das Telefon klingelte, ging man natürlich ran und dann hieß es: »Ist Pamela da?« Der Name irgendeines Mädchens, das vor einem in der Wohnung gelebt hat. »Nee«, hat man gesagt, »die ist gestern Abend weggeflogen.« Und der Typ sagte: »Ich bin Taka. Ich war mit Pamela befreundet. Wir gehen alle zum Abendessen. Wenn du Lust hast, komm doch mit.«

Man fragte die anderen Mädchen: »Da hat ein Taka angerufen, wisst ihr, wer das ist?« Und wenn die sagten: »Ja, Pamela fand den in Ordnung, da kannst du ruhig mitgehen«, hatte man ein Date. Ich würde die Hände über dem Kopf zusammenschlagen, wenn ich wüsste, dass meine Töchter so etwas machen. Aber ich sagte zu Shelley: »Komm, da sind wir dabei.« Wobei ich zu meiner Verteidigung sagen muss, dass die meisten Mädchen ebenfalls solche Einladungen angenommen haben. Weil man dauerpleite war und etwas außerhalb des tristen Apartments erleben wollte.

Und die Japaner, die ich kennengelernt habe, waren extrem höflich und zurückhaltend. Sie umgaben sich einfach gern mit Models. Vielleicht waren wir der moderne Geisha-Ersatz. Man schenkte den Whiskey nach, zündete eine Zigarette an, unterhielt sich oberflächlich – und mehr wurde auch nicht erwartet. Nicht selten kamen die Ehefrauen ebenfalls mit. Die Japaner haben uns für unsere Anwesenheit gesponsert. Im Gegenzug haben wir Dinge gesehen, gemacht oder gegessen, die man sich nicht allein hätte leisten können. Wir sind auf dem Fuji Ski gefahren, haben Tempel besucht und teuren Kugelfisch gegessen. Manche Mädchen ließen sich solche Dienste natürlich auch bezahlen, aber die Modelagenturen haben Escortservices streng verboten. Wenn das aufflog, wurde man sofort nach Hause geschickt.

Als Taka uns abholte, kamen wir uns vor, als würden wir zu einem Staatsempfang gefahren werden: Vier schwarze Jaguar-Limousinen standen vor unserer Tür, lauter Typen in schwarzen Anzügen drumherum. Ich sagte: »Was ist das denn für ein Aufgebot?« Taka antwortete: »Ach, das sind nur ein paar Freunde. Keine Angst, die essen nicht mit.« Wir, total naiv: »Ach so.« Und sind eingestiegen. Taka hat uns in ein Teehaus außerhalb von Tokio ausgeführt, in das wir ohne ihn garantiert nicht reingekommen wären, weil es zu einer Tempelanlage gehörte. Takas Entourage wartete zum größten Teil tatsächlich draußen. Und während ich total fasziniert von den echten Geishas war, die uns mit feinstem grünem Tee und traditioneller japanischer Küche bedienten, fragte Shelley nach Coca Cola. Ich fand es so unfassbar ignorant und peinlich von ihr. Aber ein Blick von Taka reichte und zehn Minuten später stand ein Sixpack auf dem Tisch. Beim Essen ist mir schließlich aufgefallen, dass Takas kleiner Finger fehlte. Ich war zwar naiv, aber so naiv auch wieder nicht und mir schwante nichts Gutes.

Ein Bekannter, der Besitzer eines angesagten Nachtclubs, bestätigte später meinen Verdacht, dass Taka zur Yakuza gehörte: »Ich kenne den, der ist so was wie ein Scherge. Und offensichtlich kein guter, sonst hätte er seinen kleinen Finger ja noch.« Wenn der Yakuza-Oberboss meint, dass ein Mitglied underperforme, erklärte er mir, ließe es sich nur auf eine Art und Weise wieder ausbügeln. Der Untergebene müsse dem Chef Abbitte leisten, indem er sich selbst den kleinen Finger der linken Hand zwangsamputiere. Dieses Ritual nenne sich Yubitsume und stamme aus den Zeiten, in denen der kleine Finger zum guten Führen eines Schwertes benötigt wurde. »Mit dem möchtest du lieber nichts zu tun haben«, riet mir mein Bekannter. »Wenn es mal Krieg gibt, ist Taka sofort in der Schusslinie. Der ist Kanonenfutter.«

Okay, klar, wird gemacht. Nur: Wie genau sagt man einem Mitglied der japanischen Mafia: »Danke, aber nein, danke!?« Mein Bekannter hatte eine Idee: »Pass auf, ich kenne seinen Chef. Der kommt regelmäßig in den Club. Er hat mich zu einem Ausflug auf eine Perlenfarm eingeladen. Du kommst einfach mit. Da wird sich schon eine Gelegenheit ergeben, ihn zu bitten, dass Taka seine neun Finger von dir und Shelley lassen soll.«

Die naive Dana hat natürlich Ja gesagt und so landete ich an der Küste von Fukushima, dort, wo der Tsunami 2011 so vieles zerstört hat, inklusive der meisten Perlenfarmen. Man hat sofort gemerkt, dass die Männer dort in einer ganz anderen Liga spielten als Taka. Egal wo man hinkam, verbeugten sich die Menschen so tief es nur ging. Wir gingen an Bord einer super luxuriösen Yacht und alles wirkte super entspannt. Die einen sonnten sich und ihre Ganzkörpertattoos, andere fuhren Jetski, spielten Darts oder Oicho-Kabu, ein japanisches Glücksspiel. Es gab Austern satt und leider auch Ikizukuri. Das ist Sashimi, das zu meiner Empörung direkt aus einem lebendigen Fisch geschnitten wird.

Aber so harmlos es schien, ich ahnte, dass das hier alles Typen waren, von denen man sich lieber fernhält. Dumm nur, dass wir eigentlich nur noch tiefer reingerutscht waren in diese Yakuza-Gefilde. Taka hat sich von dem Tag an zwar nie wieder bei uns gemeldet, was auch immer sein Chef ihm wohl gesagt haben mag, aber dafür wurden wir nun von diesem in regelmäßigen Abständen eingeladen, zu Partys oder Ausflügen – und solche Einladungen lehnst du nicht ab. Passiert ist uns allerdings nie etwas, genauso, wie nie eine Gegenleistung verlangt wurde. Vielleicht beruhigt das alle Mütter und Väter von Modelmädchen. Wobei ich gestehen muss, dass ich mittelschwer hysterisch werden würde, wenn auch nur eines meiner Kinder sich mit irgendeinem Taka einlassen würde. Shelley, die anderen Mädchen und ich haben wohl auch eine große Portion Glück gehabt.

Insgesamt bin ich achtmal in Tokio und Osaka gewesen und habe es geliebt. Die Kultur, die Höflichkeit, die

Wertschätzung bei der Arbeit. Und am Ende war ich süchtig nach Sushi, Ramen und Onigiri. In der Zwischenzeit kam ich selten zurück nach Seattle, sondern flog immer öfter zum Arbeiten nach Europa. Ich lebte die nächsten Monate, ach, Jahre mehr oder weniger aus Koffern und liebte es, für ein bisschen Posieren drei- bis vierstellige Gagen zu bekommen.

Leider konnte ich nicht besonders gut mit dem Geld haushalten und war gefühlt ständig pleite. Ich würde mir wünschen, schlau genug gewesen zu sein, etwas auf die hohe Kante zu legen. Dem war aber leider nicht so. Andererseits habe ich mir ein wundervolles Leben ermöglicht. Nachdem ich bis dahin nur die Skihütte und zehn Tage Hawaii kannte, bin ich so viel durch die Welt gereist, wie ich konnte – zurück in einen Alltag voller Arbeit, das war mir relativ schnell klar, wollte ich auf keinen Fall. Und um mir dieses neue Leben leisten zu können, habe ich stetig Geld für Fotografen ausgegeben, die Fotos von mir für meine Modelmappe machten, denn nur mit einem aktuellen Portfolio ergatterte man lukrative Jobs. Und nicht zuletzt bediente sich auch meine Modelagentur an den Gagen, denn sie zog sich immer ziemlich hohe Prozentsätze vom Honorar ab oder kam mit Aussagen wie: »Du musst unbedingt mal nach Belgien, da gibt es gerade gute Vibes. Aber sorry, den Flug musst du diesmal selbst zahlen.«

Meine schlimmste finanzielle Misere hatte ich in Griechenland. Da hatte ich am Ende des Monats keinen blassen Schimmer, wie ich mein Hotelzimmer bezahlen sollte. Da es nicht nur mir so ging, haben wir sogenannte Zimmerflohmärkte gemacht. Wir abgebrannten Models haben unsere Klamotten auf den Betten verteilt und die solventen Models gingen von Zimmer zu Zimmer und suchten sich die besten Teile aus.

Ich trauere immer noch meinem durchsichtigen Faltenrock hinterher, der für zehn Dollar die Besitzerin wechselte. Wie gern hätte ich den noch, für meine Töchter oder einfach nur zum Streicheln. Jeder hat ja so Modesünden – das war wohl meine. Was fand ich mich cool, wenn ich ihn anhatte. Meistens trug ich einen weißen Aerobic-Body drunter, wobei »drunter« stark übertrieben war, weil man durch den Rock ja sowieso alles sehen konnte.

Einmal bin ich in genau dem Outfit, ich war gerade in Athen angekommen, in ein kleines Restaurant gegangen, in dem nur Einheimische saßen. Ein ziemlicher Auftritt, den Blicken zufolge. Innerhalb kürzester Zeit sprach mich ein Typ Anfang 20 an und fragte mich nach Feuer. Als ich verneinte, sagte er: »Okay, egal, eigentlich will mein Freund dich gern kennenlernen …« Als der in meine Richtung kam, bekam ich Schnappatmung. Es war, als wäre ein griechischer Gott vom Olymp zu Besuch in ein Restaurant gekommen. Athletisch, mit großen, schwarzen glänzenden Locken, hellgrünen Augen und Wimpern, um die ihn jede Frau beneidet hätte. Er sagte in gebrochenem Englisch: »Hallo, mein Name ist Hercules.« Und ich so: »Mein indianischer Name ist ›Ich muss meine Unterhose wechseln‹«. Gut, ich habe das nicht laut gesagt – gedacht habe ich es sehr wohl. Die beiden luden mich auf eine Party ein – und auch wenn ich, wie wohl bis jetzt jeder mitbekommen hat, kein Kind von Traurigkeit war, sagte ich Nein. Weil es mein erster Tag in Athen war und kein Mensch wusste, dass ich überhaupt angekommen war. Und weil meine

Mom mir mal eingebläut hatte: »Traue niemals einem ›mediterranean Guy‹.« Allerdings habe ich nie erfahren, was sie zu dieser Aussage bewogen hat. Jedenfalls hieß es: Antío, griechischer Gott. Bye-bye, durchscheinender Faltenrock.

Ich schlug stattdessen den »deutschen Weg« ein. Sein Name war Dieter und er arbeitete wie ich als Model. Ich hatte ihn in Tokio kennengelernt. Wir begannen eine Affäre und als er mich fragte, ob ich nicht Lust hätte, bei ihm in Köln zu leben, willigte ich spontan ein. In Tokio gab er sich super süß und ich verknallte mich Hals über Kopf in ihn – doch in der Sekunde, in der wir deutschen Boden betraten und der Alltag ihn willkommen hieß, mutierte er zu einem cholerischen Riesenarschloch. Auf einmal lag er nur noch faul rum und ließ mich alles machen. Da ich in Deutschland nicht so wahnsinnig viele Jobs bekommen habe, bin ich viel nach Amsterdam, Paris und Brüssel gereist. So zog sich die Beziehung erstaunlicherweise ein Jahr in die Länge. Als ich bei der Rückkehr von einem meiner Jobs einen Brief entdeckte, der stark nach Affäre klang, fragte ich ihn, ob er mich betrügen würde. Er ist total ausgeflippt und hat mich die Treppe runtergeschubst. Ich habe meine Sachen gepackt und meine Agentur angerufen, die mir sofort einen Job besorgte. Diesmal in Wien. Ich wäre nach dieser Erfahrung im Leben nicht darauf gekommen, dass Deutschland schon bald meine zweite Heimat werden würde …

DAS MACHT MAN HIER ABER NICHT SO

Mit Dieter in das Köln der 90er-Jahre zu kommen, war nach Tokio mein nächster großer Kulturschock. Ich habe mich zwar nicht im Gewirr von Menschen und Hochhäusern verirrt, aber Köln ist nicht gerade die Stadt in Deutschland, die ich mir freiwillig ausgesucht hätte. Bevor hier jetzt alle Kölner schreien, »Wat redet dat Mädche da?«: Ich habe Köln über die Jahre sehr lieb gewonnen und kann mich einreihen in das, was jeder Bewohner über seine Stadt sagt: »Kölle es e Jeföhl«.

Aber der erste Eindruck? Keine Berge, kein Meer, alles flach, ein bisschen schmuddelig und trist – und als Krönung kommt aus den Mündern der Einwohner diese unfassbar merkwürdige Sprache. Für mich klang das erste Deutsch in etwa so: »Muffelschratzfrummzampeldutz«. Ich dachte: Hä, was soll das sein? Und im nächsten Moment: Ist der sauer auf mich? Für ungeübte Ohren kann Deutsch durchaus ein klitzekleines bisschen schlecht gelaunt klingen. Der Klang ist eine Mischung aus Schroffheit, garniert mit einer Prise zack, zack. Wenn man neu im Land ist, lässt er beim Zuhören witzige Schlussfolgerungen zu: »Wow, hat der aber schlechte Laune« oder »Die streiten sich hier aber häufig.« Wie Freunde von Dieter, mit denen wir uns in einem Café trafen – die redeten zwischendurch Deutsch untereinander und in meiner Wahrnehmung ging's ziemlich hitzig zu. Dieter aber klärte mich auf: »Nein, die erzählen sich vom Urlaub.« Meine Mutter fragte mich ganz erschüttert, als sie mich einmal in Berlin besuchte, warum die Apothekerin mit mir geschimpft hätte, als ich ein Medikament abholte. Zu der Zeit war ich schon länger in Deutschland und die Tonalität fiel mir kaum noch auf. Ich schmunzelte und sagte: »Nein, sie hat mir nur erklärt, wie oft ich die Tabletten nehmen soll …«

Dem Inbegriff der deutschen Zackigkeit bin ich in Köln aber sehr schnell in die Quere gekommen: der Supermarktkassiererin. Mit ihr, das habe ich schnell gemerkt, sollte man sich nicht anlegen. Ihre Mission ist es bekanntlich, möglichst schnell abzukassieren. Mein Versagen lag darin, nicht mit ihrem Tempo mithalten zu können. Ich war die amerikanische Art des Abkassierens gewohnt: Da werden erst einmal alle Lebensmittel zum Abschied gestreichelt. Eine Einpackhilfe verteilt sie dann sanft in mehrere Papiertüten und drückt sie dir entspannt in die Arme. Die EC-Karte wird mit den Worten »Thank you, Dana« zurückgegeben, weil die Kassiererin deinen Namen von der Karte abliest. Und am Ende, wenn du gehst, trällern alle fröhlich »Have a nice day, honey-bunny-sweetie-darling!«

In Köln-Südstadt donnerte die Kassiererin die Eier gegen die Kartoffeln und knallte die Äpfel auf die Chipstüte. Wenn ich Pech hatte, gab es am Ende nicht einmal einen Auffang, ich stopfte die Sachen hektisch in die Tüten, während die Kunden hinter mir in der Schlange schon genervt guckten und den Einkaufswagen langsam, aber unerbittlich Richtung Fußhacken bewegten, weil es alle aus mir unerklärlichen Gründen furchtbar eilig zu haben schienen. Ich habe mir überlegt, dass es sich nur um eine Art Wettbewerb handeln kann: Zieht sie die Sachen schneller übers Band oder bin ich schneller beim Einpacken?! Wenn ich verliere, haben meine Äpfel braune Stellen, meine Chips sind krümelig und die Eier kaputt. Und am Ende wird mir ein zackiges »19,95!« entgegengeschmissen. Kein Bitte, kein Danke, kein Bussi, kein Ciao. Und vor allem: kein Mitleid. Spätestens dann musste ich ohnehin kapitulieren. Sobald Zahlen mir »nur« ausgesprochen entgegengeschleudert wurden und ich sie nicht parallel schwarz auf weiß vor mir sah, setzte mein Gehirn komplett aus. Zahlenwirrwarr-Vollstorno sozusagen. Als Ausländer muss man erst einmal begreifen, dass die zweite Zahl zuerst genannt wird: »NEUNundzwanzig, FÜNFundneunzig.« Wer hat sich das denn ausgedacht? Vermutlich die Kassiererin. Und wenn ich am Ende schweißgebadet aus dem Laden stürmte, Lebensmittel, Hacken und Selbstwertgefühl lädiert, musste ich erst einmal ganz tief ein- und ausatmen und in die Chipskrümeltüte greifen.

Ich übertreibe natürlich, aber es veranschaulicht ein bisschen, wie es sich in den ersten Wochen angefühlt hat. Wenn man weder die fremde Sprache beherrscht noch mit kulturellen und sonstigen Besonderheiten eines Landes vertraut ist, kommt man sich extrem hilflos vor. Ich habe mich von einem selbstständigen unabhängigen Erwachsenen in ein Kleinkind verwandelt, das keine Schilder lesen konnte, keine vertrauten Lebensmittel im Supermarkt fand, das Fernsehprogramm nicht verstand und nicht einmal die Werbung lesen konnte, die ins Haus geflattert kam. Selbst für abenteuerlustige Menschen wie mich war die Eingewöhnungsphase wirklich heftig.

Anfangs habe ich ziemlich viel geweint, weil ich in die kühle Sprache und die doch manchmal etwas schroffe Art reininterpretierte, dass »alle« gemein zu mir sind. Darin bestand auch der große Unterschied zu Japan. Dort hatte ich ja mit ähnlichen Grundbedingungen zu tun gehabt – alles fremd, alles neu – aber der zwischenmenschliche Umgang unterscheidet sich eklatant. Höflichkeit wird in Japan großgeschrieben – es gibt sogar eine eigene »Höflichkeitssprache«, Keigo, die dem Gesprächspartner Respekt erweisen soll. Beim Kennenlernen verbeugen sich die Menschen, es wird sehr viel gelächelt und der Sprachklang ist weicher. Wenn ich in einem Conbini, also Supermarkt, eingekauft habe, wurde ich schon beim Eintritt mit einem »Irasshaimase!«, »Herzlich willkommen!« begrüßt. Dementsprechend verhielt es sich auch beim Abschied. »Arigatō gozaimashita« – »Vielen Dank« – ist nur der Bruchteil dessen, was tatsächlich gesagt wird. Und sowohl im Amerikanischen als auch im Japanischen würde man niemals mit Nein antworten, wenn man hilfesuchend etwas gefragt wird – das aber können die Deutschen extrem gut.

»Haben Sie noch Brötchen?«

»Nein!«

»Haben Sie Kartoffeln?«

»Nein!«

In Amerika würde ich in etwa zur Antwort bekommen: »Oh, es tut mir leid, heute haben wir leider keine Kartoffeln, aber wir haben Süßkartoffeln.« In Japan würde man ein höfliches Stimmchen neben sich hören mit der Frage »Nani ka o-sagashi desu ka?« – »Suchen Sie etwas Bestimmtes?« Und das noch, bevor man überhaupt weiß, dass man etwas fragen möchte. Das empfand ich als riesigen Kulturunterschied.

Lustig ist übrigens auch die Tatsache, dass, wenn man sich als Ausländerin outet und sagt »Entsuldigug, ick nik gut sprecke deuts«, viele Deutsche automatisch zu brüllen beginnen, so nach dem Motto: »Was? Du kannst mich nicht verstehen? Dann rede ich eben lauter mit dir … Ich wette, so verstehst du bestimmt Deutsch.« Hat bei mir leider nicht funktioniert, die Deutsch-für-Anfänger-Methode …

Leider hat Dieter mir meine Eingewöhnungsphase nicht besonders versüßt. Er war nicht gerade der fürsorgliche Typ. In Tokio ließ er sich immer viel einfallen, um mich zu beeindrucken, zeigte mir seine Lieblingsorte und führte mich aus – in Köln hielt sich seine Fürsorge in Grenzen. Anfangs zeigte er mir die Innenstadt, seine Stammkneipen und den Kölner Dom, aber mir das Bezahlsystem in der Stadtbahn zu zeigen, wie man in Rekordzeit einkauft oder sich in den Gassen orientiert, das war seiner Meinung nach nicht nötig.

Den Kölner Dom fand ich übrigens wahnsinnig beeindruckend – ein Gebäude zu sehen, das so alt und historienträchtig ist, hat mich wirklich aus den Schuhen gehauen. 632 Jahre Bauzeit, das muss man erst einmal hinbekommen – dagegen ist doch ein bisschen Bauverzögerung bei der Elbphilharmonie oder dem Berliner Flughafen ein Klacks. Ich habe mal gelesen, dass der Dom, würde man ihn heute bauen, zehn Milliarden Euro kosten würde. Als ich ihn das erste Mal gesehen habe, war es schon dunkel. Wenn er so mystisch angestrahlt wird, ist das atemberaubend, aber auch furchteinflößend. Bei all den gruseligen Dämonen- und Wasserspeier-Figuren habe ich echt gedacht: »Wenn es einen Gott gibt und er so etwas gut findet, verzichte ich darauf, in den Himmel zu kommen.«

Dieter entpuppte sich zudem als ziemlich konservativ – er erwartete von mir, dass ich das Haushaltszepter in die Hand nehme. Kochen lag zum Beispiel unausgesprochen in meinem Wirkungsbereich. Warum das so war, habe ich gecheckt, als ich Dieters Eltern kennenlernte. Sie hatten uns zum Grillen in ihr Einfamilienhaus in einem Vorort von Köln eingeladen. Ich dachte »Yippie, Barbecue« und sah vor meinem inneren Auge schon den XXL-Kohlegrill, um den sich eine gesamte Nachbarschaft schart und deftige Steaks grillt. Und dann komme ich dort an und was steht auf dem Plastikgartentisch auf der Wachstischdecke? Ein minikleiner Tischgrill an der Steckdose. Dazu gab es Würstchen und Nackenkotelett, einen Nudelsalat mit Jagdwurst und Curryketchup. That's it. Ich wurde skeptisch von der Seite beäugt und Dieters Mama fragte mich, warum ich denn noch immer kein Deutsch sprechen würde. Nach drei Wochen. Aber ich verstand es immerhin schon ganz gut, sodass ich mitbekam, dass es in den Gesprächen nur um Fußball und Tennis ging. Damals hatte Boris Becker gerade Barbara geheiratet und der Vater sagte augenzwinkernd: »Der wollte wohl was Exotisches …«

Während des gesamten Nachmittags haben Dieter und sein Bruder in ihren Lehnstühlen gesessen und sind weder zum Auf- noch zum Abdecken aufgestanden. Seine Mutter bepuschelte ihre beiden Jungs von vorne bis hinten. Kein Wunder, dass er zu Hause weder aufräumte noch imstande war, die Betten zu machen. Seine Mutter erzählte mir auch, dass seine Kochkarriere schon im Teenageralter endete, als er einmal einen Vanillepudding machen wollte: »Der ist ihm total angebrannt«, sagte sie. »Den Topf konnte ich wegschmeißen.

Kochen ist halt nichts für den Jungen.« Und erleichtert fügte sie hinzu: »Aber jetzt ist ja die Dana da.« Ich habe Dieter gebeten, zu übersetzen, als ich sagte: »Wenn euer Sohn Geld verdienen würde, würde ich auch kochen, aber bis dahin kann er mir im Haushalt gerne helfen …« Kam nicht ganz so gut an, befürchte ich – eine nächste Tischgrilleinladung gab es nicht.

Seine Eltern mussten sich allerdings keine großen Sorgen machen, dass die Dana ihren Sohn verhungern ließ, denn am Ende habe ich doch gekocht. Notgedrungen. Nachdem ich mich ausreichend von der Miniaturvariante seiner Küche erholt hatte, die sich in seiner ebenso kleinen Studentenbude befand. Die Küche war so winzig, hätte man in ihr gepupst, hätte man sich vermutlich selbst vergiftet. Es gab zwei Herdplatten und diesen unfassbar kleinen Kühlschrank. Ich dachte am Anfang, dass es sich um einen Roomservice-Kühlschrank aus dem Hotel handelt und habe Dieter gefragt: »Warum hast du denn eine Minibar in der Küche stehen? Soll das witzig sein?« Die großen Kühlschränke, die heute mittlerweile in den meisten deutschen Haushalten stehen, gab es damals nur sehr vereinzelt. Gut, so einer hätte in die Dixi-Klo-kleine Küche sowieso nicht reingepasst. Aber die Größe des Kühlschranks erklärt, warum ich als Konsequenz nahezu jeden Tag einkaufen gehen musste. Jeden Tag Nahkontakt mit den Kassiererinnen. Ich zitiere mal Friedrich Nietzsche an dieser Stelle, weil es so schön passt: »Was einen nicht umbringt, macht einen nur stärker.« Und so verlor mein ganz persönlicher »shame shack«, der Ort der Schande, nach und nach seinen Schrecken – ab und zu gewann ich sogar den Einkaufswettbewerb und erhaschte ein verschmitztes Lächeln. Das bildete ich mir zumindest ein.

Was mich ehrlich schockiert hat, war die Haarigkeit der Deutschen in den 90ern. Klar, ich hatte davon gehört. Aber ein bisschen gehörte es für mich zu den Mythen, bei denen man nicht genau wusste, ob die Austauschschüler, die nach einem Jahr aus Deutschland zurückkehrten, nicht maßlos übertrieben. Kein Tempolimit auf deutschen Autobahnen, das vermochte ich noch zu glauben. Ich stellte mir nur allzu gern vor, Full Speed mit einem Scirocco oder Rabbit – die Modelle von Golf waren beides Traumobjekte von mir, als ich 17 war – über die Straßen fahren zu dürfen. Aber Bier ab 16 Jahren? Die Ex-Austauschschüler erzählten mit leuchtenden Augen, dass sie bei McDonald's ein Pils bestellen konnten und es anstandslos bekamen. Richtig kurios fand ich die Erzählung, wie auf dem Oktoberfest alle in mittelalterlichen Kostümen (nicht schimpfen, ich weiß, es heißt Tracht) tanzen und im Bierrausch sind. Aber Achsel- und Beinhaare? No way! Ich kannte zwar Nenas Video von *99 Luftballons*, in dem sie ihren Arm hebt und – Oh my God – die volle Haarpracht zeigt, aber ich hoffte, dass das eine künstlerische Marotte sei. Die Neue Deutsche Welle war damals für mich der beste Importschlager Made in Germany. Trio, Hubert Kah, Peter Schilling, DAF und allen voran Nena fand ich megacool. Ich stellte mir Deutschland deswegen modetechnisch richtig weit vorne vor. Die Achselbehaarung von Nena habe ich einfach weggekichert.

Dass sie allerdings keine Ausnahme war, stellte ich fest, als ich mit der Kölner Stadtbahn fuhr. Mir gegenüber setzte sich eine hübsche Frau, die eine hautfarbene Strumpfhose trug. Durch ebenjene Strumpfhose piksten Haare. Ich konnte gar nicht aufhören, hinzustarren. Wie konnte ihr das passieren? Aber je näher der Sommer rückte, desto mehr wurde zur Gewissheit, dass die Deutschen zwar durchaus sehr chic sein konnten, aber rasierte Beine für sie (noch) nicht zum Bestandteil eines modischen Erscheinungsbildes gehörten. In der US-amerikanischen Weiblichkeitskultur gehörte gewissenhafte Haarentfernung verrückterweise schon sehr früh zum normalen Standard. Mittlerweile ist das ja auch in Deutschland so. Ist es nicht witzig, dass dieses Selbstverständnis gerade anfängt zu bröckeln? Keine Ahnung, ob es sich durchsetzt, aber Stars wie Miley Cyrus, Madonna oder Lady Gaga unterstützen die »Free Your Pits«-Bewegung und kämpfen dafür, dass eine neue Selbstverständlichkeit um den weiblichen Körper entsteht, indem sie nicht nur ihre Achselhaare wachsen lassen, sondern sie auch noch provokativ bunt färben. Ich finde solche Aktionen prinzipiell gut, weil meines Erachtens alle machen sollen, was sie wollen. In den 90ern aber war ich total penibel und empfand das deutsche Verständnis von Behaarung und auch Hygiene als ein bisschen verstörend.

Vielleicht bin ich aber auch an ein besonders seifen- und wassersparendes Exemplar geraten, Dieter jedenfalls hat regelrecht mit mir geschimpft, weil ich angeblich viel zu oft duschen würde. Ist einmal morgens und einmal abends zu viel? Er meinte: »Das macht keiner hier in Deutschland. Schon mal was von Wasserverschwendung gehört?« Häufiges Duschen fand er genauso überflüssig wie Wäschewaschen. Ich habe meine Jeans spätestens gewaschen, wenn ich sie zweimal getragen hatte,

Dieter seine nach zwei Wochen – frühestens. Ich habe mir immer vorgestellt, dass sie irgendwann selbst zur Waschmaschine gehen und bettelnd sagen würde: »Hallo, da bin ich wieder, ich möchte gewaschen werden.«

Ich gestehe auch, dass ich es vermieden habe, samstags einzukaufen. Die Läden hatten damals nur bis 14 Uhr geöffnet. Die Tatsache, dass die meisten jungen Bewohner der Kölner Südstadt Freitagnacht erst sehr spät ins Bett gingen, dementsprechend lang schliefen, um in allerletzter Minute einzukaufen, und das zu jedem Zeitpunkt ungeduscht, ist nicht geruchlos an mir vorübergegangen. Es war immerhin die Zeit, in der noch überall geraucht werden durfte – selbst im Restaurant – und dieser kalte Zigarettengeruch, der den Klamotten und Haaren auch noch am nächsten Morgen anhaftete, verursachte bei mir Übelkeit.

Auch meine erste Pediküre fiel in die Kategorie »What the f***?«. Eine Bekannte von Dieter war so lieb und hatte mir einen Termin gemacht. Ich kam in den Behandlungsraum und nahm an, dass ich mich in der Tür geirrt hätte. Der Mann, der mich in diesem hochsterilen weißen Raum erwartete, sah aus wie ein Arzt in weißer OP-Kleidung. Er schnitt mir meine Nägel, ohne ein Wort zu sprechen, ratzekurz. Ich stand leicht unter Schock, bekam aber noch heraus: »Und was ist mit Lack?« Da guckte er mich entgeistert an und sagte: »Lack? Ich bin medizinischer Fußpfleger, ich lackiere Ihnen doch nicht die Nägel. Das macht man hier nicht so.« Ich bin wie betäubt rausgegangen – es war mitten im Sommer – und guckte meine Füße an: Die Nägel runtergeschnitten bis zum Knochen, unlackiert und blass. Nun gut, dachte ich, dann brauchst du dir jedenfalls keine Sorgen zu machen, ungewollt schwanger zu werden. Das war eindeutig »Natural Birth Control«. Essie Weingarten, die Frau, die Anfang 2000 mit den coolen Essie-Nagellacken so bekannt geworden ist, hat einmal in einem Interview gesagt: »Eine Frau mit unlackierten Nägeln ist nicht vollständig angezogen.« So gesehen liefen im Deutschland der 90er eine Menge Frauen halbnackt (und unrasiert) herum. Und nun gehörte ich dazu.

Vielleicht war das auch ein sichtbares, wenn auch unfreiwilliges Zeichen dafür, dass ich mich eingewöhnte. Am meisten hatte ich damals meinem Mountainbike zu verdanken. Ich hatte als Model in Deutschland nicht allzu viel zu tun und wenn ich nicht gerade in einem anderen Land einen Job hatte, bin ich stundenlang durch die Gegend gefahren. Ich radelte am Rhein mit den Schleppern oder Touristenbooten um die Wette und zwischendurch bin ich in einen der zahlreichen Biergärten eingekehrt. Und so kam ich schnell dahinter, dass die Sprache nichts über die Herzen der Menschen aussagte. Setz dich in eine Kneipe, trink ein Kölsch und du bist keine Minute allein. Ich habe sehr viele weltoffene und humorvolle Kölner kennengelernt. Wahrscheinlich gesellte sich Gleich und Gleich, denn ich liebe es, zu feiern – und zeig mir einen Kölner, der das nicht gern tut.

Wenn die Deutschen feiern, dann aber »My dear Mister Singing Club« – »Mein lieber Herr Gesangsverein.« Das erste Mal Kölner Karneval? Eine Offenbarung. Auch das Oktoberfest oder der Hamburger Kiez haben es mir angetan. Am liebsten von allen Feiertraditionen waren mir aber die Straßen- und Nachbarschaftsfeiern, ob in Köln, Berlin oder Hamburg, weil es dort besonders persönlich und herzlich zuging. Wenn

Menschen zusammenrücken und im Idealfall schunkeln und singen, schlägt mein geselliges Herz sofort einen glücklicheren Beat. Und ich gestehe – wenn dazu noch ein deutscher Schlager aus den Boxen dröhnt, ist bei mir alles klar: Da bin ich dabei, das ist prima. Ganz egal, ob Helene Fischers *Atemlos*, Udo Lindenbergs *Reeperbahn* oder *Viva Colonia* von den Höhnern, das die Jungs unwissentlich über mich geschrieben haben müssen: »Wir lieben dat Leben, die Liebe und die Lust. Wir glauben an den Lieben Gott und ham uch *immer* Durscht.« Auf Kölsch habe ich übrigens immer Durst, das könnte ich mir intravenös legen lassen … »Ja, ihr Amis«, wird dann gern mal gesagt, wenn man ins Kölschschwärmen kommt, »wenn ihr nach Deutschland kommt, wollt ihr als Erstes Bier trinken.«

Erstens: Na und? Und zweitens finde ich es drollig, wenn ein Deutscher zu mir sagt: »Ihr Amis«. Das Land ist so groß, dass Deutschland fast 27-mal reinpasst und die Unterschiede in den verschiedenen Regionen sind immens. Selbst in Deutschland ist das so, vom »Moin« in Schleswig-Holstein bis zum »Grüß Gott« in Bayern. Und doch gibt es diese Klischeeschubladen über jede Nation dieser Erde. Das Ding ist: Manche entsprechen einfach der Wahrheit. Das Klischee zum Beispiel, dass die Deutschen Meister der Organisation und Zielstrebigkeit sind. Stimmt! Es wirkt tatsächlich so, als wären alle auf einer Mission: »Erledige das heute! Ausrufezeichen!« Nicht: »Das kann ich auch morgen machen …« Oder: »Warum sollte ich es überhaupt machen?« Genial und anstrengend zugleich, diese Gabe. Noch bemerkenswerter ist, dass die Deutschen es lieben, Regeln zu befolgen. Und sei es, mitten in der Nacht bei Rot an der Ampel zu warten, wenn weit und breit kein Auto in Sicht ist. Ich habe mehrfach gewagt, bei Rot loszugehen (wenn sich keine Kinder in der Nähe befanden, natürlich). Ich schwöre, es gab jedes Mal jemanden, der es kommentiert hat: »Hey du, es ist verboten, bei Rot zu gehen.« Kann es sein, dass in jedem Deutschen ein kleiner Polizist wohnt, der genau guckt, ob ja alle alles richtig machen? In jedem Fall: Sei dir sicher, dass du sofort Aufmerksamkeit bekommst für alles, was du falsch machst. Meistens hat mich das amüsiert, aber manchmal fand ich dieses chronische »Im-Recht-Sein« auch traurig. Manchen Menschen fehlt es an der großzügigen Gelassenheit, Richtlinien als dehnbaren Begriff anzusehen. Ob ich nun einen Trenner zwischen die Lebensmittel auf dem Supermarktband lege, sonntags staubsauge oder entgegen der Fahrtrichtung radle, kann hier den Seelenfrieden ins Ungleichgewicht bringen. Und ehrlich, ob ich meinem Kind nun ein Mützchen aufsetze oder nicht, ist meine Sache und nicht die der deutschen Oma-Polizei.

Die Regel, die ich hingegen bereit wäre, in ganz Amerika zu missionieren, ist die, auf der Autobahn rechts langsamer zu fahren als links. Ich sage immer, dass es friedlicher auf der Welt zugehen würde, wenn es überall so wäre. Aber in Kalifornien fährt jeder auf jeder Spur – so schnell oder langsam er mag. Das birgt eine Menge Aggressionspotenzial. Ich weiß, wovon ich spreche …

Noch eine typische Eigenart der Deutschen: Sie mögen es gern kuschlig vorausschaubar. Sie lieben Gewohnheiten, Rituale und Abläufe ohne Überraschungen. Symptomatisch dafür ist der *Tatort*. Zum Teil ohne jeden Witz, ohne jegliche Spannung, aber zuverlässig seit rund 50 Jahren jeden Sonntag auf Sendung. Und wenn es mal eine Explosion gibt, wie bei

Tschiller aka Til, gibt es einen Riesenaufschrei. »Was, unser schöner *Tatort*? So ja nun nicht …« Stabilität ist in Deutschland wichtiger als Action und Freiheit. Til hätte eigentlich wissen müssen, den *Tatort* besser nicht auf Amerikanisch zu trimmen, denn er selbst ist mit Abstand das süßeste deutsche Gewohnheitstier von allen. Seine Welt besteht aus einer begrenzten Anzahl von Lieblingsorten, zwischen denen er sich bewegt: Filmset, Einkaufscenter mit den Kindern, METRO, Baumarkt, seine drei Lieblingslokale. Das war's. Wenn ich mal nicht wusste, wo er sich aufhielt, brauchte ich nur an einen dieser Orte zu gehen.

Auch sein Kleidungsstil ist seit Jahren gleich geblieben: lässige Jeans und dazu ein Sweatshirt. Seine Pulloversammlung – legendär: Er besitzt circa 300 Cashmere-Exemplare in Dunkelblau, Olivgrün, Schwarz und Grau. Als Schuhe Sneakers – und fertig. Und auch beim Essen gab es wenig Lust auf Experimente: Der Italiener seines Vertrauens kann sich Tils Loyalität sicher sein. An einem meiner Geburtstage wollte ich unbedingt Sushi essen gehen oder Thailändisch. Til kam abends nach Hause und sagte: »Schatz, bitte, ich bin so groggy, lass uns doch lieber zum Italiener gehen.« Das ist für ihn ein Gefühl von Geborgenheit – da weiß man eben, was man kriegt: »Die Nummer 8, bitte. Ohne Zwiebeln. Und die Pasta schön al dente.«

Wobei Til sich auch gern als halber Italiener gesehen hat, weil die Schwester seiner Mutter einen Italiener geheiratet hat. Er sprang damals voll auf den Zug auf, als in den 90er-Jahren jedermann zum italienischen Gourmet avancierte, nur weil es plötzlich in war, Tomate-Mozzarella mit drei Blättern Basilikum garniert zu essen. Als Rucolasalat auf einmal der heiße

Scheiß war, am besten mit Ziegenkäsetalern und Himbeeressig. Ich finde Rucola nur dann richtig gut, wenn man noch ein M einfügt ... Ich muss Til allerdings lassen, dass er seine selbstgemachte Spaghetti Bolognese mittlerweile perfektioniert hat. Ein italienisches Gen scheint tatsächlich irgendwo in ihm zu schlummern. Ein bisschen schade, dass ich nur noch ab und zu in den Genuss komme ...

Ich habe insgesamt fast 20 Jahre in Deutschland verbracht und kann von Herzen sagen, dass es zu meiner zweiten Heimat geworden ist. All die schönen Seiten des Landes habe ich schätzen gelernt. Deutschland ist nicht nur das Land des Bieres, der Bratwurst und des Fußballs, sondern auch das der Allgemeinen Gesundheitsvorsorge, des bezahlten Mutterschutzes, der Ehrlichkeit und der Integrität. Und es hat eine unglaubliche Vielfalt an atemberaubender Natur. Ich habe viele Ausflüge ins Umland von Köln, Hamburg und Berlin gemacht. Die Hügel (immerhin!), Wälder (verwunschen) und Strände (bei gutem Wetter auch nicht schlechter als die in Malibu) sind wunderschön. Seattle wird ja gern die »Emerald City« genannt, die Smaragdstadt, weil sie so schön grün ist. Deutschland könnte »Emerald Country« heißen.

Ich habe sogar einige deutsche Gewohnheiten angenommen. Die Skepsis zum Beispiel. Überschwängliche Freundlichkeit, wie die Amerikaner sie an den Tag legen, finden Deutsche ja oberflächlich und unaufrichtig. Offensichtlich ist das ansteckend ... Als ich nach langer Zeit mal wieder in Amerika war, ging ich mit Valentin, damals zwei, und Luna, eins, in einem Zwillingskinderwagen spazieren. Da kamen mir zwei Polizisten entgegen und hielten breit grinsend an. Der eine beugte sich über den Kinderwagen und sagte: »Oh, sind die beiden süß! Ich habe auch ein Kind, das gerade zwei geworden ist. Wie alt sind deine beiden Goldstücke?« Der andere sagte: »Was für ein cooler Kinderwagen. Welche Marke ist das?« Und ich dachte die ganze Zeit nur: Was wollen die denn von mir? Ich war total misstrauisch, was hinter dieser vermeintlichen Nettigkeit steckte. Bis mir wieder einfiel, dass die beiden sich einfach nur so mit mir unterhalten wollten. Mehr nicht. Typisch amerikanischer Smalltalk. Aber in der Hinsicht bin ich nun verhunzt: Ich mag es unwiederbringlich nicht mehr, wenn ich in Malibu Klamotten shoppe und eine Verkäuferin in einem Geschäft ankommt und mich in Zuckerwattesprache zutextet: »Oh, dein Kleid. Ich liiiiiebe es, es sieht so toll aus an dir. Wo hast du das her? Ach, und deine Tasche – ich vergöttere sie! Wie kann ich dir helfen?« Ich denke dann: Schieb ab. Ich sehe mitnichten toll aus in diesem Kleid, weil ich es bald sprenge. Und du mit deiner Größe 34 siehst das auch ganz genau.

Was ich nur zu gern zelebriere, wenn ich zu Besuch in Deutschland bin: mich um einen Parkplatz streiten. Das macht in Amerika kaum jemand. Wahrscheinlich weil hier so viel Platz ist. Parkplatzsuche in Amerika: »Oh, du wolltest gerade hier einparken? Bitte, gern. After you!« Parkplatzsuche in Deutschland: »Ha, da ist eine Lücke, schnell rein mit meinem Wagen. Oh, du wolltest da auch gerade einparken? So ein Pech aber auch. Ja, du mich auch …« Inklusive Vogelzeigen und Schimpfwörtertirade.

Ich habe Freunde in Amerika genauso wie im Rest der Welt, die alles Fremde meiden. Sie bleiben am liebsten in ihrer Heimat, wo sie wissen, in welchem Regal im Supermarkt der fettarme Joghurt steht und wann ihr Lieblingsverein spielt. Wo sie die Kinder auf genau die Schule schicken, auf der sie selbst waren. Für viele Menschen ist das erstrebenswert – ich persönlich kann nur sagen, dass ein Ortswechsel mein Leben extrem bereichert hat.

Es erfordert sicher einiges an Geduld und Optimismus und ich bin dankbar für meine innere Stärke, durchgehalten zu haben. Aber das habe ich vor allem dank Til geschafft. Er, meine Freunde und meine angeheiratete Verwandtschaft gaben mir immer das Gefühl, in Deutschland willkommen zu sein.

Da fällt mir ein, wie Til und ich einmal, wir waren etwa ein Jahr zusammen, mit seinen Eltern in Potsdam spazieren gingen. Als ich mal wieder anfing, auf Englisch loszuplappern, sagte seine Mutter zu mir: »Liebe Dana, entschuldige bitte, aber wir reden ab sofort kein Englisch mehr mit dir.« Im ersten Moment dachte ich: Was soll das denn?! Aber irgendwie hat sie mich damit im Guten herausgefordert – und ich dachte: Wenn du nicht anfängst, dich aufs Land und die Kultur einzulassen, fühlst du dich nie ganz heimisch. Es wurde noch ein sehr lustiger Ausflug. Wir sind in einer Gaststätte eingekehrt und ich habe bei der Kellnerin brav auf Deutsch bestellt: »Ich hätte gern ein Kaninchen Kaffee.« Als alle loslachten, wusste ich, da stimmt was nicht. »Sie möchten ein Kännchen Kaffee, vermute ich«, half mir die Kellnerin. Und später habe ich auf den See gezeigt und gesagt: »Guckt mal, die ganzen Schwanse dahinten« und meinte die Schwäne. Ich glaube, das war auch der Hintergedanke meiner Schwiegermutter: erheiternde Versprecher von mir zu ergattern. Davon gab es natürlich einige. Einmal sagte ich: »Mein Sohn wurde von einem Hummer erstochen.« Ganz so dramatisch war es nicht, er wurde »nur« von einer *Hummel ge*stochen … Ich bestelle auch gern »Trottellini« im Restaurant, beiße ins »Grab« oder kaufe »Schleichwurst« ein, die ich in den »Schülkrank« lege – und am Ende habe ich mich »weggelacht«.

Mittlerweile mag ich die deutsche Sprache sehr gern, weil ich viele schöne Erinnerungen mit ihr verbinde und das Ruppige gar nicht mehr höre. Wie genial ist denn bitte das deutsche Wort »So«. Eigentlich sagt es alles über Deutschland aus: So, packen wir's an. So, nun aber mal los. So! Gibt es im Englischen nicht … Nur im Sexualjargon hat das Deutsche ziemlich unerotische Klopper. Schon mal über das Wort »Brustwarze« nachgedacht? Ich meine, warum sind meine »Nippels« bitteschön Warzen? Warum ist meine Pussy eine Scheide? Und wenn schon, warum heißt Penis dann nicht Schwert? Warum hat man Geschlechtsverkehr? Die Übersetzung – es fehlt natürlich genau genommen ein H – wäre »Go Bad Traffic«. Nicht so schön. Am schönsten wiederum finde ich Wörter, die im Amerikanischen kein eigenes Wort haben wie Weltschmerz (das kann auch nur von den Deutschen erfunden worden sein), Ohrwurm (Achtung, hier kommen zwei: *Atemlos*! oder: *The Final Countdown*), Kummerspeck (ja, hier, kenne ich, habe ich!) oder auch Dreikäsehoch (Hallo Til. Nein, kleiner Scherz. Sorry, Sweetie).

JUST FOR FUN ODER MORGEN HEIRATEN?

Irgendwann im Oktober 1994, da waren Til und ich vielleicht drei oder vier Monate »zusammen«, titelte die *Bild*: »Dieses Model schnappte sich den Schauspieler, den Millionen deutsche Frauen anhimmeln.«

Eine Freundin hatte mir den Artikel mit einem Foto, auf dem Til und ich »turtelnd«, wie es hieß, in einem Restaurant saßen, mitgebracht und vorgelesen. Ich hätte sonst gar nicht davon erfahren, denn ich las keine Boulevardpresse. Nicht, weil ich mich nicht für ein bisschen Klatsch und Tratsch interessierte. Aber ich konnte ja nicht einmal richtig deutsch *sprechen*. Ich traute mich lange Zeit gar nicht, so was wie die *FAZ*, den *Spiegel*, die *Bunte* oder Sonderangebotskataloge überhaupt nur in die Hand zu nehmen. In der Buchhandlung am Bahnhof holte ich mir amerikanische Zeitungen oder englischsprachige Bücher – alles andere war mir zu anstrengend.

Ich musste ziemlich kichern, als ich diese Headline hörte. Zum einen, weil ich es immer noch nicht wirklich fassen konnte, mit einem angeblich so »heiß begehrten« Schauspieler zusammen zu sein. Zum anderen aber, weil ich dachte: Wenn die »Millionen Frauen« wüssten, wie es wirklich war. Denn von »geschnappt« konnte mal gar nicht die Rede sein. Im Gegenteil: Til war es, der sich ganz schön ins Zeug gelegt hatte. Schon bei unserem zweiten Date verkündete er vollmundig, dass er vorhätte, mich zu heiraten. Ich dachte: Aha, einer der Typen, der Frauen mit dem Ewige-Liebe-Gesülze ins Bett bekommen will. Ich hatte mit 26 einfach schon zu viele vielversprechende Worte aus Männermündern gehört, hinter denen recht kurzfristige Ziele standen. Aber ich irrte mich: Die Fakten sprechen für die Aufrichtigkeit seiner Worte.

Aber der Reihe nach: Zunächst rechnete sich Tils Freund Florian Chancen bei mir aus. Er besaß die älteren Rechte, auch wenn es sich nur um wenige Tage handelte, denn er hatte mich zuerst kennengelernt. Beziehungsweise ich ihn. Die *Bild* hätte es dann vermutlich so formuliert: »Dieses Model erlegt attraktiven Studenten beim Karneval.«

Ich erwähnte ja bereits, dass ich ein Instantfaible für den Kölner Karneval entwickelt hatte. Und weil unser Humor- und Feierverständnis deckungsgleich ist, überzeugte ich meine Schwester Erica im März 1992 davon, dass sie sich dieses absurde, aber super lustige Schauspiel nicht entgehen lassen durfte. Sie hatte es ja auch nicht weit, denn zu der Zeit studierte sie noch in Paris und setzte sich sofort in den Zug, um mit mir zu feiern. Nur verkleiden wollte Erica sich partout nicht: »No way, sister. Ich mach mich doch nicht zum douchebag, zum Deppen.« Ich versuchte ihr klarzumachen, dass wir die Idioten wären, wenn wir ohne Verkleidung auftauchen würden, aber sie blieb stur. So gingen wir beide im Alltagsoutfit feiern. Wir hatten aber Gadgets, die die fehlende Kostümierung schnell wieder wettmachten: riesige Wasserpistolen. Unsere Mission: alle süßen Typen abschießen, die uns über den Weg liefen.

Natürlich gab es mehr als genug attraktive Angriffsflächen – die Straßen wimmelten nur vor flirtbereiten Priestern,

Polizisten, Bären, Rosenverkäufern oder Cowboys. Flo erschien mir und Erica als weiteres geeignetes Opfer und wir schossen auf ihn. Er nahm die Attacke mitten im Februar gelassen und gab das willige Opfer. Meine Schwester und ich verbrachten den restlichen Abend mit ihm und seiner Clique inklusive seiner super hübschen und netten Schwester Nika. Tils Jugend- und Ex-Freundin, wie sich später herausstellte. Nika und er besuchten zur gleichen Zeit die Schauspielschule in Köln. Flo und ich flirteten an dem Abend ein bisschen, tauschten Nummern aus, aber mehr ist nicht passiert. Zu diesem Zeitpunkt lebte ich schließlich noch in einer Beziehung mit Dieter.

Meinen ersten Kontakt zu Til hatte ich einige Wochen später, als ich mit Dieter in unserem Heimatviertel, der Kölner Südstadt, zu einem Hangover-Frühstück schlurfte. Wir waren, ob der exzessiven Kölsch- und Kurze-Einnahmen, total verkatert und schlaff und konzentrierten uns schweigend auf den frisch gepressten Orangensaft und das Rührei mit Bacon, in der Hoffnung, dadurch wieder zu lebensfähigen Menschen zu werden. Deswegen fanden wir es unfassbar herrlich, was die beiden Typen neben uns so von sich gaben – ich konnte zwar noch immer nicht besonders gut deutsch sprechen, aber was andere sagten, verstand ich recht gut. Sie unterhielten sich über ihre One-Night-Stands und verglichen die, nennen wir es mal, Performance der abgeschleppten Frauen. »War ziemlich gut«, fasste derjenige, der sich als Til herausstellte, zusammen. »Ich bin nur froh, dass sie nachts noch gegangen ist. Ich hätte weder genug Kohle noch Kopfschmerztabletten gehabt, um sie zum Frühstück einzuladen.«

Zu meinem Erstaunen fing Dieter kurz danach an, angeregt mit den beiden Typen zu quatschen. »Woher kanntest du denn die?« fragte ich, als wir gingen. »Der eine von denen ist Til Schweiger«, antwortete Dieter. »Ein Schauspieler. Ich hatte den Film von ihm neulich aus der Videothek ausgeliehen, weißt du noch? Der mit den Autorennen in dem getunten Opel Manta.« Wusste ich noch, weil ich den Opel Manta als Autofan natürlich kannte. Aber ich hatte nicht richtig mitgeschaut an dem Abend, weil mir Filme zu schwierig waren, wenn es keine englischen Untertitel gab und weil Dieter betont hatte, dass es sich um einen »deutschen Klamaukfilm mit ein paar prolligen Autowitzen, die du eh nicht kapierst« handeln würde. Ich nahm an, dass weder Film noch Schauspieler erfolgreich gewesen seien, denn in Amerika sind Filme aus der Videothek oft solche, die es gar nicht erst ins Kino geschafft haben. Dieter erklärte zwar noch: »Nee, das ist bei uns anders. Der ist hierzulande ziemlich gut angekommen.« Frag mich nicht wieso, aber ich speicherte zu Til dennoch das Bild des B-Movie-Guys ab. Erst viel später erfuhr ich, dass *Manta, Manta* mit über 1,2 Millionen Zuschauern als deutscher Kassenknüller galt.

Eine Woche später rief Flo mich an, um mich ins Kino einzuladen. Ganz unverbindlich, wie er meinte, denn ich betonte erneut, dass ich einen Freund hätte. Ich hatte nicht vor, Dieter untreu zu werden, auch wenn es bereits nicht mehr allzu gut zwischen uns lief. »Schon gut«, beruhigte Flo mich. »Ich bring noch Freunde von mir mit. Alles ganz harmlos. Wenn du Lust hast, könnten wir danach ja noch was zusammen trinken gehen und uns einfach nur unterhalten.« Okay, dachte ich, kann nicht schaden, Leute kennenzulernen, die nicht aus Dieters Dunstkreis kommen. Vorm Kino erkannte ich in dem Freund von Flo sofort den Typen, der im Café neben mir gesessen und so ausführlich von den Stellungskünsten seines Karnevalaufrisses geschwärmt hatte. »Hey, nice to meet you«, sagte er, doch sein Blick – eine Mischung aus Verlegenheit und stummem »Bitte verrat mich nicht«-Flehen – sagte ziemlich eindeutig, dass er es gar nicht so »nice« fand, mich zu sehen. Die Frau, die er an der Hand hielt, war offensichtlich nicht diejenige, die sich ohne Frühstück aus dem Staub gemacht hatte. Ich war halb amüsiert, halb echauffiert. Aber mir fiel ein, was Freunde mir zum Thema »Karneval und Treue« erklärt hatten: »In der fünften Jahreszeit ist alles erlaubt – dann lassen die meisten nicht nur beim Feiern die Sau raus, sondern auch in fremden Betten.« Gut, dachte ich, da mische ich mich gar nicht erst ein. Ist ja nicht mein Freund.

Nach dem Kino gingen wir in eine Bar und ich unterhielt mich angeregt mit Flo und Tils zauberhafter Freundin Jacqueline, denn die beiden sprachen sehr gut Englisch. Til saß anfangs schweigend daneben. Sein Englisch war damals – im Gegensatz zu heute – ziemlich reduziert. Irgendwann hatte er auf die Außenseiterrolle aber keine Lust mehr – und ging in die Humoroffensive. Er fing an, Witze zu erzählen und bat Flo, seine Gags für mich zu übersetzen. Nur leider funktionierte das nicht. Wie soll man zum Beispiel diesen Witz, er gehört zu Tils Lieblingsjokes, auf Englisch erzählen: »Frau zum Mann: ›Ich will mich scheiden lassen. Du bist mir zu kindisch.‹ Darauf der Mann: ›Haha, du hast Scheide gesagt.‹«

Ich wusste seine komödiantische Gabe, Witze und Anekdoten zum Besten zu geben, zwar später, mit zunehmenden Sprachkenntnissen, erst so richtig zu schätzen, aber dennoch war mein erster Eindruck von ihm – trotz des One-Night-Stand-Patzers – gar nicht mal so verkehrt. Ich fand es süß, wie er sich mit Kauderwelsch und Kalauern zum Affen machte, um mich zu unterhalten. Jacqueline rollte nur entschuldigend mit den Augen. Und Flo hat sich einen Spaß daraus gemacht, mir Tils Witze zu übersetzen, wohlwissend, dass sie für mich keinen Sinn ergeben würden. Aber mich zogen ja schon immer Männer an, die einen Sinn für schrägen Humor hatten und denen es egal war, was andere über sie dachten. Und Til kann herrlich über sich selbst lachen.

Ein paar Tage später traf ich mich wieder mit Flo, auf einen Absacker in einer Kneipe. Er wollte mit mir allein sein, aber wer tauchte, wie zufällig, wieder auf? Richtig. Til. Wir stellten fest, dass er nur zwei Straßen entfernt von mir (und Dieter) wohnte. Ich schätze, dass er Flos Verabredung mit mir eiskalt gesprengt hat. Erneut gab er alles, ein Gespräch auf Englisch mit mir zu führen, aber wir waren Lost in Translation. Sein Lausbubenlachen allerdings war ansteckend und sein Kinngrübchen gefiel mir außerordentlich gut.

Kurz darauf hatten Dieter und ich diesen fulminanten Trennungsstreit und ich flüchtete aus Köln. Nach dem kleinen Job in Wien landete ich schließlich nach über einem Jahr das erste Mal wieder in Seattle. Ich bezog mein Jugendzimmer im Haus meiner Eltern. Es war zwar etwas merkwürdig, wieder in dem Zimmer mit der Wolkentapete, dem Regenbogenteppich und den Janis-Joplin-Postern zu leben, aber ich hatte genug zu tun. Zugegebenermaßen dachte ich weder groß an Flo noch an Til. Aber die beiden offensichtlich an mich, denn sie riefen regelmäßig bei mir an.

»These German guys again«, sagte meine Mutter immer, wenn sie mir den Hörer überreichte. Die beiden fragten mich: »Wo bleibst du denn? Komm endlich wieder nach Deutschland« und wollten sich nicht damit abfinden, als ich sagte, ich wisse nicht, ob ich überhaupt jemals wiederkäme. »Wo soll ich da auch wohnen?!«, sagte ich, aber Til entgegnete: »Kein Problem, bei mir. Ich bin eh die meiste Zeit bei Dreharbeiten und nur selten zu Hause.« Ich hielt mich bedeckt und sagte: »Klar, wenn sich was ergibt, komme ich gern auf dein Angebot zurück.«

Nach ein paar Wochen in Seattle rief meine Agentur an und bot mir einen Job für eine H&M-Kampagne in Wien an. »Klar«, antwortete ich erleichtert, denn wer möchte schon auf Dauer in seinem alten Jugendzimmer wohnen? Ich fühlte mich Zimmer und Stadt endgültig entwachsen und wollte unbedingt wieder raus in die Welt. Ich bat meine Agentur um ein Open Return Ticket, weil ich gleich ein paar Wochen oder Monate in Wien bleiben wollte – irgendwas nach H&M würde sich schon ergeben. Als ich meinen Eltern mitteilte, dass ich wieder Richtung Europa abreisen würde, zuckten sie nur mit den Schultern.

Mit dem Modelapartment, das ich diesmal zugeteilt bekam, hatte ich riesiges Glück: Es lag mitten in der Innenstadt – heute wäre die Miete sicher unerschwinglich. Ich traf dort auf Paulina aus Kanada, die exakt auf meiner Humorebene lag. Mit ihr hätte ich in dieser Lage in dieser Stadt ewig zusammenwohnen können …

Natürlich wollte ich gleich alle meine Freunde aus Europa anrufen, um abzuchecken, wer wo arbeitet – und wo man sich möglicherweise treffen könnte. In den meisten Model-WGs gab es nur keinen Telefonapparat, weil die Agenturen keine Lust hatten, die horrenden Rechnungen der heimwehkranken oder unternehmungslustigen Mädchen zu zahlen, und so taperte man, ausgestattet mit einem Beutel voller Groschen und dem wichtigsten Utensil jener Zeit, dem Adressbuch, zu einer freien Telefonzelle. Ich weiß noch genau, wie mein Adressbuch aussah: einst durchaus hübsch, aus einem japanischen Papierwarenladen, in Leder gebunden, mittlerweile ein dicker schwerer Klumpen, voller Zettel und Visitenkarten. Dieses Buch war damals überlebenswichtig – in ihm befanden sich alle meine Kontakte von Agenturen, Fotografen, Kunden und (Model-)Freunden von Seattle über Tokio, Paris bis Köln. Nachdem das Handy mein geliebtes Adressbuch ersetzt hatte, landete es in irgendeiner Kiste. Aber immer, wenn es mir mal in die Finger fällt, kommen beim Blättern die Erinnerungen hoch und ich frage mich, was Shelley aus Missouri oder Dillon aus Paris heute wohl so machen und wer zum Teufel noch mal »handsome Horst« war.

Ein Anruf galt selbstverständlich meinen »German guys«. »Schön, dass du wieder da bist«, sagte Flo. »Aber ruf am besten in zwei Tagen noch mal an, dann ist Til vom Drehen in Frankfurt wieder hier. Der will dich bestimmt unbedingt treffen. Warte, ich geb dir mal seine Nummer.« Keine Ahnung, ob und was die beiden in Bezug auf mich vereinbart hatten, aber auf einmal war Flo mir gegenüber freundlich-zurückhaltend. Erst viele Monate später verriet er mir in einem vertrauten Moment, welche Gefühle er für mich gehegt hatte. Ich muss zugeben, mehr als einen richtig guten Freund hatte ich nie in ihm gesehen.

Als ich Til zwei Tage später anrief, schacherten wir ein bisschen herum – wer kommt zu wem, wer ist cooler, wer interessierter. Ich lud ihn ein, am nächsten Wochenende mit an die Côte d'Azur zu kommen. Dort wollten Freunde ein paar Tage Saint-Tropez unsicher machen. Er lehnte ab. »Oder wie wäre nächste Woche ein Trip nach Warschau?«, probierte ich es erneut. »Meine Agentur will, dass ich dort an einem Modelwettbewerb teilnehme.« Aber auch das wollte er nicht. Zu viel zu tun, gab er an. Damals hatte er gerade angefangen, den Polizisten Nick Siegel an der Seite von Hannelore Elsner in *Die Kommissarin* zu spielen, und so schlug er im Gegenzug vor: »Komm du mich doch am Set in Frankfurt besuchen.« Aber nachdem er meine Vorschläge allesamt abgelehnt hatte, wollte ich auch nicht klein beigeben.

Also sagte Til in seinem unbeholfenen Englisch: »Okay. Dann komme ich am nächsten Wochenende nach Wien. Oder gar nicht mehr.« Ui, jetzt also eine Ansage, dachte ich. Und: Schmeißt du deine Pläne, nach Saint-Tropez zu fahren, über den Haufen für diesen Typen? Süß ist er ja schon … Ich musste erneut an meine Mutter denken und ihren Rat: Ändere nie deine Pläne für einen Mann. Bei Duane hatte ich mich daran gehalten – aber was hatte es mir gebracht? Bei Til dauerte es etwa zwei Sekunden und ich sagte: »Okay, komm her.«

Wir verabredeten, dass er meine Modelagentur anrufen sollte, wenn er da wäre, weil er nicht genau sagen konnte, ob er es schon am Freitag schaffen, welchen Flieger er nehmen und in welchem Hotel er wohnen würde. Meine Agentur rief mich schon am Donnerstag an und sagte, ich solle doch bitte für ein Casting vorbeischauen. Kurz bevor ich beim Gebäude der Agentur ankam, pfiff mir jemand in diesem typischen »Hui, du bist heiß«-Ton hinterher. Wie man das als Frau so macht, ignorierte ich es – penetranterweise hörte der »Pfeifer« aber gar nicht mehr auf. Was für ein Vollidiot, dachte ich und gab dem Verursacher weiterhin nicht die Genugtuung eines Blickes. Da sah Til wohl ein, dass seine Masche nicht funktionieren würde, und er rief quer über die Straße nach mir. Da saß er, in einem Café gegenüber der Agentur – die Champagnerflasche stand schon auf dem Tisch. Es sollte eine Überraschung sein mit der Agentur als Lockvogel – gelungen ist sie ihm ja auch, aber in mir rief das anfangs ambivalente Gefühle hervor. Einerseits die engagierten Anrufe in Seattle und die Idee mit dem Champagner, andererseits diese aufgesetzte Coolness. Sicherlich wollte er sich interessant machen. Aber Hinterherpfeifen und anschließend betonen, dass er keinesfalls nur wegen mir in Wien sei, hat mich anfangs eher verunsichert. Ich wusste nicht, was er von mir wollte und ob ich mich emotional auf ihn einlassen sollte. Vielleicht war das für ihn auch alles nur just for fun.

Dazu muss man sagen, dass die Datingregeln in Amerika eher klar sind. Man redet nicht lange um den heißen Brei herum. Der Mann fragt ganz konkret nach einem Date. Tut er es nicht, obwohl er dich offensichtlich gut findet, hat er keinen Mumm – #nextoneplease. Deswegen ließ ich es an unserem ersten Wochenende lieber ruhiger angehen – genau die richtige Entscheidung: Er war ebenso zurückhaltend, nahm mal meine Hand oder gab mir ein Küsschen auf die Wange, erzählte mir von sich und fragte mich interessiert nach meinem Leben. Als ich ihn Sonntagvormittag am Flughafen ablieferte, war ich zwar noch nicht verliebt, aber ich hatte so eine Ahnung, dass da was richtig Gutes zwischen uns entstehen könnte. Auf dem Rückweg saß ich ein bisschen melancholisch in der Bahn Richtung Innenstadt und ein paar Wiener Jungs wollten mich aufheitern und sagten zu mir: »Wir sind gerade aus dem Club Med in der Türkei gekommen und wollen noch einen letzten Urlaubsabsacker zusammen trinken. Willst Du mit?« Ich gab mir einen Ruck, denn: Lässt sich ein Sonntagnachmittag im Wiener Sommer schöner verbringen, als sich bei einem traditionellen Heurigen ein, zwei oder auch drei Gläschen Wein und eine köstliche Jause zu gönnen, während fünf braun gebrannte, gut gelaunte Studenten dich mit Wiener Schmäh berieseln? Eben.

Als ich am frühen Abend nach Hause kam, lag in der Küche ein Zettel, auf dem stand: »Wo bist du? Wir machen uns Sorgen! Paulina und Til« Til? Der kurz danach gemeinsam mit Paulina zur Tür hereinspaziert kam. »Ich habe meinen Flug verpasst«, erzählte er. »Da dachte ich, ach, was soll's, fliege ich eben doch erst einen Tag später. So kann ich noch 24 Stunden länger mit dir zusammen sein …« Und mit einer theatralischen Pause fügte er hinzu: »Ich wusste ja nicht, dass der Aufzug des Grauens auf mich wartet.«

Was er mir dann erzählte, trieb mir die Lachtränen in die Augen: Er war zu unserem Apartment zurückgefahren und als keiner aufmachte, nutzte er die Gelegenheit, ins Haus reinzuschlüpfen, als andere Mieter es verließen. Unsere Wohnung befand sich in einem typischen Altbau, in dem es einen dieser uralten Aufzüge gab, bei dem du noch die Gitter zuziehen musstest. Und als Til in den vierten Stock fahren wollte, blieb er stecken. Kurz bevor er auf unserer Ebene ankam. Nur sein Kopf guckte über den Flur hinweg, sodass er gerade so unsere Wohnungstür sehen konnte. Es muss ein Bild für die Götter gewesen sein. Für diesen Anblick hätte ich die Wiener Charmebolzen nur zu gern sausen lassen. Er hat verzweifelt nach mir gerufen, während ich nichts ahnend ein Glas Weißwein nach dem anderen leerte.

Der Arme hing drei Stunden im Aufzug fest, weil das ganze Haus menschenleer war. Sonntag, super Wetter – alle hielten sich draußen auf. Paulina war es schließlich, die ihn vorfand. Leider, leider ist dieser Moment nirgendwo für die Nachwelt erhalten geblieben – die Ich-schieß-schnell-ein-Foto-mit-dem-Handy-Ära brach erst ein paar Jahre später an. Eigentlich hätte Til diese Szene längst in einen seiner Filme einbauen müssen.

Er durfte diese Nacht bei mir schlafen – erstens hatte ich ein ziemlich schlechtes Gewissen, weil ich mich so amüsiert hatte, während er im Aufzug vor sich hin darbte, und zweitens traf es mich in mein Herz, wie süß er seine Rückkehr begründet hatte. Wir hatten eine grandiose Nacht. Es passierte zwar nichts außer ein bisschen rumknutschen, aber der »Elevator-Gate« brachte uns immer wieder zum Lachen und wir quatschten bis zum Morgengrauen.

Gleich ein Wochenende später besuchte er mich wieder. Ich weiß noch, wie beeindruckt ich war, dass er sich wieder ein Hotelzimmer nahm und nicht wie selbstverständlich davon ausging, bei mir übernachten zu dürfen. Allerdings war ich echt geschockt, als ich eine Nacht bei ihm im Hotel schlief – es handelte sich um eine ganz schlimme Absteige. Die Fototapete »Herbstwald im Burgenland« blätterte von den Wänden ab, der dicke Teppiche sah aus, als würden darin Hautschuppen- und Fußpilz-Megacities existieren und zum Frühstück gab es pappige Weißbrötchen mit einer Scheibe Pressschinken und verschwitztem Käse. Ich dachte erneut: Der hält sich gerade mal so über Wasser mit ein paar Rollen und hat echt nicht viel Kohle übrig.

Aber es war mir egal – ich mochte ihn einfach. Und zwar von Minute zu Minute mehr. Gemeinsam zogen wir das Wiener Pärchenprogramm für Frischverliebte ab: eine megakitschige Sissi-Kutschfahrt, Museumsbesuche, eine Abkühlung im Freibad und mehrere Abende beim Heurigen. Und irgendwo dazwischen nahm Til meine Hand und flüsterte mir ins Ohr: »Dana, ich habe mich in dich verliebt. Und ich bin mir sicher: Ich möchte dich heiraten.« Wumms. Wie reagiert man bitte auf eine solche Ansage zu so einem frühen Zeitpunkt? Ich lächelte und gab ihm ein zartes Küsschen, während zwei kleine Engel auf meinen Schultern Platz nahmen und der eine wisperte: »Awww, der meint das ernst. How sweet is that?« Und der andere schrie: »Come on, he just wants to f*** you." Ich glaubte ihm kein Wort, aber ich glaubte an den »Moment«.

Rumbekommen hat er mich mit einer anderen Aktion, die vielleicht nicht so romantisch klingen mag, mich aber sehr gerührt hat. Wir schlenderten händchenhaltend an einem Swatch-Geschäft vorbei – und auf einmal flitzte Til in den Laden und kam mit zwei identischen Uhren wieder heraus. Meine legte er mir mit den Worten um: »Ich werde ab jetzt immer für dich da sein, selbst wenn wir irgendwann nicht mehr zusammen sein sollten.« Da hatten beide Engelchen Sternchen in den Augen und ich schmunzelte: Er schenkt mir vielleicht keine Rolex, aber immerhin ist es eine Schweizer Uhr. Meine Swatch besitze ich übrigens immer noch.

Allerdings bekam unser romantischer Höhenflug einen mächtigen Dämpfer, als ich ihn nach Jacqueline fragte: »Wie hat sie es denn aufgenommen?«, fragte ich ihn, in der Annahme, dass er längst mit ihr Schluss gemacht hatte. Dem war nur leider nicht so, wie er mir zerknirscht beichtete. »Ich habe sie aber seit sechs Wochen nicht gesehen«, versicherte er mir. Ich fand es dennoch inakzeptabel. »Du musst reinen Tisch machen«, sagte ich ihm. »Solange sehen wir uns nicht.« Ich bin der Meinung, und so sehe ich es bis heute, dass man jemanden, den man nicht mehr liebt, nicht einfach on hold parken darf, bis man den nächsten Partner findet. Das ist egoistisch. Ich kenne so viele Menschen, meistens sind es Männer, die sich erst mal nach einem neuen Partner umschauen, bevor sie sich trauen, sich zu trennen. Die Angst, allein zu sein, ist erstaunlicherweise riesig. Warum eigentlich? Wenn man sich selbst liebt, kann man sich doch auch selbst genügen … Und wenn eine Beziehung nicht mehr funktioniert, sollte man sie beenden. Nur dann kann man sich guten Gewissens, leichten Herzens und mit freier Seele dem Neuen zuwenden.

Wir haben uns deswegen zwei, drei Wochen nicht gesehen, aber dann rief er mich an und sagte: »Ich bin jetzt Single. Lust, mich zu daten?« Mein Herz machte einen erleichterten Sprung und so nahm ich seine Einladung, ihn beim Dreh in Frankfurt zu besuchen, gerne an. »Übernachte doch bei mir im Hotel«, sagte Til. »Du hast dann meine Juniorsuite ganz allein für dich, weil ich tagsüber arbeite.« Zu meinem Bedauern stellte sich heraus, dass eine Juniorsuite im Deutschland der 90er-Jahre durchaus etwas anderes bedeutete als in heutigen Hollywoodhotels. Sein Zimmer war so piefig, dass ich am liebsten nicht einmal das Licht angemacht hätte.

Auch am Set fehlte jeglicher Hollywoodflair. Campingtisch mit Brötchenbüfett, Mett, Käse, Wurst und Ei, dazu Thermoskannen, die vermutlich älter waren als ich, mit Kaffee und Tee, beides so tiefschwarz wie Vantablack. Trotz seiner Hauptrolle hatte Til nicht, wie jeder Hollywoodstar, einen eigenen Trailer, sondern erwartete mich in einem Klappstuhl, Marke »Ich schluck gleich den, der drauf sitzt«. Dafür trug er das breiteste Grinsen der Welt im Gesicht, weil er so stolz war, mir alles zeigen zu können. Da musste ich einfach mitgrinsen. Und meine Knie wurden gleichzeitig puddingweich. Diesem verschmitzten Charme bin ich total verfallen. Ich war Hals über Kopf verliebt in diesen Menschen und in all seine liebenswerten Eigenarten. Allen voran seine unaufdringliche, fast schüchterne Art – ich schwöre, die hatte er damals. Er sprach so besonnen und leise, dass ich manchmal sagen musste: »Ich versteh dich nicht, kannst du bitte ein bisschen lauter sprechen.« Das in Kombination mit seiner Attraktivität … Wenn ein Mann trainiert ist – und das war er – und wirklich richtig gut aussieht – und das tat er – und er dann noch so eine ruhige, behutsame Art hat, strahlt er wahnsinnig viel Sexappeal aus.

Aber auch seine verschmitzte Freude, wenn er erkannt wurde, mochte ich, weil er dabei sympathisch blieb. Wenn jemand ihn mit »Bertie«, seinem Filmnamen aus *Manta, Manta*, begrüßte oder Menschen ihm unaufgefordert ihren liebsten Mantawitz erzählten. Selbst wenn jemand verächtlich »Ey, da ist ja der Mantaproll Bertie!« grölte, freute er sich. Das mochte ich ebenfalls sehr: dass er sich selbst nicht zu ernst nahm.

Seine Art, sich zu kleiden hingegen, fand ich etwas befremdlich. Aber er zog sein Ding durch und diese Eigenschaft konnte ich ja nur mögen. Ich lernte ihn in seiner Hip-Hop-Phase kennen. Til stand auf Run DMC, LL Cool J, Public Enemy und die Beastie Boys. Um dem Musikgeschmack Tribut zu zollen, lief er in hellblauen Stüssy-Pants mit tief heruntergezogenem Hosenbund rum, damit man auch ja die Boxershorts sehen konnte. Dazu trug er eine passende hellblaue Jacke, ein weißes T-Shirt, Caterpillars und ein Stüssy-Cap. Diesen Look trugen in den USA damals freiwillig nur afroamerikanische Rapper, deswegen fand ich es extrem strange. Genau wie meine amerikanischen Modelfreundinnen, die mich befremdet fragten: »Was genau soll das? Rappt er denn auch?«

Da schoss es mir durch den Kopf: Er hat keinen Stil, ist nicht erfolgreich und Geld hat er auch keins – aber ich finde ihn einfach toll. Na, das ist ja mal wieder typisch für dich, Dana.

Erst Duane, dann Dieter und nun Til. Alles super süße Typen, aber nicht gerade Durchstarter. Wie unrecht ich Til mit meiner Fehleinschätzung tat, erfuhr ich wenige Zeit später …

Irgendetwas hat auch er in mir zum Klingen gebracht – und als ich in sein Lausbubenlachen sah, war endgültig klar: »We are exclusive.« Ist klar, was das bedeutet, oder? »Wir sind ein Paar.«

HEISSE ZEITEN IN UNTERHOSEN

Wie mächtig ich ihn und seinen Erfolg unterschätzt hatte, bekam ich erst zu spüren, als *Der bewegte Mann* seine Premiere feierte und Til über Nacht berühmt war – und ich mit ihm.

Uns blieben wenige Wochen, in denen er »nur« der Bertie aus *Manta, Manta* war oder der Jo Zenker aus der *Lindenstraße*. Ein Erfolg, der sich sehen lassen konnte, nichts aber gegen den Sturm war, den seine Rolle des Frauenhelden Axel auslöste … Das wussten wir zu dem Zeitpunkt natürlich noch nicht.

Wir lebten in seiner drehfreien Zeit in Tils Kölner Wohnung und machten, was alle Verliebten tun: knutschen, Bettlaken zerwühlen, kurzum, die Nacht zum Tag. Freunden den letzten Nerv rauben, weil man aneinanderklebt und nur noch in Schmachtsprache vom anderen erzählt. Kichernd entdecken, welche Gemeinsamkeiten man hat: »Eros Ramazzotti? Den liebe ich. *Adesso tu* ist auch dein Lieblingssong? Kann ja nicht wahr sein«. Den anderen anhimmeln für jedes auch noch so unwichtige Wort, das er sagt – zum Beispiel, wenn Til mir Szenen aus verehrten Filmen elfmal vorspielte, dabei direkt vor dem Fernseher herumfuchtelte und begeistert rief: »Guck mal, hier, hast du das gesehen? Wie sich Robert De Niro da in *Taxi Driver* umdreht? Wahnsinn. Waaahnsinn.« Man selbst sieht nur eine kleine Geste, aber hey, man liebt den anderen und brüllt: »Boah, du hast recht. Un-be-lievable.« Dazu kam ein weiterer Antrag von Til. »Lass uns morgen nach Kopenhagen fahren und dort heiraten«, sagte er eines Abends aus einer Laune heraus. Ich hatte ihm erzählt, dass meine Urgroßmutter aus der Stadt stammte, und nun fand er diese Vorstellung super romantisch. Ich auch. Ich zweifelte ohnehin nicht mehr an seinen Gefühlen, wünschte mir mittlerweile ein Leben an seiner Seite. Aber ohne meine Familie heiraten? Nein, das wollte ich nicht. Außerdem, klammheimlich sehnte ich mich nach einem traditionellen Antrag – mit Kniefall und Ring oder etwas Ähnlichem.

»Ich liebe dich«, sagte ich zu ihm. »Aber lass uns noch ein bisschen sehen, wie es zwischen uns läuft.« Die ersten sechs Monate sind ja wie eine Testphase, in der man sieht und erfühlt, ob man wirklich gut zueinanderpasst. Lässt das Verliebtsein wieder nach, weil alles nur ein kurzes Strohfeuer war? Wie fühlt sich der Alltag miteinander an? Wie der erste Streit?

»Was hältst du davon«, schlug ich vor, »wenn ich jetzt erst einmal deine Familie kennenlerne?« »Okay«, antwortete Til. »Nur mach dich drauf gefasst, dass mein Vater sofort testet, wie belesen du bist, was du von Bill Clintons Politik hältst und welche Bildung du hast.« Dann schaute er mich an, strich mir zärtlich eine Haarsträhne hinters Ohr und flüsterte: »Aber ich bin mir sicher, dass du ihn mit deinem Lächeln in einer Sekunde um den Finger wickeln wirst.«

Til kam aus einem Lehrerhaushalt in Heuchelheim, in der Nähe von Gießen: Seine Mama Monika unterrichtete Geschichte, sein Vater Herbert war Oberschullehrer an der Schule, an der auch Til und seine Brüder Florian und Nik das Abitur gemacht hatten. Natürlich hatten wir uns gegenseitig schon jede Menge über unsere Familien und unsere Kindheit erzählt – so wusste ich um Tils angespanntes Verhältnis zu seinem Vater.

Wie sehr ihn die Verklemmtheit, die gelehrten Ansichten, der ewig zelebrierte Sonntagsspaziergang und die picobello aufgeräumte Bücherwand nervten.

Papa Herbert wiederum missfiel es, welchen Weg Til beruflich eingeschlagen hatte. Im Gegensatz zu mir hat Til einen ziemlich guten Schulabschluss hingelegt und hätte alles machen können. Er beschloss zunächst, ebenfalls Lehrer zu werden. Bis plötzlich die Rede von einer Lehrerschwemme war und Til keine Lust hatte, in die Arbeitslosigkeit reinzustudieren. Nach einem Semester Germanistik brach er ab und fing mit einem Medizinstudium an. Das wiederum war der Traum seines Vaters. Der hatte nämlich selbst gern Arzt werden wollen – und eine Zeit lang sah es so aus, als ob dieser unerfüllte Wunsch von einem seiner Söhne gelebt werden würde …

Genau drei Semester lang standen alle Zeichen auf Dr. med., dann entdeckte Til seine Liebe fürs Schauspiel: Den entscheidenden Ausschlag gab sein Job in einer Kneipe in Gießen, in der sich oft Theaterschauspieler trafen. Einer von ihnen meinte, Til habe Talent. Motiviert durch diesen Zuspruch bewarb er sich an elf Schauspielschulen, bevor er eine Zusage aus Köln bekam. Zwei abgebrochene Studiengänge waren schon schlimm, aber dann noch einer brotlosen Kunst nachzugehen – beim Vater brach eine Welt zusammen. Er schickte Til Zeitungsausschnitte von arbeitslosen Schauspielern zu, schlief beim ersten Theaterstück seines Sohnes prompt ein und weigerte sich, die *Lindenstraße* zu gucken.

Tils erster Kinofilm *Manta, Manta* ging in seinen Augen natürlich gar nicht. Der Sohn in der Rolle des intellektuell minderbemittelten Vollproleten, der sich mit aufgemotzten

Autos und Friseusen umgab – das hatte sich Papa Schweiger wohl nicht erträumt.

Ich rechnete also mit einer strengen Vaterfigur, aber das kannte ich ja selbst. Insgeheim beneidete ich Til ein bisschen: Immerhin machte sich da jemand Sorgen um die Zukunft seines Sohnes. Und auch die Diskussionen über Politik, Feuilleton oder Wirtschaft am Abendbrottisch stellte ich mir toll vor. Er lachte nur, als ich das sagte, und meinte, er hätte sich gewünscht, einfach mal nur über Autos oder Reparaturen zu reden oder darüber, wer gleich zu Gast bei David Letterman ist, wie es bei mir beim Essen der Fall gewesen ist. Wie heißt es so schön: »The grass is always greener on the other side« oder »Die Kirschen in Nachbars Garten schmecken immer etwas süßer«.

Ich bin trotzdem ein wenig nervös gewesen, doch dazu bestand gar kein Grund – ich wurde von Anfang an herzlich aufgenommen. Wie angekündigt haben Tils Eltern mich mit Fragen gelöchert: »Woher kommst du? Was machen deine Eltern? Was machst du gerade? Ah, Model … Und später? Wieso trägst du nur T-Shirt und Unterhose bei uns im Garten?«

Weil die Temperaturen über 30 Grad kletterten und ich so doof gewesen war, eine Jeans anzuziehen. Also habe ich sie einfach ausgezogen und lief in Calvin-Klein-Männerunterhose durch den Garten der Schweigers. Ich dachte: Ob ich nun im Badeanzug hier herumsitze oder in T-Shirt und Unterhose – wo ist da der große Unterschied? Natürlich durfte ich mir sämtliche Fotoalben anschauen mit Klein-Til, während Katze Minka auf meinem Schoß schnurrte. Wir schliefen in Tils Jugendzimmer und er erzählte mir, wie behütet er aufgewachsen ist – keine Cola, kein Fernseher, pädagogisch wertvolle Spielsachen – und wie er sich aus diesem Konstrukt rauszwängte, indem er keiner Rauferei aus dem Weg ging, wenn er als »Lehrersöhnchen« beschimpft wurde, auf dem Fußballplatz die meisten Platzverweise bekam und sich im Garten sein eigenes kleines Fitnessstudio baute, wo er jeden Morgen trainierte, um so zu werden wie sein damaliges Vorbild Arnold Schwarzenegger.

Am nächsten Tag haben wir alle gemeinsam einen Fahrradausflug gemacht, um die Umgebung kennenzulernen. Als wir im Biergarten einkehrten, wurde die Stimmung richtig entspannt. Tils Vater mochte Jazz und so konnte ich ihn damit beeindrucken, wen ich in Seattle alles live in concert hatte jammen sehen. Und natürlich ließ ich nicht unerwähnt, dass ich in meiner Jugend den Haushalt geschmissen und mich selbst versorgt hatte und immerhin bei Swiss Skin Care studiert und eine internationale Lizenz hatte. Das Model war also nicht nur hübsch …

Ist doch klar, dass man die Eltern der neuen Liebe beeindrucken will und dass sich alle nach Kräften bemühen. Erst später fallen einem die Dinge auf, die man vielleicht doof findet. Wenn man beispielsweise ungefragt Tipps zur Erziehung der Kinder über sich ergehen lassen muss – tja, wer mag das schon … Aber ich fand, dass ich es mit Tils Familie richtig gut getroffen hatte. Ich denke, ihnen ging es ähnlich, denn als Til fragte, ob er sich Papas Golf für zwei Wochen ausleihen dürfe, um mit mir nach Sardinien zu fahren, sagten sie Ja. Keine Selbstverständlichkeit, wie er mir versicherte.

Til hatte zu dem Zeitpunkt einen alten Peugeot 205 ohne Klimaanlage und wir dachten, es wäre doch irgendwie netter, nicht auch noch in Unterhosen in den Urlaub zu fahren.

»Habt ihr für die Fähre rüber nach Sardinien denn schon einen Platz gebucht?«, fragte seine Mutter noch, aber Til winkte ab. »Mama, wir wollen spontan sein. Lass mal.« Sein Vater übergab ihm den Schlüssel mit den Worten: »Du weißt ja: Nicht im Wagen rauchen.«

Im Gegensatz zu Tils Wagen, in dem Red-Bull-Dosen lagen, die gestapelt vermutlich einmal um die Erde gereicht hätten, sah der Golf aus, als wäre er gerade frisch vom Band aus Wolfsburg geliefert worden.

Unser erster gemeinsamer Urlaub lief sich etwas ruckelig an. Wie hieß dieses Buch, das damals so ein Bestseller wurde? *Männer sind vom Mars, Frauen von der Venus!* Unsere Vorstellung einer Urlaubsreise hätte auch eins der Beispiele daraus sein können. Meine Idee: leichter Fahrtwind im Haar, schmachtende Blicke Richtung Fahrer, dazu Eros-Ramazotti-Musik, kleine feine Picknickpausen und vielleicht eine Zwischenübernachtung in der Toskana. Alles ganz romantisch und entspannt. Tils Umsetzung: mit Höchstgeschwindigkeit zu ohrenbetäubenden Technobeats durchbrettern. Gleich außerhalb des elterlichen Sichtbereichs zündete er sich eine Zigarette an, die stetig durch eine neue ersetzt wurde. Nach nur neun Stunden kamen wir in Livorno an, völlig überdreht-erschöpft – und mussten uns schön von den italienischen Ticketverkäufern an der Fähre auslachen lassen. »Was, Sie haben kein Ticket, Signore? Wir sind die nächsten drei Wochen ausgebucht. Scusa …«

Hatte Mama Schweiger recht gehabt mit ihren Bedenken, wie Mütter ja eigentlich immer recht haben (nicht mit den Augen rollen, Kinder!).

Weil wir ja ach-so-spontan waren, sind wir kurzerhand nach Pisa gefahren. Den Schiefen Turm gesehen zu haben, fand ich zwar schön, aber mein nicht ganz so spontaner Kopf trauerte noch der Vorstellung hinterher, an karibisch anmutenden Sandstränden zwischen Pinien und Palmen zu liegen. Stattdessen hatten wir schwitzigen Körperkontakt mit Tausenden von Touristen, denn Pisa ist winzig und hielt schon in den 90ern dem Zustrom an Reisenden kaum stand. Weil es so unerträglich heiß war, legten wir uns über die Mittagsstunden im Hotelzimmer nackt auf die Laken. In der Regel nicht, weil wir übereinander herfallen wollten, sondern weil dieser Zustand bei der Hitze die einzige erträgliche Option war. Kalt duschen wäre natürlich auch schön gewesen, aber aus der Dusche kam leider nur warmes Wasser …

Zum Glück stand noch der Programmpunkt an, Tils Tante zu besuchen. Die Schwester seiner Mutter hatte ja einen Italiener geheiratet und wohnte mit ihm in Toblach, einer kleinen Stadt in Südtirol. Sie besaßen ein kleines Ferienhaus, in das wir uns einquartieren durften. Endlich Urlaub nach meinem Geschmack, mit Waldwanderungen und Badesessions im Bergsee. Da bin ich echt in Heaven gewesen. Die idyllische Natur machte selbst aus Techno-Til wieder meinen ruhigen, entspannten Freund, wie ich ihn liebte.

Nach unserem Urlaub sah das Auto ziemlich übel aus. Der Aschenbecher quoll über und den Boden konnte man vor Krümeln und Dosen auch nur noch erahnen. Til hätte den Wagen so abgegeben, aber ich habe gesagt: »Das können wir deinen Eltern nicht antun.« Wir haben ihn an der nächsten Raststätte erst mal gründlich geputzt. Ich habe mit meiner Kamera ein

Beweisfoto geschossen und Til gesagt: »Wenn du mal nicht nett zu mir bist, zeige ich das deinem Papa.«

Alles in allem empfand ich den Sommer 1994 als geradezu magisch. Sogar ein Hoch wurde nach Til benannt. Okay, eigentlich hieß es Berti, aber es sorgte fünf Wochen für Hitzerekorde. Es war so heiß, dass Eis und Mineralwasser knapp wurden und Ventilatoren ausverkauft waren. Erst schrien noch alle »Hurra, endlich mal wieder ein richtiger Sommer!«, später stöhnten dieselben Menschen unter der tropischen Hitze. Typisch deutsch, übrigens. Niemand kann so gut übers Wetter lamentieren und jammern wie die Deutschen. Zu kalt! Zu heiß! Jetzt kann aber mal Frühling werden. Ich freu mich auf den Winter … Wie viel Raum Wettersmalltalk hierzulande einnimmt, finde ich bis heute amüsant. Für den Beginn einer neuen Liebe war das Wetter perfekt. Alles ist so schön leicht und beschwingt und die hohen Temperaturen spiegelten nur meine eigene innere Hitze wider: Ich glühte vor Verliebtheit und Til erging es ähnlich. Und wie heiß er aussah, so durchtrainiert und gebräunt!

Mit der Filmpremiere von *Der bewegte Mann* begann dann ein neues Kapitel für Til und mich. Es war ein Donnerstag im Oktober und ich kam gerade aus Wien wieder, da verkündete er: »Heute Abend ist die Premiere meines neuen Films!« Keine Ahnung, wie lange er das schon wusste, sicher nicht erst seit eben. Ich hatte keinen blassen Schimmer, was ich anziehen sollte, weil ich nicht für alle Fälle ein Abendkleid dabeihatte. Das hätte ich mir allerdings angewöhnen sollen, denn Til machte das immer wieder so. Ob beim Filmfest München, bei der Bambi-Verleihung und sogar später bei

Damals im Kindergarten
mit Haarspange und
zahnlosem Lächeln

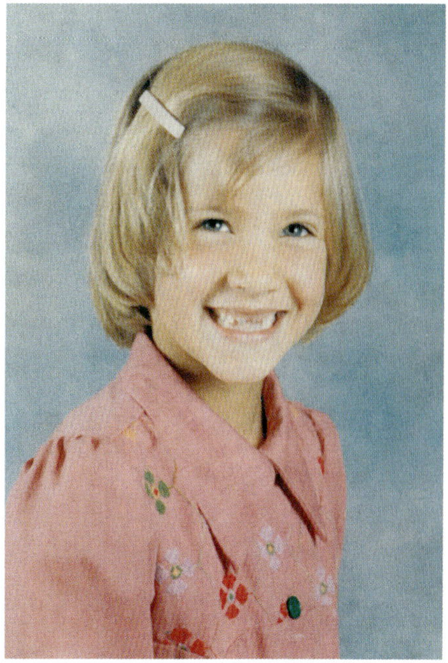

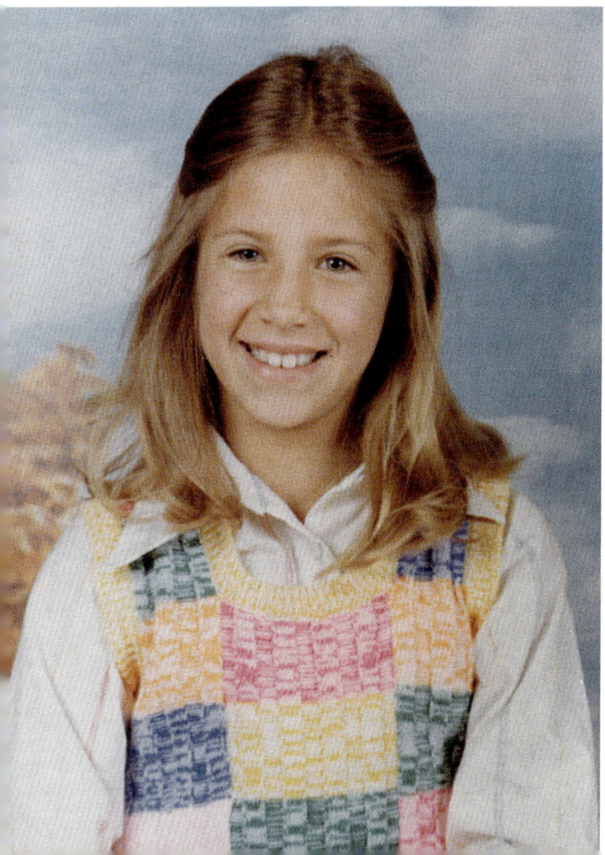

Ein Bild aus meiner
Grundschulzeit

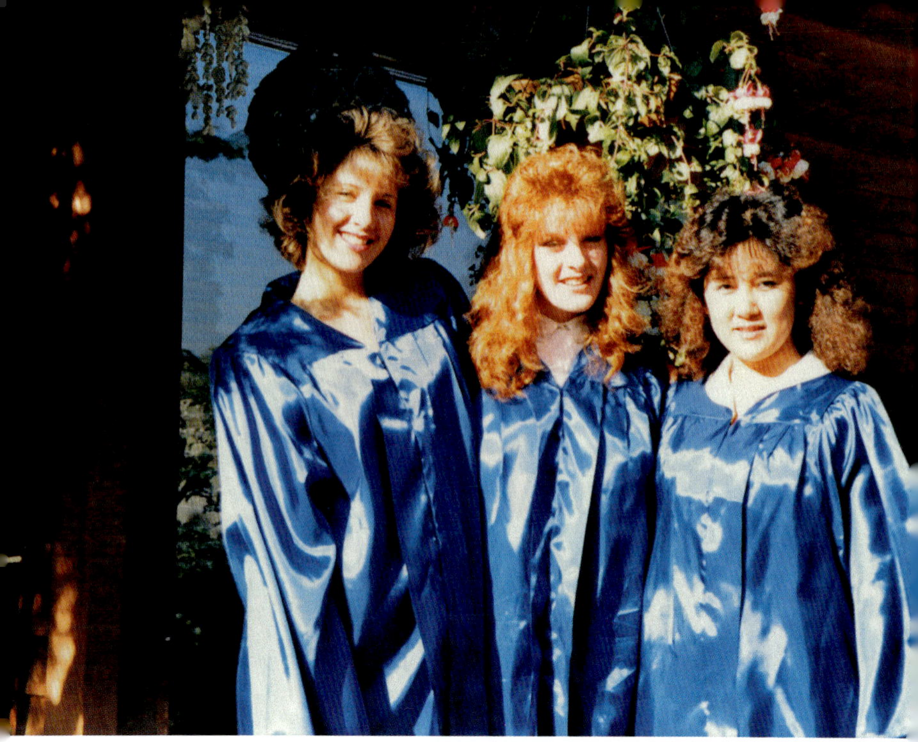

Oben: Bei meinem Highschool-Abschluss 1986 mit zwei Freundinnen

Rechts: Highschool-Dance-Date mit meiner Schwester Erica (links)

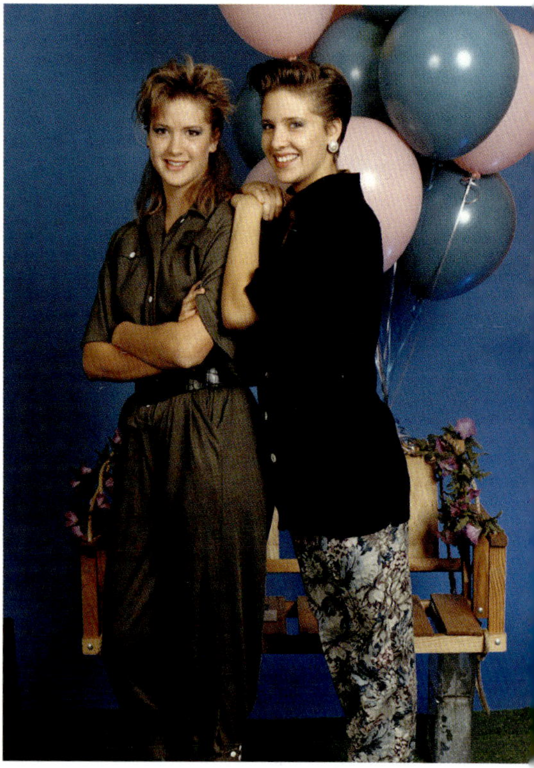

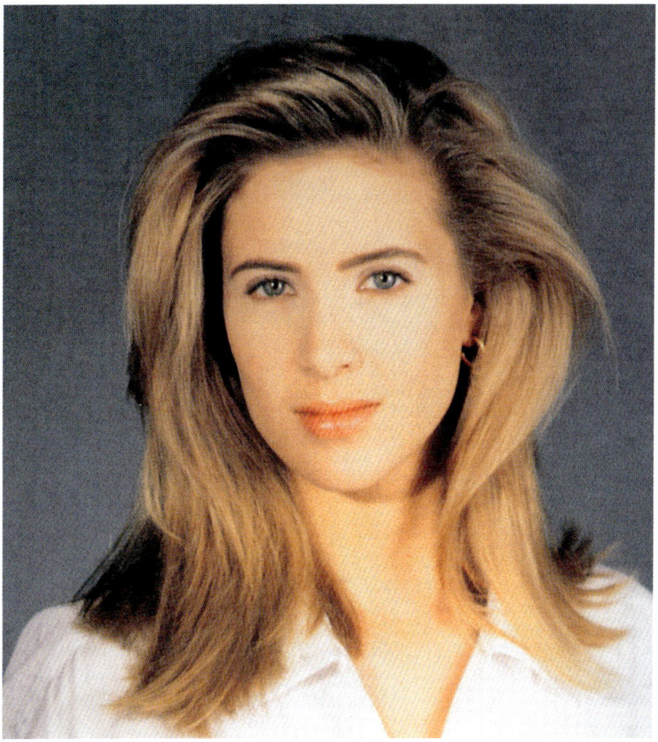

Durch Zufall bin ich an einige Modeljobs in Japan gekommen und hatte dort eine sehr prägende und spannende Zeit. Dieses Bild ist aus meiner Sedcard, mit der ich mich überall vorgestellt habe.

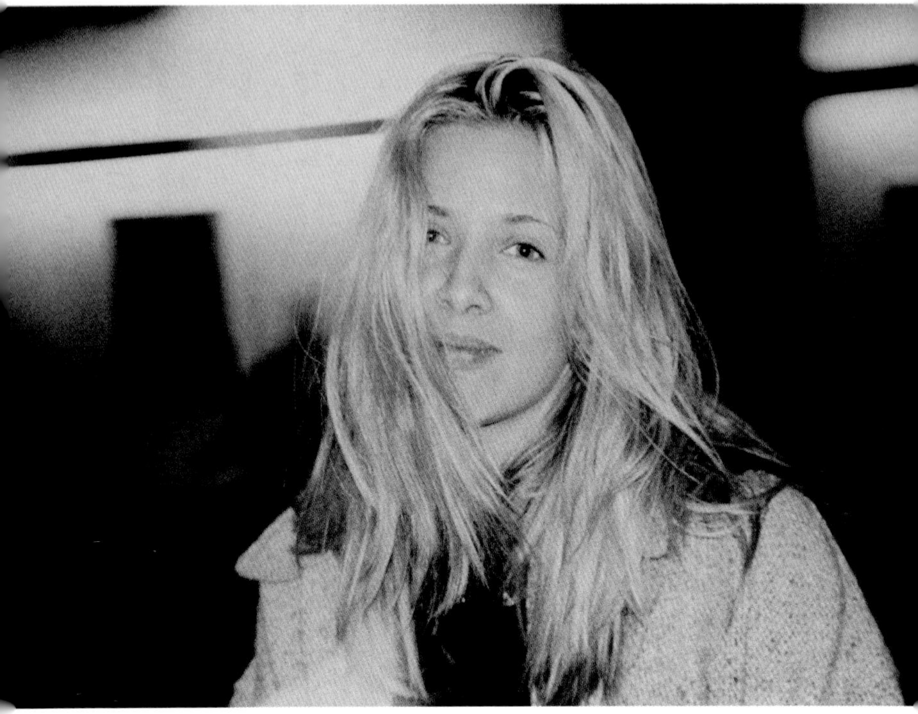

Oben: Ich in Deutschland 1993, wo ich für einen Modeljob und wegen eines Ex-Freundes gelandet bin. Kurz zuvor habe ich Til kennengelernt.

Rechts: Dieses Bild aus meiner Sedcard wurde bei einem Shooting in Frankfurt gemacht. Anschließend besuchte ich Til in seiner Schauspieler-»Suite«, die sich leider eher als Abstellkammer herausgestellt hat.

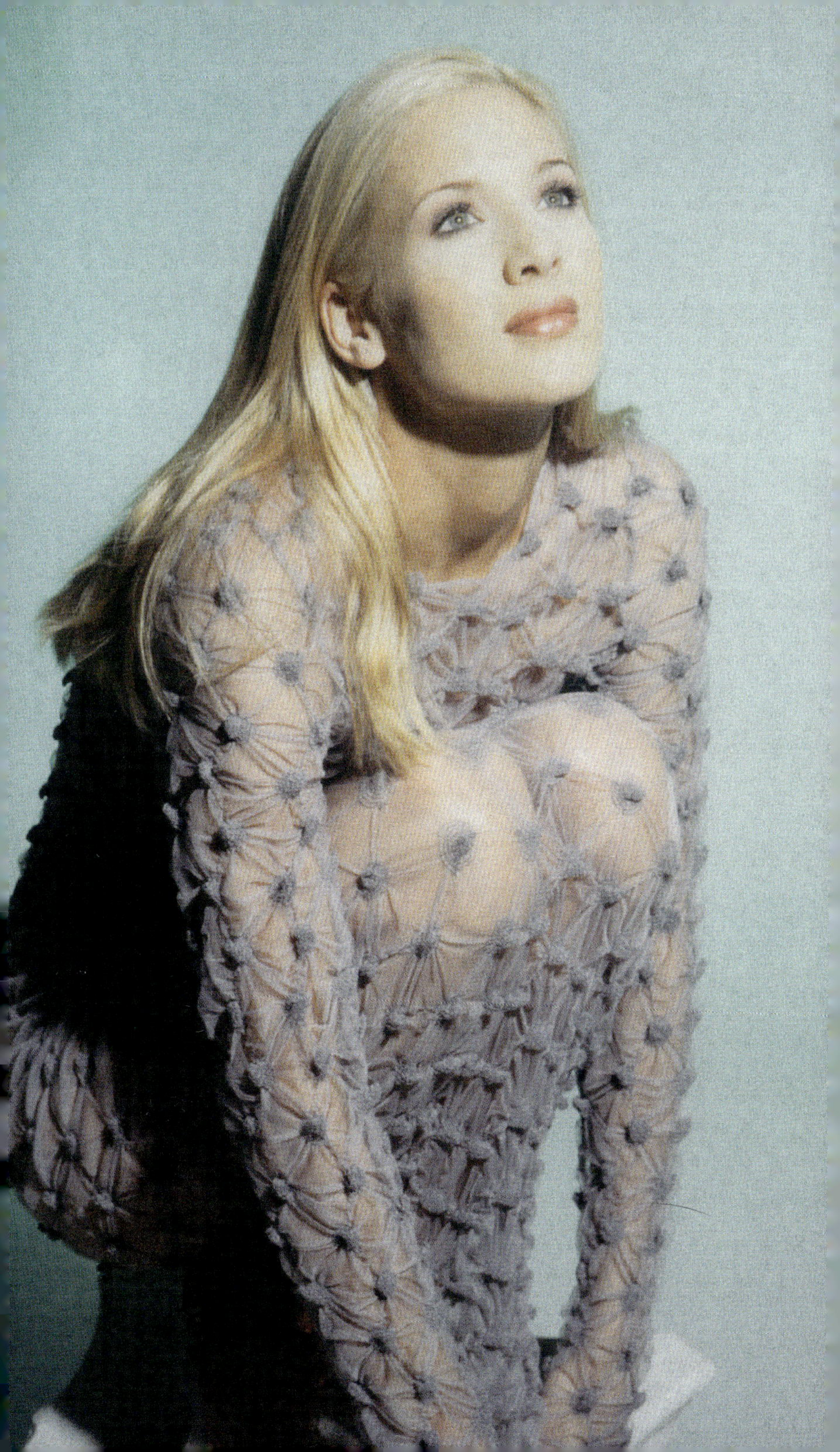

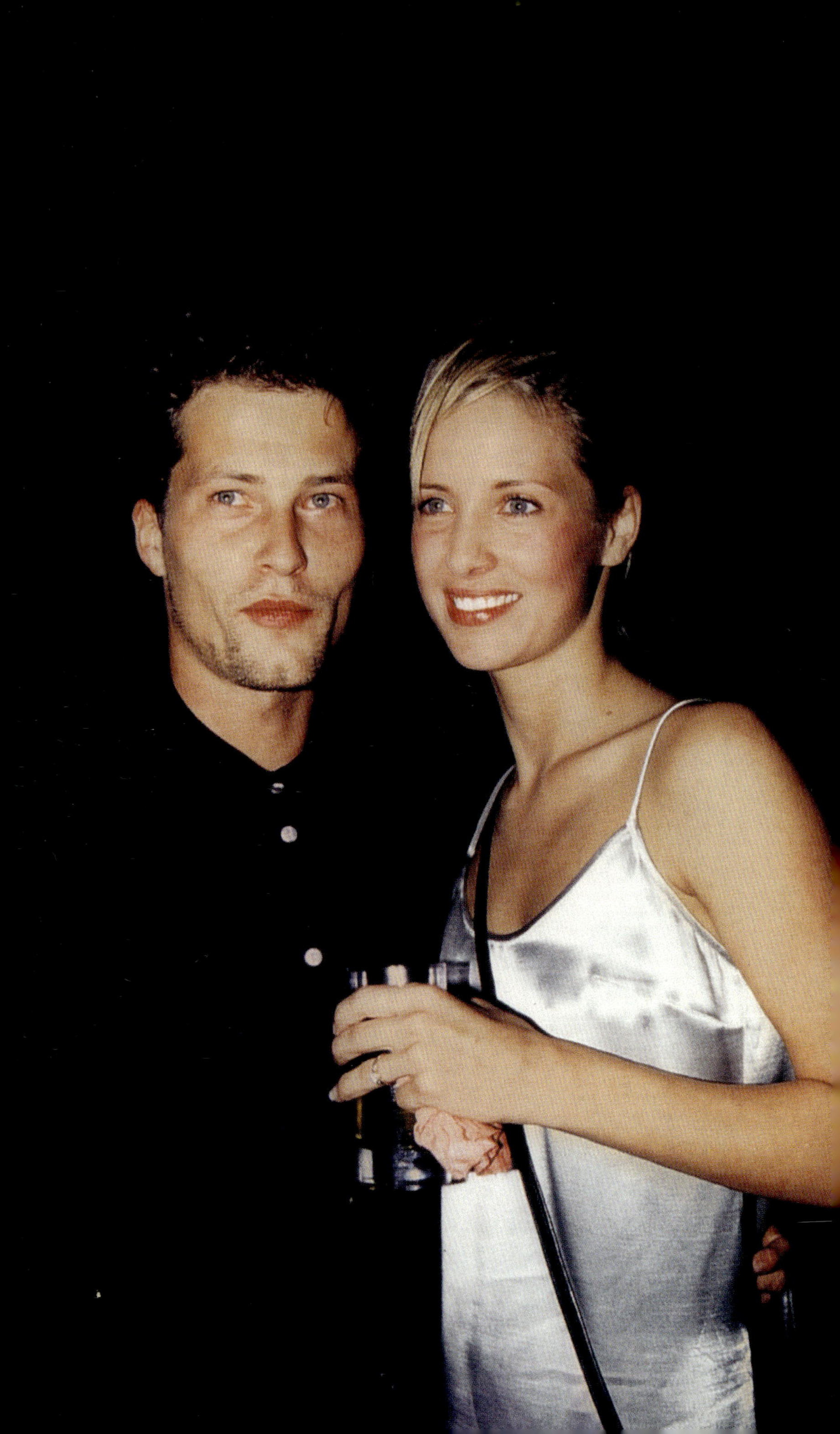

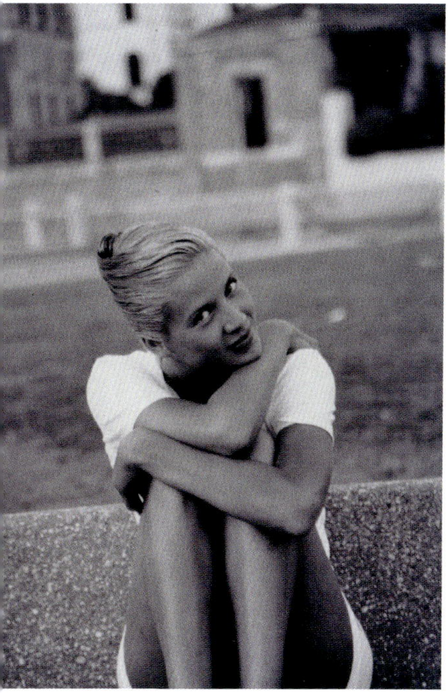

Während Tils und meiner Italien-Reise nach Pisa und Südtirol

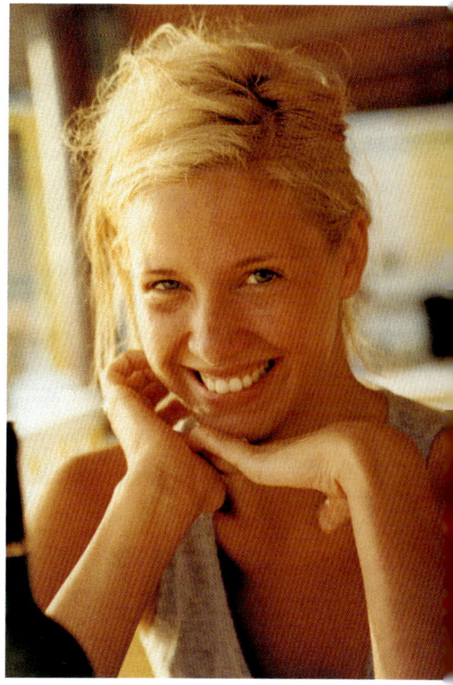

Links: Til und ich 1994 bei der Premiere von *Der bewegte Mann*, zu der ich aus Graz angereist bin

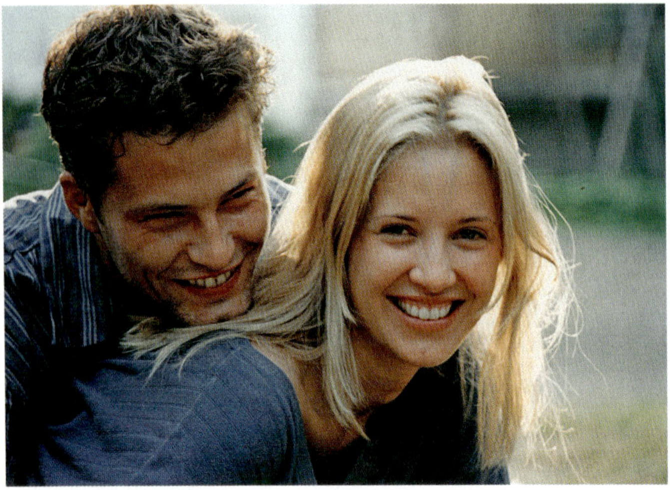

Til und ich im Garten seiner Eltern, als er mich das erste Mal mit dorthin nahm

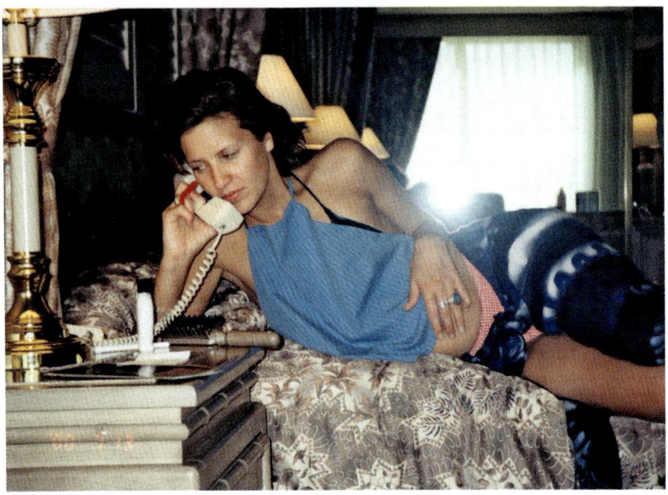

Als ich mit Valentin hochschwanger war, verbrachte ich die Tage vor der Geburt im Four Seasons in Berlin, wo Til den Film *Männerpension* schnitt. Unser Zimmer lag direkt neben dem der Rolling Stones, an deren Security sehr schwer vorbeizukommen war.

Rechts: Mein geliebtes Surfbrett am Strand von Malibu

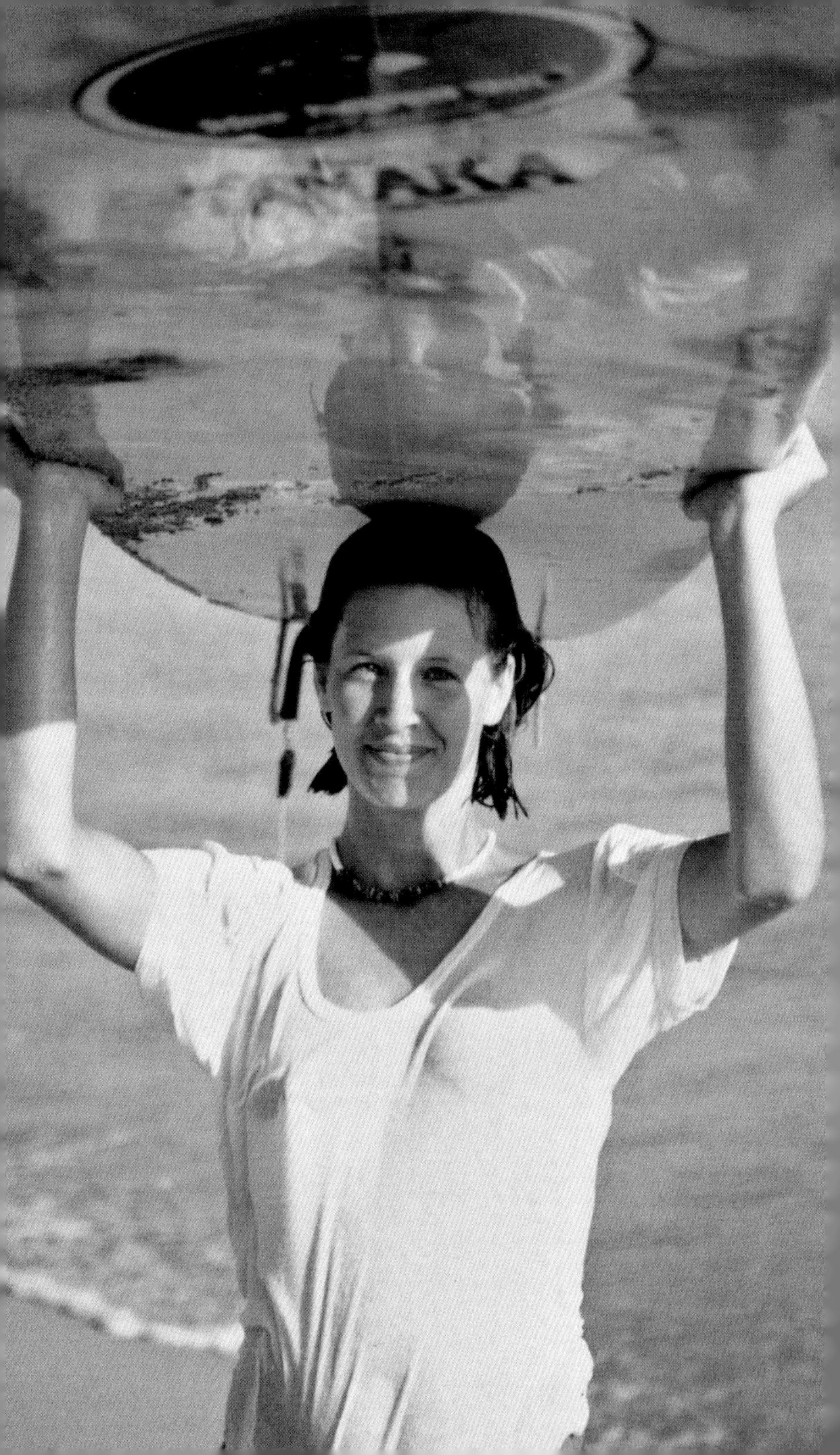

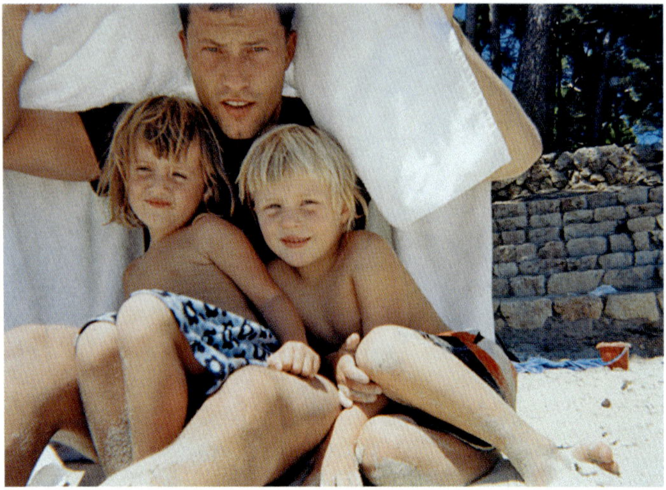

Til, Lilli (links) und Luna während unserer Mallorca-Reise im Jahr 2001

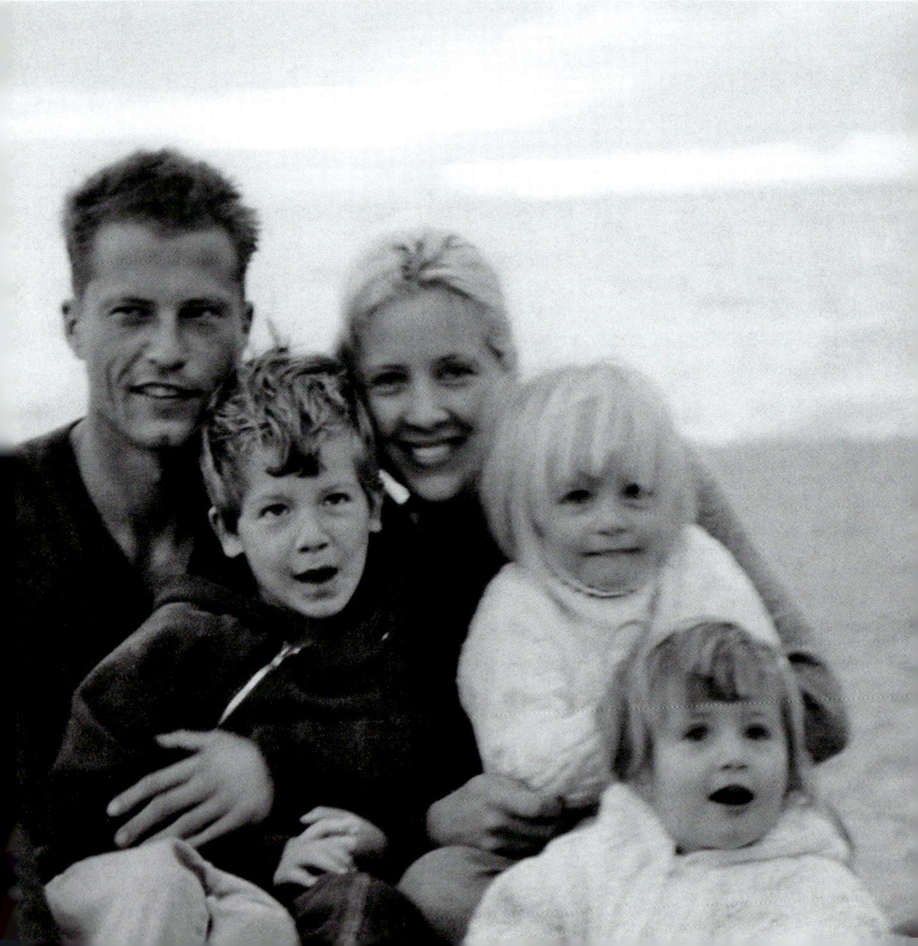

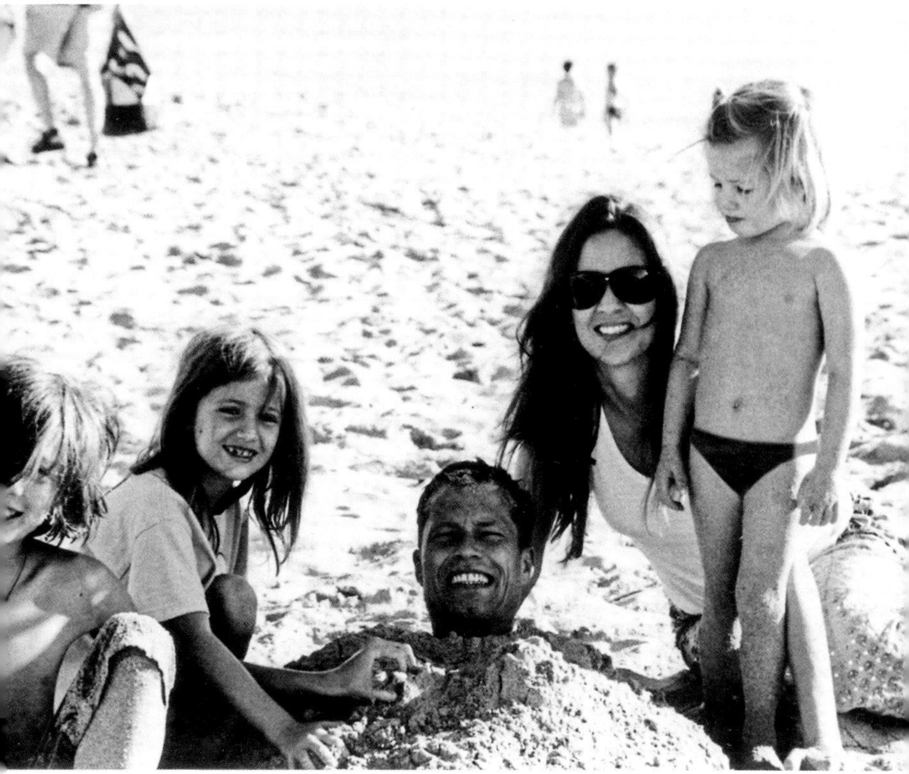

Am Strand von Malibu: Valentin, Lilli, Til, ich und Emma (v. l.)

Links: Til, Valentin, ich,
Luna und Lilli am Meer

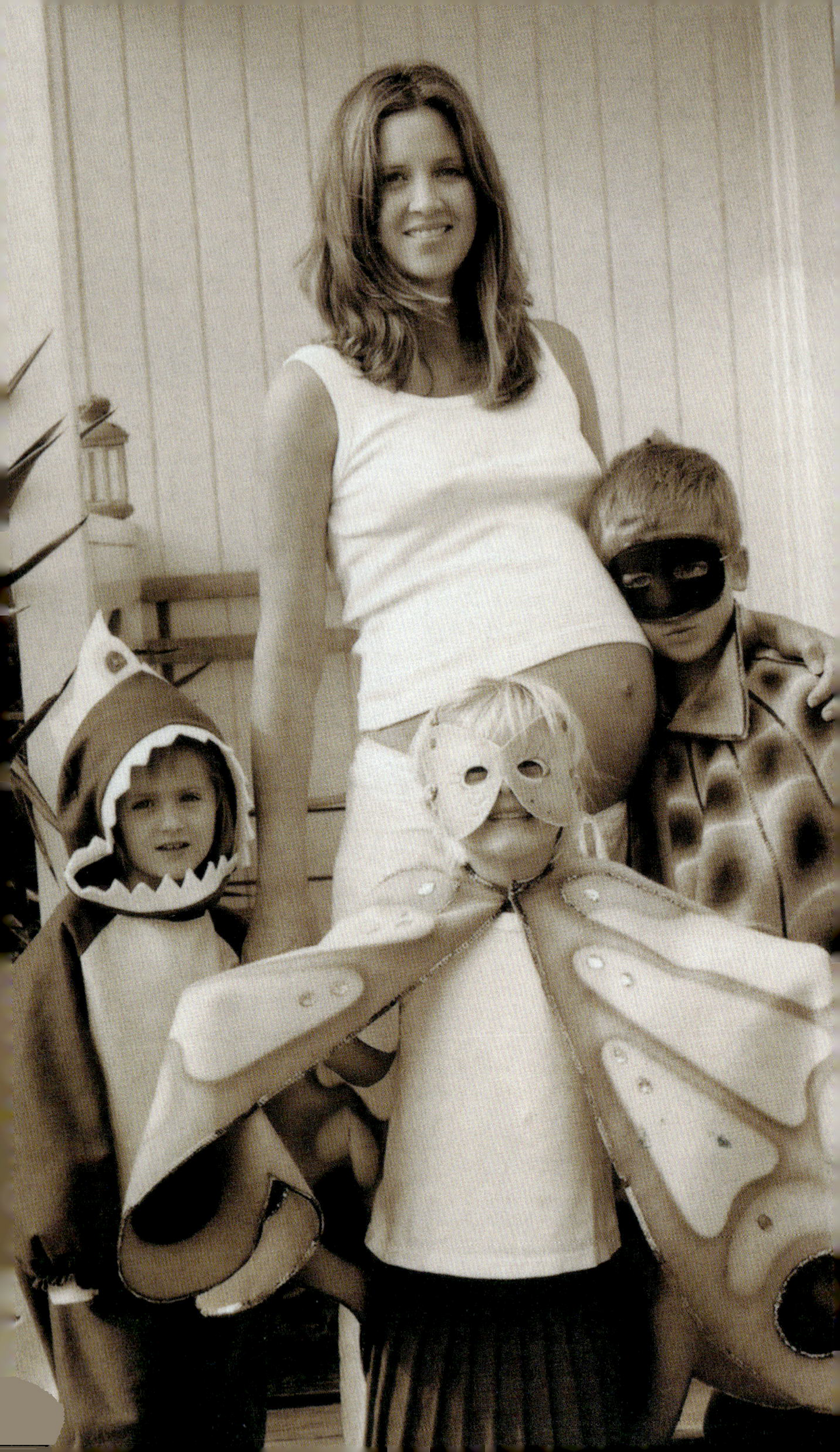

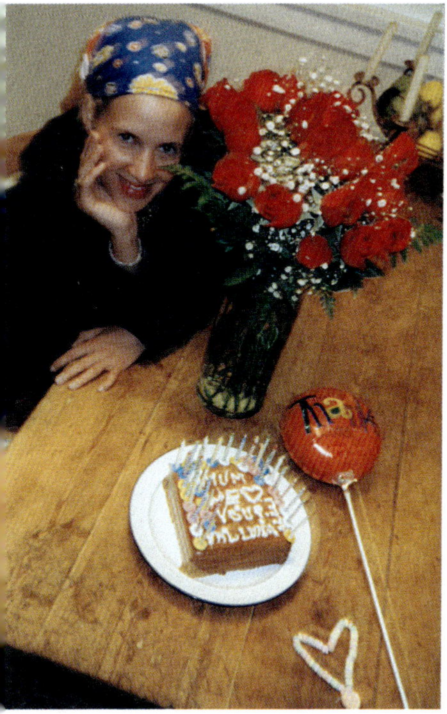

Zu meinem Geburtstag in Malibu dekorierten mir die Kinder meinen Geburtstagstisch und backten einen wunderbaren Kuchen.

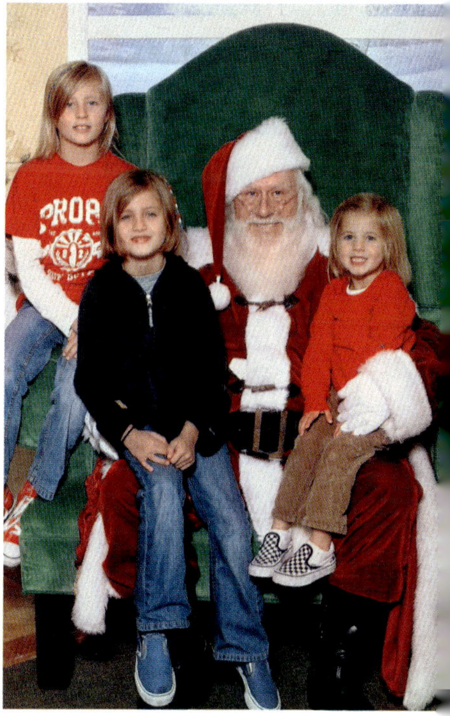

Luna, Lilli und Emma (v. l.) beim Besuch des Weihnachtsmannes in den USA

Links: Kurz vor Halloween 2002 war ich hochschwanger mit Emma. Die Kostüme hat meine Mutter genäht.

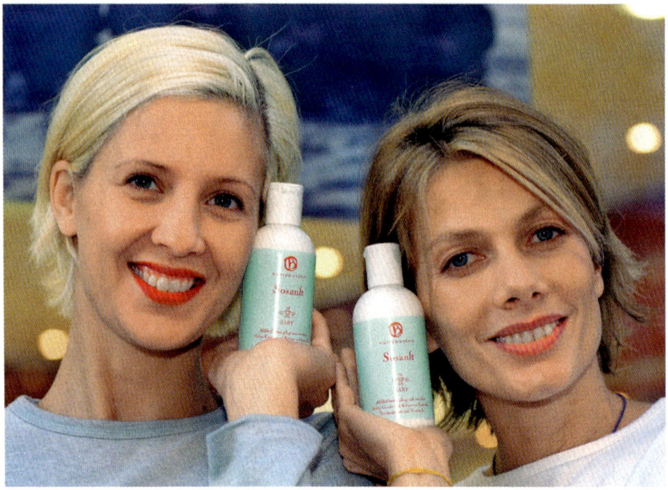

Ursula und ich bei einem Fototermin für Bellybutton 1999 in Berlin

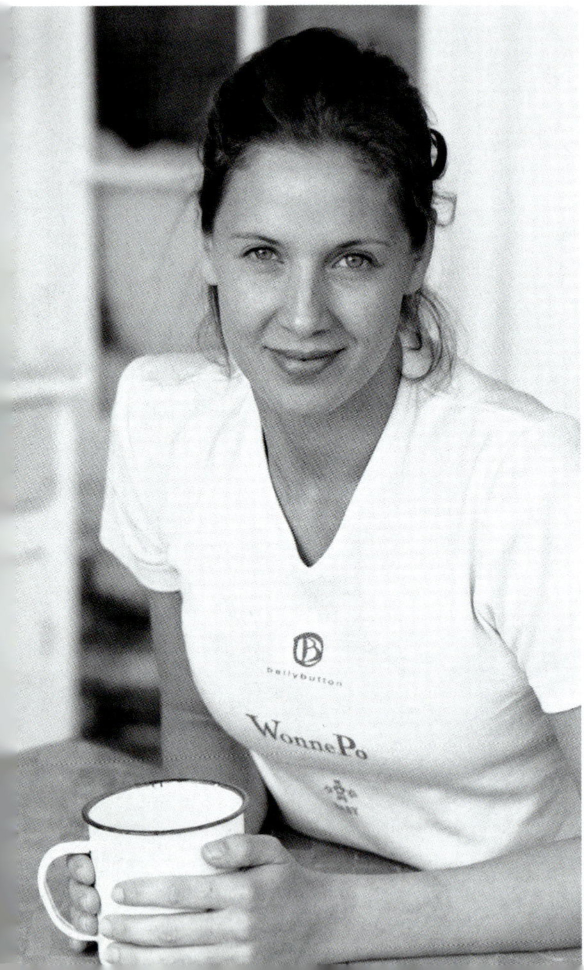

Die Bellybutton-Shirts habe ich spontan entworfen und wir sind alle immer damit rumgerannt. Im Prinzip habe ich Schleichwerbung erfunden.

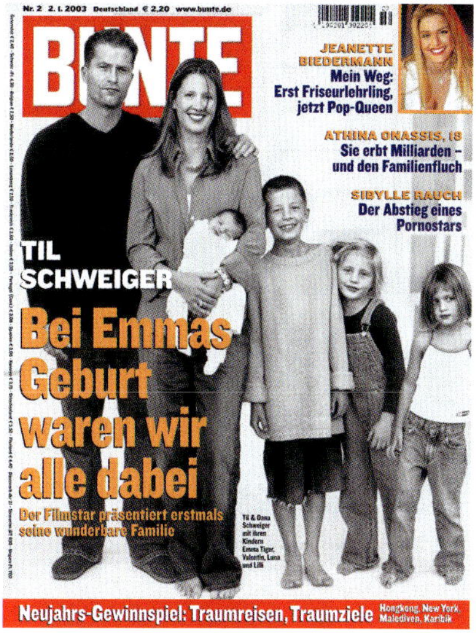

Nr. 2 2. 1. 2003 Deutschland € 2,20 www.bunte.de

BUNTE

JEANETTE BIEDERMANN
Mein Weg:
Erst Friseurlehrling, jetzt Pop-Queen

ATHINA ONASSIS, 18
Sie erbt Milliarden – und den Familienfluch

SIBYLLE RAUCH
Der Abstieg eines Pornostars

TIL SCHWEIGER
Bei Emmas Geburt waren wir alle dabei
Der Filmstar präsentiert erstmals seine wunderbare Familie

Til & Dana Schweiger mit ihren Kindern Emma Tiger, Valentin, Luna und Lilli

Neujahrs-Gewinnspiel: Traumreisen, Traumziele Hongkong, New York, Malediven, Karibik

Im Jahr 2003, nach Emmas Geburt, zeigten wir in der Neujahrsausgabe der *Bunten* der Öffentlichkeit das erste Mal unsere ganze Familie. Meine Bedingung war allerdings, es bei einem Schwarz-Weiß-Bild zu belassen – so entstand das erste schwarz-weiße Cover der *Bunten* in 55 Jahren.

Auf einer Motorradtour mit meinem damaligen Freund Marius in Norddeutschland. Mit ihm habe ich das Personality-Format *Simply Dana* gedreht.

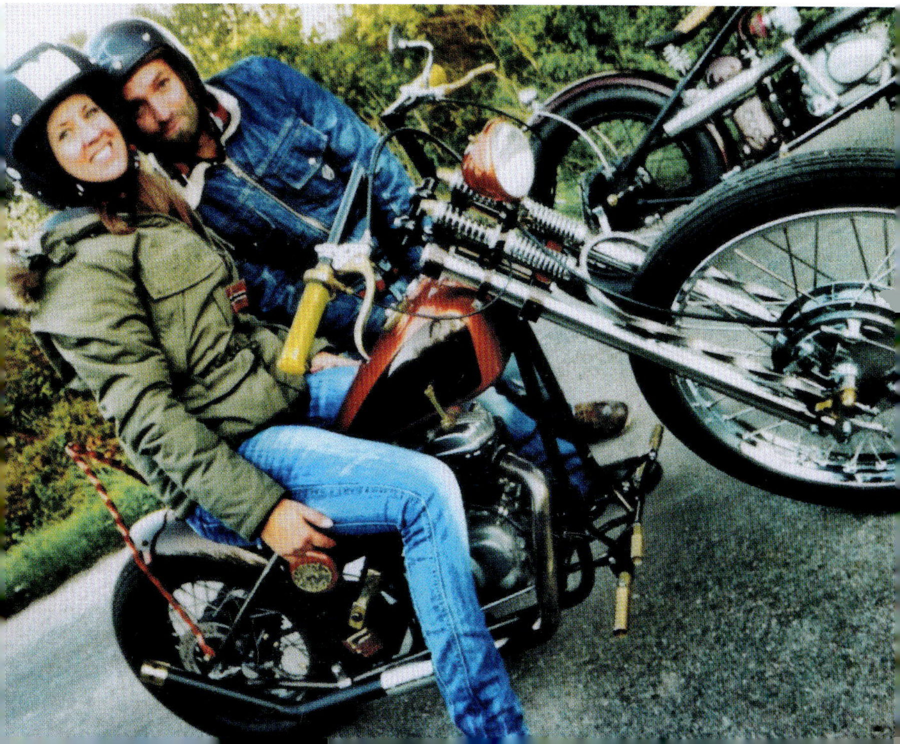

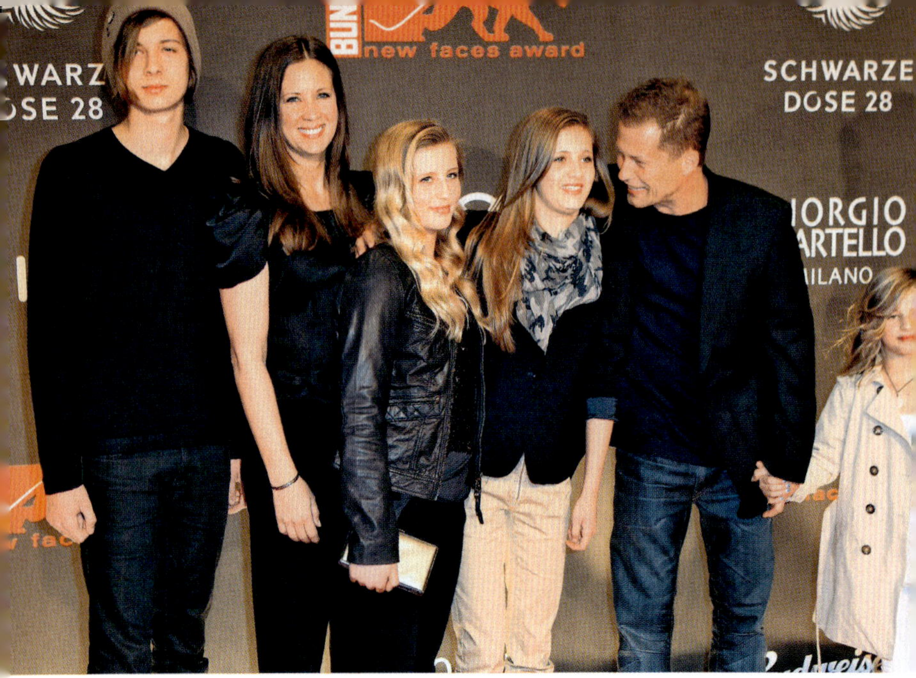

Die ganze Familie beim New Faces Award in Berlin:
Valentin, ich, Luna, Lilli, Til und Emma (v. l.)

Während einer
Charity Gala 2005
in Hamburg

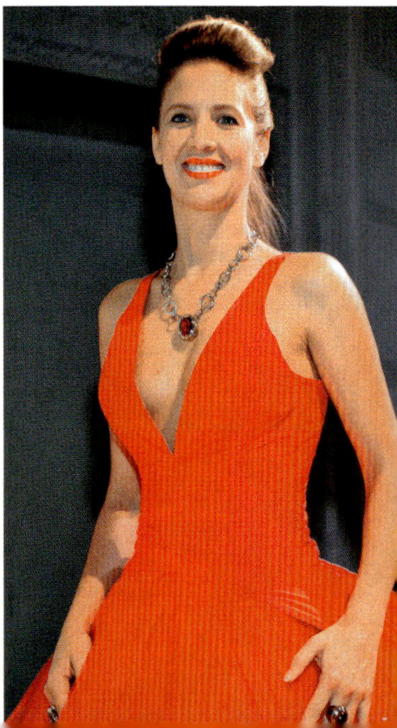

unserer standesamtlichen Trauung, auf einmal hieß es: »Übrigens, heute ist Dies-und-jenes-Fest und alle sehen gut aus, nur du nicht …« Die Fotos von damals beweisen es. Ich hätte Til für seine Unbedarftheit schlagen können, aber er liebte besonders meine Natürlichkeit und zuckte nur mit den Schultern, wenn ich mich aufregte: »Ich finde, du siehst super scharf aus. Langt doch!«

Im Falle der Premiere konnte ich aber »noch« entspannt sein, denn die Filmfirma veranstaltete nur eine kleine Feier. Ich habe die Handlung an dem Abend nur halb verstanden, aber das Publikum lachte wahnsinnig viel und Til hielt stolz und schwitzend meine Hand. Vorher hatte er mir noch erklärt, dass er den notorischen Fremdgeher Axel spielte, der in eine Schwulen-WG einzieht, wodurch seine schwangere Freundin Doro denkt, er sei ebenfalls schwul. »Wird ohnehin kein großer Erfolg«, spielte Til das Ganze herunter. »Die Deutschen haben es nicht so mit guten Komödien.«

Bisher. Diesen Film schauten sich 6,5 Millionen Menschen an. Ein Wahnsinnserfolg – nach *Der König der Löwen* und *Forrest Gump* war er der erfolgreichste Film des Jahres. *Schindlers Liste*, *Vier Hochzeiten und ein Todesfall* und *Mrs. Doubtfire* kamen dahinter. Selbst sein Vater gratulierte Til. Mittlerweile liest er übrigens jedes Skript seines Sohnes.

Über Nacht avancierte Til zum Sexsymbol, weil er nackt auf einem Wohnzimmertisch zu sehen war. Die Hälfte der weiblichen Journalisten ließen sich über seinen Körper und den »Knackarsch« aus, wie mir meine presselesenden Freundinnen berichteten. *Bunte*, *Gala* und *Bild* rissen sich um Fotos von Til auf Partys und aus seinem Alltag – mit unserer entspannten

Zeit war es somit vorbei. Wir lebten auf einmal unter ständiger Beobachtung, unsere verliebte, entspannte Zweisamkeit existierte außerhalb der Wohnung nicht mehr. Sicher kein Vergleich zur Situation anderer Promis, aber mir hat die Fotografenbelagerung gelangt. Als Model war ich es zwar gewohnt, fotografiert zu werden, aber im gegenseitigen Einverständnis. Und nur sehr selten erkannte mich auf meinen Bildern überhaupt jemals jemand. Besonders am Anfang litt ich unter dem explodierenden Medieninteresse. Ich wusste ja gar nicht, wie mir geschieht. Es gibt sicher Menschen, die denken: Ach, jetzt beschwert sie sich auch noch. Aber ich hatte mir diesen Zustand schließlich nicht ausgesucht. Man muss es sich mal so vorstellen: Auf einmal gibt es kein »Nur-schnell-Einkaufen-Gehen« oder »Egal- die-Haare-wasche-ich-morgen« mehr. Plötzlich wurde Til überall erkannt. Wildfremde Menschen sprachen uns auf der Straße an, wussten gefühlt mehr von ihm als er selbst und manche bekamen sogar einen Tränenausbruch, wenn sie ihn nur sahen. Und ganz ehrlich: die Frauen … Das war die krasseste Erfahrung für mich. Was da plötzlich abging. Junge Frauen warfen Til Blicke mit allen Nuancen zu, die die weibliche Verführung so parat hat, mich aber checkten sie missbilligend von oben bis unten ab, so nach dem Motto: »Was will er denn mit DER? Die trägt ja nicht mal ein Cocktailkleid …« Wenn wir auf Partys gingen und ich ihm eine Sekunde den Rücken zudrehte, stand immer, ich schwöre, *immer* wie von Geisterhand eine Frau neben ihm. Ich habe das weggelächelt. Und Til gab mir auch nicht den geringsten Anlass zum Zweifeln.

Wer weiß, ob sein Über-Nacht-Erfolg unserer Beziehung langfristig gesehen so gutgetan hat. Wir befanden uns gerade in der Kennenlernphase, sahen uns noch mit dem Weichzeichner, hatten weder Routine noch die ersten nervigen Eigenarten aneinander entdeckt und auf einmal saßen wir auf dem Präsentierteller und wurden voneinander abgelenkt, weil wir plötzlich Personen der Öffentlichkeit waren. Immerhin konnte Til sicher sein, dass ich ihn nicht wegen seines Erfolges anhimmelte – seinen Hintern hatte ich schließlich schon vorher sexy gefunden.

Es ist ohnehin ein Hohn, dass ausgerechnet ich an der Seite eines Filmstars landete. Weil ich von Filmen wirklich keine Ahnung hatte. Meine Kindheit und Jugend verbrachte ich mehr draußen als vorm Fernseher und ins Kino ging ich selten, weil ich mein Geld lieber für andere Dinge ausgab. Zu Tils großer Bestürzung kannte ich nicht einmal Marlon Brando. Mag sich vielleicht komisch anhören, aber ich hatte nicht einen einzigen Film mit ihm gesehen. Dementsprechend war mir die ganze Filmbranche egal. Erst recht die deutsche. Ich hatte ja wochenlang nicht einmal gecheckt, dass Til ein bekannter Schauspieler war, und als er mir später Heiner Lauterbach, Hannelore Elsner, Katja Riemann, Joachim Król und Benno Fürmann vorstellte, waren sie für mich ganz normale, nette Menschen und nicht Deutschlands bekannteste Filmstars.

Ich denke, das war auch der Punkt, den Til an mir liebte. Er genießt Bewunderung und positiven Trubel. Aber an mir schätzte er, dass es mich nicht sonderlich beeindruckte, wie berühmt er auf einmal war. Er mag Frauen, die ihm nicht zu Füßen liegen, die selbstbewusst sind, zumindest war das damals so. Ich war lieb, aber ehrlich mit ihm und habe ihm jede Menge Kontra gegeben. Das, in Kombination mit meiner Schlagfertigkeit, fand er großartig – Til ist ein sehr humorvoller Mensch, der auch über Witze lachen kann, die auf seine Kosten gehen. Er liebte es beispielsweise, mir Ausrisse über sich aus der Zeitung an den Kühlschrank zu pinnen, die ich dann irgendwann entdeckte. Einmal heftete da ein Artikel mit der Überschrift: »Til Schweiger ist der deutsche Brad Pitt.« Ich musste spontan lachen, was er nicht verstand. Ich erklärte: »Deutschlands Fläche passt ungefähr 27-mal in die Amerikas. Das wiederum bedeutet, dass du nur ein 27stel Brad Pitt bist.« Er schmollte aus Spaß und sagte: »Gib mir sofort meinen Ehering wieder!« Ein paar Jahre später, zwei unserer vier Kinder waren schon auf der Welt, fand ich einen Zeitungsausschnitt am Kühlschrank, auf dem stand: »Jede zweite Frau möchte mit Til Schweiger schlafen.« Meine Antwort darauf: »Ich möchte auch gern öfter neben dir schlafen. Aber leider wecken die Kinder mich ja immer auf.«

Als sich die erste Aufregung um den Erfolg seines Films ein bisschen gelegt hatte, gab es einen Moment, es dürfte Anfang Dezember 1994 gewesen sein, in dem ich überquoll vor lauter Verliebtheit, ihn ansah und es aus mir herausplatzte: »Okay, komm, lass es uns machen: Til, willst du mich heiraten?« Offensichtlich hatten wir beide kein Händchen fürs richtige Timing, denn er sagte nur: »Nee, jetzt bin ich nicht bereit.« Ich musste ganz schön schlucken, aber im Nachhinein erzählte er mir, dass er damals schon einen weiteren Heiratsantrag geplant hatte, der Silvester genau um Mitternacht stattfinden sollte. Wir wollten den Jahreswechsel unbedingt in Toblach bei seiner Tante feiern – da hatten wir unsere Ruhe und mich erinnerte es an meine Heimat Seattle. Als wir kurz vor Mitternacht draußen auf dem Balkon standen, Til umarmte mich von hinten, während wir auf die verschneiten Dolomiten schauten, sagte er zu mir: »Ich will dich heiraten im nächsten Jahr.«

Was soll ich sagen, das Surrounding stimmte, der Mann stimmte, aber im Gegensatz zu ihm, fand ich seinen Antrag gar nicht romantisch – ehrlich gesagt, hatte ich ihn nicht einmal als solchen verstanden. Schließlich bestand er nur aus einer Feststellung. Einen Ring hatte Til auch nicht dabei. Weil er so komisch betreten schwieg, fragte ich: »Sollte das jetzt ein Antrag sein?« – und löste damit einen Riesenstreit aus. Er war furchtbar beleidigt und stammelte: »Wieso bist du nicht glücklich, dass ich dich heiraten will?« Und ich stammelte zurück: »Weil ich es nicht verstanden habe. Warum fragst du mich denn nicht ein einziges Mal?« Der Moment war natürlich ruiniert. Wir sind ziemlich betrübt nach Hause gefahren und haben das Thema genau zehn Tage nicht mehr angesprochen.

Valentin hat das dann für uns erledigt: Am 11. Januar wachte ich auf und sagte zu Til: »Ich fühle mich irgendwie schwanger.« Der drehte durch vor Freude und besorgte sofort einen Schwangerschaftstest – der tatsächlich positiv war. Wir beide waren überglücklich und Til sagte: »Vorher heiraten wir, Darling. Möchtest du?« Natürlich wollte ich. Wenn er schon so lieb fragte … Ich war unglaublich happy und aufgeregt, hatte aber auch einen Mordsrespekt und eine Heidenangst vor den großen Veränderungen, die uns bevorstanden.

Am allermeisten über beide Nachrichten freute sich vermutlich Tils Mentor Bernd Eichinger. Er war damals der größte Produzent in Deutschland und hatte Til schon ins Herz geschlossen, bevor er ihm seine erste Rolle in *Manta, Manta* gab.

Die beiden verband eine innige Freundschaft, bis Bernd im Jahr 2011 mit nur 61 Jahren an einem Herzinfarkt verstarb. Ich hatte Bernd kurz vor der Premiere von *Der bewegte Mann* kennengelernt, als Til und ich von ihm auf einen Drink eingeladen worden waren. Damals war er wohl ziemlich beeindruckt davon, dass ich meinen Scotch auf Eis in einem Zug austrank, denn er sagte zu Til: »Wenn du diese Frau heiratest, dann zahle ich die Hochzeit.« Er hielt Wort – und wie.

Im Mai lud Bernd uns zu den Filmfestspielen nach Cannes ein, am Abend veranstaltete er ein Galadinner im Hôtel du Cap-Eden-Roc, dem wohl berühmtesten Hotel der Côte d'Azur in Frankreich. Bernd setzte sich irgendwann an diesem wunderbaren Abend neben mich und deutete auf das Hotel: »Dana, wie gefällt es dir denn hier?« Ich antwortete ihm: »Es ist traumhaft. Gigantisch. Stunning.« Und er fragte mich: »Könntest du dir vorstellen, hier zu heiraten?« Ich konnte kaum fassen, was er da sagte, und intervenierte sofort, dass es viel zu teuer sei. Aber Bernd war so großzügig wie großherzig: Er liebte es, Menschen, die er mochte, glücklich zu machen.

Ich schaute mir das Hotel an und war überwältigt: Schöner essen als im Terrassenrestaurant des Eden-Roc kann man kaum. Die Villa von 1914 liegt an der südlichsten Spitze des Cap d'Antibes, mitten auf einem Felsen. Von dort kann man über die gesamte französische Riviera schauen. Ich hatte nun echt schon viel gesehen durch meinen Modeljob, aber wenn ich frühmorgens die Fensterläden meiner Suite, die Bernd damals für uns reserviert hatte, öffnete und mir die warme salzige Mittelmeerluft entgegenblies, konnte ich mir kaum einen schöneren Ort vorstellen, um für immer Ja zu Til zu sagen.

Wir würden dort feiern, wo schon Künstler wie Picasso, Chagall, Scott Fitzgerald oder Hemingway rauschende Feste zelebriert hatten. Und an dem in den Felsen eingelassenen Meerwasserpool haben bereits Marlene Dietrich, Brigitte Bardot, Elizabeth Taylor und Richard Burton gelegen. Es gab wohl keinen Hollywoodstar, der nicht hier residierte, wenn er in Cannes seinen neuesten Film vorführte.

Nachdem Bernd die Dinge in die Hand genommen hatte, ging alles ganz schnell: Schon einen Monat später, am 11. Juni, sollte es soweit sein. Für unsere Familien hatten wir eine Villa außerhalb von Cannes gemietet, weil wir es schön fanden, dass sich dadurch alle gleich besser kennenlernen konnten. Außerdem wollten wir nicht, dass Bernd zwölf Hotelzimmer im Eden-Roc bezahlte – ein Zimmer kostet mal eben über 800 Euro pro Nacht.

Am besten reagierte mal wieder meine Mutter auf die Einladung nach Cannes. Sie sagte: »Ich würde das Geld für den Flug ja eigentlich lieber sparen, um dann zu kommen, wenn mein Enkel auf der Welt ist …« No words needed. Nur mal so zum Vergleich: Als meine Schwester Jahre später heiratete, gab es ein Familiendrama, weil Erica in Chicago und nicht in Seattle heiraten wollte. Bei uns in der Familie war es üblich, dass die Braut dort ihre Hochzeit feiert, wo sie herkommt. Meine Mutter gab sich tief verletzt: »So kriegen unsere Freunde ja gar nichts davon mit«, jammerte sie. Bei mir hingegen kam dieser Punkt nicht einmal zur Sprache – offensichtlich war es ihr bei mir nicht so wichtig.

Noch trauriger machte mich aber etwas anderes: Ich wünschte mir sehr, etwas zu tragen, was aus unserer Familie stammte. Da ich zum Zeitpunkt unserer Hochzeit im sechsten

Monat schwanger war, passte mir das Brautkleid meiner Mutter nicht mehr, sodass ich sie um den Hochzeitsring meiner Oma bat, der sich in ihrem Besitz befand. Ihre Antwort: »Den Schrott willst du nicht haben.« Ich fand das damals furchtbar gemein.

Aber ich bin nicht die Einzige, die dieser Vorfall nachhaltig beschäftigte: Vor zwei Jahren kam meine Mom an Weihnachten zu mir und drückte mir eine Schmuckschatulle in die Hand: »Du hast damals nach dem Ring deiner Oma gefragt. Aber ich glaube, du meintest diesen hier …« Ich öffnete die Schatulle und darin befand sich genau der Ring, den ich gemeint hatte. Wie sich über 20 Jahre später herausstellte, wollte ich gar nicht Omas Hochzeitsring, sondern den meiner Mutter. Es war einer dieser Momente, in dem eine Tochter merkt, dass die Mutter sie (doch) liebt – auch wenn sie es vielleicht nicht zu jedem Zeitpunkt zeigen oder sagen kann.

In der Zeit, als ich Til heiratete, war die innerliche Distanz zwischen mir und meinen Eltern jedoch größer als die von Seattle nach Köln – sodass ich meine Schwester Erica fragte, ob sie mich dem Bräutigam übergeben würde. Bernd hatte uns als Höhepunkt der Feier eine Jacht gemietet, auf der Erica mich dann in einem cremefarbenen Babydollkleid zum Altar, na ja, vielmehr zum Kapitän, führte. Und so traute er uns mitten auf dem Mittelmeer, bei strahlendem Sonnenschein und wir sagten an den entscheidenden Stellen Oui. Yes. Ja.

Danach sind wir auf die Île Sainte-Marguerite geschippert, eine kleine Insel vor Cannes, und haben uns die Mägen mit Hummer vollgeschlagen. Zurück an Land warteten die Paparazzi auf uns. Das traf uns ziemlich unvorbereitet. Wir hatten zwar ein Angebot von *Bunte* und *Bild* bekommen für exklusive

Hochzeitsfotos, aber wir wollten unserer Familie das nicht antun und lieber unter uns bleiben. Til und ich trennten uns auf dem Weg in die Villa, damit die Fotografen kein gemeinsames Bild bekommen würden. Ich fuhr mit meiner Familie, Til mit seiner. Und zum Glück konnten wir sie abhängen. Das Abendessen fand dann im Eden-Roc statt. Mein Vater fühlte sich in dem extravaganten Ambiente überhaupt nicht wohl und fragte mich zum Sieben-Gänge-Menü, das Bernd im Vorfeld ausgesucht hatte: »Was essen wir hier eigentlich die ganze Zeit?« Ich konnte ihm nur antworten: »Dad, keine Ahnung. Ich versteh selbst kein Französisch … Iss es einfach!«

Was wir nicht merkten, war, dass am Nachbartisch ein Fotograf und ein Journalist saßen, die die ganze Zeit mithörten. Das bekamen wir erst mit, als wir loswollten, die beiden uns verfolgten und Fotos schossen. Wir waren so unendlich sauer auf diese Typen. Eigentlich absurd – wir haben die Sache viel ernster genommen, als sie eigentlich war. Aber dieses Auf-Schritt-und-Tritt-verfolgt-Werden ist uns noch so fremd gewesen und dann in einem so intimen Moment. Tils Bruder schaffte es, die Autoschlüssel des Porsche-Cabrio des Fotografen in die Büsche zu schmeißen, und in der Zeit bin ich mit meiner Schwester, die schon im Auto saß, losgefahren. Leider fand der Fotograf seine Schlüssel viel zu schnell wieder und er hetzte ausgerechnet uns hinterher. Wir sind also wie die Bekloppten umhergefahren, während die anderen zur Villa fuhren. Bis um vier Uhr nachts sind wir durch die Gegend gedüst. Leider hatte ich vergessen, dass *ich* die Haustürschlüssel dabeihatte. Die gesamte Hochzeitsgesellschaft konnte also nicht rein. Zum Glück fanden sie auf der

Terrasse eine Tiefkühlbox mit Wodka und Champagner, sodass die Familien ein bisschen Party machen konnten – Erica und ich wurden mit Jubelschreien begrüßt, als wir endlich eintrudelten.

So eine Hochzeitsnacht muss man erst einmal erfinden: ich, im sechsten Monat schwanger, mit Blumen auf der Kühlerhaube durch die Nacht von Cannes düsend, verfolgt von Paparazzi, während der Bräutigam mit der Hochzeitsgesellschaft vor verschlossenen Türen auf die Braut wartet. Aber, ehrlich gesagt, war es genau so richtig toll. Weil wir jede Menge Spaß hatten, sich die Familien richtig gut kennengelernt haben und Bernd uns eine unvergessliche Zeit bereitet hat. Es war definitiv einer der schönsten Tage meines Lebens.

Die Paparazzi haben ihre Hochzeitsbilder übrigens doch noch bekommen – wenn auch weniger glamourös. Mein mir frisch angetrauter Göttergatte meinte, nicht groß Bescheid geben zu müssen, dass wir einen Tag nach unserer Ankunft aus Cannes um acht Uhr morgens einen Termin auf dem deutschen Standesamt haben würden. Denn der smarte Kapitän besaß zwar eine Traulizenz, aber die Ehe wäre in Deutschland nicht rechtskräftig gewesen. Es war Sonntagnachmittag und ich hatte original nichts Sauberes im Koffer oder Schrank, das über meinen gewölbten Bauch gepasst hätte. Also kam nur noch ein Anzug von Til infrage – ich sah aus wie Oliver Hardy. Sie wissen schon, der Dicke. Til konnte froh sein, dass ich ihm vor den Fotografen nichts antat. Aber er grinste mal wieder übers ganze Gesicht – für ihn war ich die schönste Braut, die er sich damals vorstellen konnte.

UND PLÖTZLICH SPIELT MAN ROTZE-KOTZE-BINGO

Helikopter-Eltern, Bio-Eltern, Karriere-Eltern, Viele-Kinder-Eltern … Es gibt die unterschiedlichsten Möglichkeiten, welche Art Eltern man sein möchte. Und es ist gut, sich vorher Gedanken zu machen, wie man sich die Erziehung so denkt, wer was macht und wie alles funktionieren kann … All das haben Til und ich nicht gemacht. Wir sind völlig unbedarft reingerauscht ins »Abenteuer Kind«. Was für ein Meteorit da eigentlich ins eigene Leben kracht, wenn das Baby plötzlich da ist und den Alltag völlig durcheinanderschmeißt, erahnt man ja auch nicht wirklich. Erst recht nicht, wenn man Mitte 20 ist. Gut, Til war mittlerweile 32, aber innerlich mehr Lausbub als verantwortlicher Daddy.

Wir wussten nur eines ganz genau: Wir wollen viele Kinder. Jedes Mal direkt nach der Geburt sagte Til zu mir, verzückt auf das kleine neue Wesen in seinen Armen schauend: »Und wann machen wir das nächste? Lass uns noch eins machen. Bitte.« Es dürfte recht wahrscheinlich sein, dass ich ihm direkt nach einer stundenlangen und gemein schmerzhaften Geburt einen Vogel zeigte, aber spätestens nach ein paar Monaten dachte ich genauso wie er. Wir beide liebten die Idee einer kinderreichen, wuseligen, aber glücklichen Familie. Mehr Gedanken haben wir uns nicht gemacht. Wir dachten, dass unsere Vision und unsere

Liebe ausreichen würden, um in eine lange gemeinsame Zukunft zu gehen.

Als ich mit Valentin schwanger war, hatte Til gerade *Knockin' on Heaven's Door* fertig gedreht und musste ihn in Berlin schneiden. Ich hatte nicht die geringste Lust, allein und hochschwanger in der Wohnung in Köln zu bleiben, und so zog ich bei ihm im Hotel Bleibtreu in Charlottenburg ein. Allerdings habe ich mich ganz schön gelangweilt, weil Til wenig Zeit hatte und ich in Berlin kaum jemanden kannte. Die Einzige, mit der ich mich in der Zeit viel getroffen habe, war Anne-Sophie Briest. Til kannte sie vom Drehen von *Polizeiruf 110* und er verkuppelte uns, weil er genau wusste, dass wir die gleiche Humorebene haben. Sie ist bis heute eine meiner besten Freundinnen – und unsere Töchter Emma und Faye Montana sind es ebenfalls.

Ansonsten ging es mir in der Schwangerschaft blendend – eigentlich lief sie so nebenher. Mir war weder übel noch lag mir Valentin auf den Nieren. So würde ich alle vier Schwangerschaften beschreiben. Mag aber auch sein, dass sich über die Jahre ein rosaroter Filter über die Erinnerungen gelegt hat. Ich habe es jedenfalls so abgespeichert, dass alles immer easy-peasy war. Besonders bei Valentin war Til zauberhaft besorgt um mich. Einmal saß ich im Hotelzimmer und wusste nicht, was ich nach dem Däumchendrehen als nächstes machen sollte, als mir auffiel, dass der Hotelsafe verschlossen war. Aus Neugier probierte ich ein paar Kombinationen aus und irgendwann wollte ich unbedingt wissen, was Til wohl darin bunkerte. Ich rief also bei der Rezeption an und spielte die vergessliche Schwangere, sodass mir das Hotelpersonal den Safe öffnete. Darin fand ich eine DVD von Quentin Tarantinos *Reservoir Dogs* und ein paar andere Videos, die ich ignorierte. Als ich Til abends meine »Tat« beichtete, wurde er völlig hysterisch. Nicht, weil ich ihm hinterhergeschnüffelt hatte, sondern, »weil der Streifen viel zu hart für deine zartbesaiteten schwangeren Nerven ist«.

Kurz vor dem Stichtag kam meine Mutter aus Seattle eingeflogen. Sie hatte ja bereits angekündigt, dass sie unbedingt dabei sein wollte, wenn ihr erstes Enkelkind geboren würde. Valentin ließ sich mächtig Zeit. Als ich in Dahlem zur Kontrolle ging, war er bereits zehn Tage überfällig, aber der Arzt sagte nur: »Tja, Frau Schweiger, der Muttermund ist gerade mal zwei Zentimeter geöffnet. Damit können wir noch nicht arbeiten.« Dann schlug er mir vor: »Machen Sie einen langen Spaziergang, Sex schadet auch nicht und gönnen Sie sich eine große Schüssel mit Pasta und Knoblauch.«

Zwei der drei Dinge konnte ich mit meiner Mutter im Schlepptau erledigen: einen ausgedehnten Spaziergang in Potsdam im Park von Schloss Sanssouci. Und abends sind wir zum Italiener gegangen, wo ich eine große Schüssel mit Pasta aglio e olio gegessen habe. Das hat gewirkt, auch wenn Til die dritte Methode noch gern ausgetestet hätte – irgendwann ganz früh am nächsten Morgen ging es los. Und irgendwie fühlte es sich ganz und gar nicht so an, wie die Nonnen mir bei der Besichtigung des erzkatholischen Krankenhauses in Köln hatten weismachen wollen, als Til und ich davon ausgingen, dass Valentin dort geboren werden sollte: »Der Schmerz ist ungefähr so, als wenn du dein Bein so hochhebst, wie du nur kannst. Bis es wehtut. Und dann hältst du es noch zwei Minuten länger.«

Die vermutlich dämlichste Beschreibung für diese stundenlangen und unerträglichen Schmerzen, die es je gegeben hat.

Zum Glück hatte ich Eveline, meine Hebamme, die nach Valentin auch Lilli und Luna auf die Welt brachte, und ohne ihr »Push! Push! Push!« würde ich vermutlich immer noch daliegen und die armen Nonnen sonst wohin wünschen. Zeitweilig wollte ich einfach auschecken. Nö, ich geh jetzt, dachte ich. Dann bleibt er eben für immer in meinem Bauch. Besser als diese absurden Schmerzen zu ertragen. Und was war ich sauer auf Til, der mir diese ganze schmerzhafte Misere ja schließlich eingebrockt hatte …

Als Valentin endlich herauskam, war er so dunkelblau angelaufen wie eine Blaubeere – die Nabelschnur hatte sich zweimal um seinen Hals gewickelt. Das war richtig knapp … Und weil er auch noch stark gelbsüchtig war, hielten die Ärzte es für besser, ihn zwei Tage in den Brutkasten zu legen. Es zerbrach mir das Herz, ihn nicht sofort halten zu können. Til und ich beobachteten unseren kleinen Valentin stundenlang. Wir konnten gar nicht fassen, dass so etwas Kleines und Perfektes aus unserer Liebe entstanden war. Aus zwei Zellen hatte mein Körper dieses kleine Menschlein gemacht, das so viel von mir, so viel vom Vater und doch seine ganz eigene Persönlichkeit besitzt. Nachdem er aus dem Brutkasten kam, war es, als wäre er noch einmal geboren worden. Endlich war er bei uns – diese Vollkommenheit des Augenblicks, wenn man sein Baby endlich in den Armen hält. Dankbarkeit, Liebe, Verzweiflung, Angst, Lachen und Weinen sowie stilles Staunen – alles ist auf einmal da. Die Zeit steht sprichwörtlich still, weil sie so schwer ist vor lauter Gefühlen.

Til bestand darauf, mit seinem Peugeot nach Köln vorzufahren, um zu Hause alles für uns fertig zu machen, obwohl ich alles schon monatelang perfekt vorbereitet hatte. Mal davon abgesehen, dass es für Valentin und mich viel zu stressig gewesen wäre, in dieser alten Möhre zu fahren, hätten wir und meine Mutter gar keinen Platz mehr darin gefunden, denn er war bis oben hin voll mit Koffern und Tils Hantelgewichten. Also flogen wir von Berlin nach Hause, fünf Tage nach der Geburt. Zum Glück hatte ich meine Mom an meiner Seite, sonst hätte ich garantiert einen Nervenzusammenbruch bekommen. Wie laut ist denn bitte schön die Welt? Die Musik, die überall rumdudelt, die Stimmen und erst recht die Flugzeugturbinen. Ich trug dieses kleine Wesen mit diesen zarten Ohren durch eine Welt voller Geräusche und hätte am liebsten geschrien: »Jetzt seid doch mal ruhig! Was steht ihr uns denn auch alle im Weg? Und kann dieses Flugzeug bitte leiser fliegen?« Meine Güte, war ich froh, in der Kölner Wohnung anzukommen, in die ich ein paar Monate zuvor endgültig mit eingezogen war. Bevor ich nach Berlin gefahren war, hatte ich alles eingerichtet und uns ein kleines Nest gebaut.

Ich drehte die Schlüssel um und trat ein – ins Chaos. Klamotten, Koffer, Schuhe, Babysachen – alles lag kreuz und quer auf dem Boden und Til mittendrin. »What the hell … ist denn hier los?«, wollte ich von ihm wissen. »Na, du sollst doch alles schön haben …«, war seine Antwort. Unsere Wohnung erstreckte sich über zwei Ebenen und Til war der Meinung, dass es für mich und das Baby besser wäre, wenn sich das Schlafzimmer nicht mehr oben befände, sondern unten, in der Nähe der Toilette und Wickelkommode. Und so fand ich mich mit meiner Mutter am Boden sitzend wieder, die Sachen zusammenlegend, völlig entkräftet, während Til voll in seiner Aufgabe aufging, permanent in Bau- und Babymärkte zu fahren und Sachen zu besorgen. Wärmelampe, Mobile, Windeleimer – alles nützlich, alles schön und gut, alles zum komplett falschen Zeitpunkt. Aber das Leuchten in Tils Augen und sein Bestreben, alles für seine kleine Familie machen zu wollen, genügte mir, um nicht böse auf ihn sein zu können.

Als alles aufgebaut und eingeräumt war und ich endlich aufs Bett darniedersinken konnte, neben mir unser kleiner Valentin, traf uns die Erkenntnis mit aller Macht: Dieses Wesen ist ab sofort für immer bei uns. 24 Stunden am Tag, sieben Tage die Woche. Eintrittskarte ab dem Durchschneiden der Nabelschnur, austreten: »Sorry, leider nie mehr, liebe Eltern!« Die zweite Erkenntnis folgte auf dem Fuße: Wir hatten keine Ahnung, was wir mit ihm anfangen sollten. Ist schon komisch, dass es zu fast allem eine Gebrauchsanleitung gibt, aber nicht für das Komplizierteste, was einem das Leben zu bieten hat. Zum Glück reiste meine Mom erst ein paar Tagen später ab – sie war ja so etwas wie eine Gebrauchsanleitung, wenn auch eine recht eigenwillige. Als Valentin richtig bitterlich weinte, fragte Til sie: »Wie erkennen wir denn jetzt, was er überhaupt will?« Sie antwortete: »Na, da gibt es eigentlich nur drei Möglichkeiten. Entweder hat er Hunger, er ist müde oder seine Windel ist voll.« Til: »Aber wie soll ich das denn unterscheiden?« Meine Mom, furztrocken: »Du musst einfach nur deine Finger in die Windel stecken – dann weißt du schon mal, ob die eine Möglichkeit zutrifft oder eben nicht.« Ich dachte, ich werd nicht mehr, als er das tatsächlich machte, und die Windel auch noch voll war. Wir haben Tränen gelacht, meine Mutter und ich. Kein guter Moment für meinen Beckenboden, aber dafür einfach zu lustig. Meine Mutter fügte noch an: »Und jetzt, hopp, hopp, Windel wechseln.«

Wobei Til damals gern die Windeln wechselte. Beim ersten Kind ist es ja sogar so, dass man sich noch darüber streitet, wer sie als nächstes wechseln darf. »Ich will! Ich will!«, schreit der eine und der andere läuft los und sagt: »Nein, ich! Das ist mein Baby.« Bereits als Luna kam, schlug die Windelwechselbegeisterung mit einem Schlag in völliges Desinteresse um. Wenn ich in Richtung des schreienden Kindes deutete und sagte: »Kannst du ihr bitte mal die Windel …?«, hatte Til das »Nein« schon ausgesprochen und krampfhaft in sein Drehbuch gestarrt.

Die erste Zeit mit Valentin haben wir unglaublich genossen und uns gleichzeitig, wie wohl alle frisch gebackenen Eltern, ganz schön ins Hemd gemacht. Wie hysterisch wir uns benommen haben: »Achtung, sein Köpfchen, so hält man ihn doch nicht!« – »Schatz, so mag er nicht liegen. Woher ich das weiß? Hallo, Mutterinstinkte.« – »Ist er nicht viel zu warm angezogen?« – »Das Wasser in der Babybadewanne ist doch viel zu heiß, willst du ihn kochen?«

Es ist einfach so, dass dich nichts und niemand wirklich auf das erste Kind vorbereiten kann. Klar, Sätze wie »Dein Leben, so wie du es kennst, ist vorbei«, habe ich schon gehört, aber die kleinen feinen Details verrät einem vorher niemand:

dass der hauseigene Hormoncocktail, mit dem man die ersten kürzeren Nächte ganz gut übersteht, irgendwann nachlässt. Brutal nachlässt. Und man voll reinrauscht in den berühmt-berüchtigten Schlafentzug. Man sehnt sich nicht nach Bei-, sondern einzig und allein nach Tiefschlaf. Ein verrücktes Gefühl, wenn das Gehirn tagsüber auf Sparflamme läuft und man nur zeitversetzt reagiert. Aber wie bedingungslos man trotzdem liebt.

Dass es ein Highlight des Tages sein würde, warmen Kaffee zu trinken und vor dem Nachmittag frisch geduscht zu sein.

Dass Brüste während und vor allem nach der Schwangerschaft ein Eigenleben führen, fanden Til und ich faszinierend.

Dass man in allen Lebenssituationen stillen kann – unter Beobachtung aller Verwandten und zur Not im Gehen.

Dass es Babykacke in allen Braun-, Gelb- und Grünschattierungen gibt und dass so ein Windelinhalt es tatsächlich schafft, am Nacken aus dem Body herauszukommen. Und dass der Windelinhalt wahrhaftig dazu taugt, ein ausschweifendes Gespräch zu führen.

Dass Omas und Opas wirklich sehr merkwürdige Dinge tun. Tils Mama hat in der Apotheke eine Babywaage gekauft, um zu kontrollieren, ob Valentin auch zunimmt. Die hat sie auch noch benutzt, als er schon Gläschen und Fläschchen bekam. Ich sagte zu ihr: »Du weißt schon, dass so ein Gläschen 100 Gramm enthält – und Valentin demnach auch 100 Gramm gegessen hat …?« Aber das war eben ihr Ding. Vielleicht kommt nach der Geburt des eigenen Kindes so etwas wie eine Paybacktime dafür, was wir unseren Eltern in der Teenagerzeit angetan haben. Die eigenen Eltern wissen alles besser und sind wahnsinnig beleidigt und bockig, wenn man einen Ratschlag nicht granatenmäßig findet.

Dass es einem Umzug gleichkommt, wenn du nur mal raus und Freunde besuchen willst. Weil man eine endlos lange innere Mitnehmliste hat – und unterwegs trotzdem feststellt, dass man etwas vergessen hat. »Schatz, hast du die Feuchttücher eingepackt? Bitte sag Ja!«

Dass in Ruhe ins Bad zu gehen, für lange, lange Zeit der Vergangenheit angehört.

Dass alle anderen besser als du wissen, was zu tun ist. Ratschläge an die Mutter hat plötzlich jeder. Als ich nach sechs Monaten abstillen wollte, redeten alle auf mich ein, dass ich nicht aufhören dürfe. Irgendwann ist mir der Kragen geplatzt und ich schrie Til an: »Weißt du was, mein Lieber? Soll dieses kleine Wesen doch mal alle zwei Stunden an deinen Nippeln saugen, damit du weißt, wie sich das anfühlt. Und dann sag mir, wie es dir nach sechs Monaten geht, vor allem, wenn ich dir erzähle, dass du noch sechs Monate dranhängen sollst — dann reden wir weiter.«

Dass Sorgen ab jetzt fester Lebensbestandteil sind, ein Gratiszusatz zur Mutterschaft, und dass die Fantasie ihre ganz eigenen Horrorfilme erfindet mit Schockern wie *Das Baby, das aus dem Bett fiel*, Teil 1 bis 15, und *Atemlos – Schau, ob dein Baby noch Luft bekommt* oder *Taken at the Supermarket – Das Schauermärchen, bei dem ein Baby verschleppt wurde – Extended Version*. Hände hoch, wer nicht ebensolche Horrorszenarien durchlebte. Ich glaube das keine Sekunde.

Und dass Haschcookies vielleicht keine gute Babynahrung sind.

Am »Haschcookie-Gate« war indirekt meine Mom schuld. Ich wollte mich nach der Geburt für die ersten Wochen in der

Wohnung eingraben. Nur Valentin, Til und ich. Aber sie gab mir folgenden Rat, bevor sie wieder zurück nach Seattle flog: »Dana, du musst jetzt nicht dein ganzes Leben aufgeben für dein Baby. Dein Baby muss sich an dein Leben gewöhnen.« Okay, dachte ich, vielleicht hat sie ja recht. Ich sagte Til, dass wir zur 30. Geburtstagsfeier seines Bruders Nik mitkämen. Wir fuhren also als Kleinfamilie mit seinem klapprigen Peugeot Richtung Berlin, wo Nik etwas außerhalb eine Scheune gemietet hatte. Sein Freundeskreis bestand aus recht feierfreudigen Künstlern, Architekten und DJs – sogar Marusha gehörte zu den Gästen. Als wir ankamen, hörten wir schon von draußen das Wummern der Technobeats. Ich habe sofort Panik wegen Valentin bekommen – ich dachte, das halten doch seine kleinen Ohren nicht aus. Was tun? Keine Ahnung, wer von uns beiden auf diese glänzende Idee kam, aber Til hielt auf einmal die Kaugummis aus dem Auto hoch. Wir schnappten uns jeder eines und steckten es Valentin frischgekaut in die Ohren. Jetzt kann ich diese Geschichte zum Glück erzählen – es besteht wohl kaum Gefahr, dass noch jemand das Jugendamt einschaltet.

Ich ging dann todesmutig Hand in Hand mit Til, Valentin in der Babytrage, auf die laute Party seines Bruders. Til verschwand an die Bar und später auf die Tanzfläche und ich stand mit einem Glas Wasser und Valentin in der Babytrage in der Gegend rum, versuchte mich krampfhaft auf geschriene Smalltalkgespräche zu konzentrieren, während ich eigentlich nur an das Wohlergehen von Valentin denken konnte. Vor Sorge fing ich an zu schwitzen und wünschte mich in mein Zuhausenest zurück. Irgendwann beschloss ich, etwas zu essen, bevor das Büfett zu abgegrast war – eine große Auswahl gab es jedoch nicht. Das Chili con Carne kam wegen der Chilis und Bohnen nicht infrage – also entschied ich mich für die Brownies. Und gerade, als der letzte Bissen dieses super leckeren Schokokuchens meine Kehle hinunterglitt, sagte neben mir eine Frau: »Hey, ich glaub nicht, dass du die essen solltest. Die sind wirklich ziemlich heftig …«

Heftig? Was? Warum? Mein Fragezeichen im Gesicht, vermutlich hing noch ein Krümel in meinem Mundwinkel, veranlasste sie, hinterherzuschieben: »Das sind Haschbrownies.«

Na super, dachte ich. Wie naiv bist du auch – isst Kuchen auf einer Party mit dem Inner Circle der Loveparade … Und das alles nur, weil deine Mama sagte, dein Baby müsse sich deinem Leben anpassen.

Ich war innerhalb kürzester Zeit unglaublich high. Zum Glück machte Valentin alles super mit, wahrscheinlich dank unserer genialen Kaugummi-Ohrpropfen. Aber irgendwann bekam er doch Hunger und ich hatte nichts mit, außer meinen prall gefüllten Brüsten. Weil ich zu einem klaren Gedanken ohnehin nicht mehr fähig war, stillte ich ihn. Irgendwann, fünf Minuten oder auch Stunden später, stand Til vor mir und meinte, dass wir nach Hause fahren müssten. Er hatte am nächsten Tag Dreharbeiten. Natürlich war klar, dass ich als Stillende fahren würde – Til hatte dementsprechend gut getrunken. Ich dachte zu dem Zeitpunkt, dass die Wirkung des Kekses ausreichend nachgelassen hatte. Fehleinschätzung. Der Vollmond verwandelte sich in eine riesige Sonnenblume und ich stellte mir vor, dass ich von dieser endlosen Landstraße abheben und direkt in den Sternenhimmel fahren würde. Ich habe kapituliert, bin an den Rand gefahren und schlief neben den beiden bereits schlummernden Jungs meinen Rausch aus, bis ich irgendwann wirklich wieder klar war. Als ich am nächsten Morgen weiterfuhr, schlief Valentin immer noch, ohne einen Mucks zu machen. Til fragte: »Warum schläft er denn so viel?« Und ich antwortete: »Vielleicht, weil seine Mami einen Haschcookie gegessen hat?« – »Du hast waaas?« Da habe ich Til erst die ganze Story erzählt und wir beiden sind immer panischer geworden, weil wir dachten, dass Valentin durch die Muttermilch vielleicht zu viel Marihuana abbekommen hätte. Wir riefen sofort beim Kinderarzt an, der uns zum Glück beruhigte. »Nicht so schlimm. Das kleine bisschen schadet ihm nicht. Er wird's überleben.« Genauso wie seine Ohren die Kaugummis überlebten. Ich hingegen musste mich von dieser Partystrapaze tagelang psychisch erholen.

Als Valentin ein Teenager war, habe ich in seinem Zimmer einmal eine kleine Plastiktüte voller Marihuana gefunden. Ich stellte ihn zur Rede: »Was machst du da, Junge? Seit wann kiffst du denn?« Seine Antwort: »Keep cool, Mom, ich rauche nur, wenn ich skate.« Und ich schrie ihn an: »Aber du skatest doch die ganze Zeit!« Da habe ich gedacht: Das ist alles meine Schuld. Weil du damals diesen Haschkeks gegessen hast, ist er jetzt empfänglich für Drogen. Das endet sicher ganz schlimm.

In jedem Fall habe ich nach dieser Erfahrung auf den Ratschlag meiner Mutter gepfiffen und bin die nächsten Monate mit Valentin zu Hause geblieben. Wozu auch rausgehen? Er wurde Mitte September geboren und wir schlitterten in die kalten Wintermonate. Bringt ja nicht besonders viel Spaß, dieses Angeziehe, Eingemümmle und durch die Eiseskälte Spazierengehen. Til wiederum ging mehr aus – er musste wahnsinnig viel drehen und Pressearbeit machen: Im Februar

1996 startete *Männerpension*, der Film von und mit Detlev Buck, in dem Til einen Häftling spielte, der sich beim Freigang in eine Pflegerin verknallt. Und die Verfilmung des Hera-Lind-Bestsellers *Das Superweib* kam schon einen Monat später in die Kinos. Til verfestigte seine Popularität und ich spielte Rapunzel, die nie ihren Turm verließ.

Ein Jahr und vier Monate später kam bereits Luna zur Welt. Und zwar mit Vollkaracho. Sie ließ sich keine Zeit, am frühen Morgen des 11. Januar 1997. Die Wehen waren von einem zum anderen Moment so stark und vor allem schmerzhaft, dass ich kaum atmen konnte. Ich weckte Til und stöhnte: »Wir müssen sofort los!« Und was machte mein Göttergatte? Ging erst einmal in Ruhe duschen. Danach packte er auch noch den Krankenhauskoffer aus – und wieder ein, um zu gucken, ob ich nichts vergessen hatte. »Wir müssen ja nicht hetzen. Bei Valentin hat es doch auch so lange gedauert«, meinte er. Ich war so sauer, weil er mich und meine Schmerzen gar nicht ernst nahm. »Dann hole ich mir eben ein Taxi«, zeterte ich. Er zuckte mit den Schultern: »Wo ist denn dein Problem?« Mein Problem war, dass das Kind jede Minute kommen würde. Aber natürlich wissen es die Männer besser …

Im Krankenhaus wartete schon meine geliebte Hebamme Eveline auf mich und bestätigte, dass für eine Rückenmarksbetäubung keine Zeit mehr bliebe – tatsächlich war Luna nach drei Stunden schon da. Ich hatte ziemlich viel Blut verloren und mir war hundeelend. Nachdem Til seine kleine Luna ausgiebig bewundert hatte, gab er mir einen liebevollen Kuss – und sagte: »Oh man, bin ich jetzt müde. Du, ich gehe wieder ins Hotel, ich brauche dringend meinen Schlaf.«

Unsere Lilli folgte am 17. Juli 1998 und mit ganzen vier Jahren Abstand komplettierte Emma am 26. Oktober 2002 unsere Chaosfamilie. Allerdings muss ich zugeben, dass ab Kind Nummer zwei die Details verschwimmen, und Kind drei und vier mehr oder weniger nebenherliefen. Nach innen horchen, dem Bauch huldigen, Tagebuch führen, überhaupt wissen, in welcher Schwangerschaftswoche man sich befindet – das sind Privilegien, die den ersten Kindern vorbehalten sind. Die Geburten – nicht weniger schmerzhaft als die ersten. Aber ich wusste, was auf mich zukommt, und dass es nicht drinnenbleiben kann, also Augen zu und durch.

Was ich so unendlich schön daran fand, das zweite, dritte, vierte Mal Mutter zu werden: Alles, wirklich alles wird von Kind zu Kind so viel angenehmer und entspannter. Die Panik, etwas falsch zu machen, diese ständigen Fragen, Unsicherheiten, sinnlosen Vergleiche werden immer weniger. Allein dafür lohnt es sich schon. Was ebenfalls genial ist: wie individuell und unterschiedlich sie sind. Es ist großartig, diesen kleinen, wundersamen Menschen nahe zu sein, und ihnen beim Heranwachsen zuschauen zu können.

Valentin war ein großartiges erstes Kind. Er war ein Ausnahmetalent im Zufriedensein. Egal, ob er den Tag auf der Krabbeldecke verbrachte oder im Wagen durch die Gegend gefahren wurde, er wirkte immer glücklich. Das Leben schien ihm vollends zu gefallen. Luna war sofort »high on life«. Schlafen? Überbewertet. Sie wachte gern nach 15 Minuten Powernap auf und klopfte ausdauernd mit ihren Beinen gegen die Gitterstäbchen ihres Betts. Mit neun Monaten hatte sie ihren ersten Wutanfall, ich schwöre es. Ich hatte gewagt, ihr das Buttermesser wegzunehmen, das ihr Valentin gegeben hatte. Sie schrie so laut – das dürfte damals das ganze Viertel gehört haben. Dabei sah sie so verdammt witzig aus: Propper wie ein Sumoringer – genauso breit wie hoch.

Sie hatte es faustdick hinter den Ohren. Als sie ungefähr zwei war, kam sie zu mir in die Küche gewatschelt und sagte: »Mommy? Una, Valeti, Kekse, Kekse, Kekse.« Ich habe ihr zwei Kekse gegeben und gesagt: »Einen für dich und einen gibst du Valentin.« Kurze Zeit später kam Valentin zu mir und verlangte nach Keksen. »Nein, Valentin, du und deine Schwester hattet einen – das langt.« Sein Blick sagte alles. Ich fand Luna versteckt unter ihrem Bett, natürlich mit beiden Keksen. Als sie vier war, trottete sie stolz wie Oskar in die Küche und präsentierte mir ihren Haarschnitt Modell Nagelschere-Vogelscheuche. Es sah übel aus, passte andererseits aber zu ihren Outfits, denn sie hatte ein Händchen für, sagen wir mal, extravagante Kleiderkombinationen. Til erklärte ihr, dass er ab sofort ihre Haare schneiden würde. Er dachte ernsthaft, dass er vier Berufe gleichzeitig beherrscht: Friseur, Arzt, Innenarchitekt und Filmemacher. Ich sag mal so: Er kann nur eines davon wirklich. Luna zumindest war happy, einen Hairdresser zu haben, der es genau nach ihrem Gusto machte …

Lilli sah als Baby aus wie eine kleine Schildkröte. Sie war so klein und zart, ihr Popo passte perfekt in meine Hand. Anfangs war sie zufrieden wie Valentin – sie weinte fast nie und schlief gern. Als sie anderthalb wurde, legte sich in ihrem Gehirn offensichtlich ein Schalter um – und sie fing lautstark an, der Welt zu erzählen, dass sie ja nun auch da sei. Sie, in Kombi mit Luna, raubte mir den letzten Nerv.

Wir waren zu der Zeit frisch nach Hollywood gezogen. Til hatte fünf Jahre zuvor, an seinem 29. Geburtstag, Flugtickets nach Los Angeles von Bernd Eichinger geschenkt bekommen. »Da, wo du sowieso hingehörst«, waren seine Worte. Lange Zeit hatte Til gehadert, ob er wirklich geeignet für Hollywood sei, aber ich ermutigte ihn ebenfalls: »Schatz, wenn du es nicht zumindest probierst, wirst du es eines Tages bereuen.« Das gab den Ausschlag – und es lief ja wirklich verdammt gut für ihn. *Knockin' on Heaven's Door* war 1997 der erfolgreichste deutsche Film des Jahres. In den Top Ten zwar hinter Filmen wie *Men in Black*, *007 – Der Morgen stirbt nie* und *Die Hochzeit meines besten Freundes*, aber noch vor *Rossini* und dem teuersten französischen Film aller Zeiten, Luc Bessons *Das fünfte Element*.

Das Roadmovie im Quentin-Tarantino-Style über zwei todkranke Männer, die von der Polizei gesucht werden, war der erste Film, den Til über seine eigene Produktionsfirma Mr. Brown Entertainment realisiert hatte. Auch so eine Idee, die er durch Bernd bekommen hatte: »Wenn du unabhängig werden und nicht als Knackarsch der Nation enden willst, musst du die Kontrolle übernehmen.«

Also lebten wir auf einmal mitten in Los Angeles, erst bei Bernd, dann in einem eigenen Mietapartment, für horrendes Geld. Til befand sich die meiste Zeit in Kennlerngesprächen mit Agenten und bei Castings für neue Filme. Ich war zwar megahappy, wieder zurück in Amerika zu sein und mich überall fließend auf Englisch unterhalten zu können. Nur die Wohnsituation machte mir zu schaffen. Mit zwei und später sogar drei kleinen Kindern dort zu leben, wo sich die meisten Menschen aufgestylt zwischen Venice Beach und Sunset

Boulevard bewegten, empfand ich als sehr unentspannt. Als Tils Freundin Désirée Nosbusch zu Besuch kam, fragte sie: »Wie, du hast keine Nanny? Til, das kann Dana doch unmöglich alles allein schaffen. Du musst was machen.« Musste er nicht – ich wollte es genauso haben. »Meine Mom hat uns allein großgezogen, dann schaffe ich das auch.« Außerdem wollten wir unsere Liebe nicht an andere delegieren.

Ich war allerdings überglücklich, als ich Ursula Karven kennenlernte. Sie entpuppte sich nach kürzester Zeit als wertvolle Freundin und Stütze. Sie war es auch, die meine Liebe zu Malibu entfachte. Sie lebte bereits dort und lud mich immer wieder zu sich ein. »Sucht euch doch auch hier etwas, Dana. Dann bist du weg vom ganzen Hollywoodtamtam.« Natürlich leben auch in Malibu einige Stars, aber scheint es für sie so etwas wie ein Entspannungsbecken zu sein: Du begegnest Lady Gaga am Strand im Joggingoutfit, Pierce Brosnan rennt dir unrasiert in Bermudashorts im Supermarkt über den Weg und Matthew McConaughey holt sich seinen Starbuckskaffee im Eremiten-Style. Dieses Örtchen nördlich von Los Angeles mit gerade 13 000 Einwohnern übt einen Schlunzeffekt auf jeden aus, der es betritt. Jedenfalls muss man nach aufgerüschten Menschen hier sehr suchen – die Dichte an Adiletten und Birkenstocks ist definitiv höher als die von Louboutins und Blahniks. Vielleicht liegt es daran, dass die Landschaft schöner ist, als jeder Star es je sein könnte: grandiose Buchten, weite Strände, Dünenlandschaften, Delfine im Meer, wilde Berge, Hänge voller Wein. Es gibt nur wenige Restaurants und ein paar einfache Fischbuden. Super hippe Nachtclubs – braucht niemand. Designerläden? Wozu?

Jeder verliebt sich in diesen Ort und will Teil dieser Hippie- und Surferkultur werden, die die Liebe zu See und Sonne eint. Ich habe mein Herz ebenfalls an dieses paradiesische Nest von einem Ort verloren. Ursula machte ihre Arbeit aber auch extrem gut: Sie fuhr mich direkt an einem Haus vorbei, vor dem ein großes For-Sale-Schild baumelte: »Guck mal, das wäre doch perfekt.« Traumhafte Lage, zehn Minuten zum Point Dume, einem Naturreservat an der Steilküste Malibus, super ruhig, nur leicht renovierungsbedürftig. Wir riefen die Maklerin an – der Preis war für damalige Verhältnisse gesalzen. Aber nicht unmöglich, solange es mit Tils Karriere weiterhin erfolgreich weiterginge.

Abends schwärmte ich von Malibu und rechnete Til vor, dass es keinen Sinn mache, weiterhin so viel Miete zu zahlen, und es sinnvoller sei, in eine eigene Immobilie zu investieren. »Du hast ja recht«, sagte Til. »Aber ich habe Angst, dass wir uns übernehmen. Gibt es nicht noch günstigere Optionen?«

Ich rief die Maklerin an und sagte: »Mein Mann und ich würden gern gemeinsam das Haus besichtigen. Allerdings möchte ich, dass Sie uns noch zwei weitere Immobilien zeigen: eine wesentlich günstigere und eine richtig teure.« Wir besichtigten alle drei Anwesen – und mein Plan ging auf: Til war genauso angetan von dem Haus aus den 60er-Jahren wie ich. Wir schlugen zu. Bereut haben wir das bis heute nicht. Der Wert hat sich sicherlich vervierfacht, die Erinnerungen an all das, was sich hier ereignet hat, ließen sich nicht in Geld aufwiegen. Ich war überglücklich, mit meinem Mann und meinen drei Kindern einen Ort in meinem Heimatland gefunden zu haben, an dem wir Fuß fassen könnten. Dort konnten wir uns auch wieder unerkannt bewegen – den Paparazzi waren ein Herr Schweiger und seine Familie weitestgehend egal. Wir lebten uns blitzschnell ein: Ich konnte voll aufgehen in meinem Job als Mama. Inklusive einer neuen Freundin ganz in meiner Nähe, die mir trotz eigener kleiner Kinder stets unter die Arme griff – offenbar schlugen meine Augenringe die ihren. Ich weiß noch, dass sie mir Lilli mal einen Tag abnahm, als sie schwanger war. Einfach, damit ich mal durchatmen konnte. Irgendwann gegen späten Nachmittag wurde ich unruhig, weil die beiden gar nicht nach Hause kamen. Als Ursula mit einer völlig verheulten Lilli im Schlepptau ankam, entschuldige sie sich unzählige Male. »Es tut mir so leid, Dana, Lilli hat einfach durchgehend geweint. So etwas habe ich noch nie erlebt«, berichtete sie mir. »Ich wollte sie dir erst zurückbringen, wenn sie aufgehört und keine hektischen roten Flecken mehr hat. Aber sie hat gewonnen.« Vielleicht hatte sie sich so rabiat und laut gegeben, weil wir sie immer so niedlich fanden und sie ernst genommen werden wollte …

Tatsächlich entwickelte sich Lilli zu einem ähnlichen Dickschädel wie Luna. Als sie etwa vier Jahre alt war, verliebte sie sich in Pippi Langstrumpf. Ich kaufte ihr daraufhin ein Pippikostüm, das sie fortan nicht mehr auszog – und wenn doch, hat sie so lange getobt, bis ich es gewaschen hatte. Und was hat sie uns mit dem Lied in den Wahnsinn getrieben: »Zwei mal drei macht vier, Widdewiddewitt und drei macht neune, ich mach mir die Welt, widdewidde wie sie mir gefällt.« Manchmal wache ich auch heute noch nachts auf und habe die Melodie im Kopf. In Malibu war Lilli durch ihr Pippioutfit eine kleine Berühmtheit – jeder kannte sie. Genauso wie Luna.

Weil sie so wild war und wie ein Straßenkind aussah, immer dreckig, immer zerzaust, immer ein bisschen zu bunt. Valentin hingegen war in der Kita sofort so beliebt, dass alle Kinder ihn zu sich einluden und alle Mütter verzückt waren. Weil er so lieb, kreativ und cool war und immer einen guten Einfluss auf alle anderen ausübte.

Von Freunden, meiner Schwester oder Journalisten wurde ich oft gefragt: »Ist es nicht anstrengend mit drei, vier Kindern?« Sehr oft hörte ich den Satz: »Wie schaffst du das nur?« Ich habe geantwortet: »Ach, passt schon«, statt zu sagen, was ich wirklich denke: Wieso? Es bringt mir Spaß. Wenn ich ehrlich geantwortet hätte, hätten wahrscheinlich alle gedacht: Ja, ja. Als ob wir ihr das glauben ... Sieh dir doch nur mal ihre Augenringe an und ihr bekleckertes Oberteil. Ich war die Mama, über die die anderen gedacht haben müssen: Bäh, die tut doch nur so, als ob sie alles toll findet. Die Wahrheit ist: Ich empfand die Kleinkinderzeit als extrem schön und nicht so sehr als anstrengend. Wahrscheinlich, weil ich mich mit meiner Familie so »komplett« fühlte.

Das heißt natürlich nicht, dass es im Alltag nicht einiges gab, was ich extrem nervig fand. Je größer die Familie wird, desto vielfältiger werden die Aufgaben. Und da geht es nicht nur um die Laufzeit der Waschmaschine ...

Allen voran: Einkaufen mit drei Kindern – was für ein unfassbarer Unspaß. Drei kleine Kinder in die Autositze heben, von denen Minimum zwei keine Lust dazu hatten. Geschrei und Gestreite während der Fahrten. Und am Ende schläft mindestens ein Kind genau zu einem Zeitpunkt ein, den man wohlwollend als »ungünstig« bezeichnen kann. Als

Emma kam, kauften wir uns ein neues, größeres Auto mit DVD-Player – sogar noch mit eingelegtem Film: *Shrek – Der tollkühne Held*, dieser lustige animierte Film über den pupsenden Oger. Irgendwann konnten wir die Dialoge auswendig mitreden, aber das war egal, denn die Laune aller Kinder und damit auch meine war so viel besser, seitdem wir diesen Wagen hatten. Wie durch Zauberhand verschwanden die Schweißplacken unter meinen Armen – eine der erniedrigsten Begleiterscheinungen, die man als Mutter gratis dazu bekommt: Bei Stress hast du zu schwitzen, also vergiss es, dich aus einer Laune heraus hübsch machen zu wollen und adrett in nudefarbener Seidenbluse rumzulaufen. Als Kleinkindmutter funktioniert Hübsch-Sein genau fünf Minuten lang – bis dich eines der Kinder mit dreckigen Patschehändchen besteigt oder dich eben eine nette kleine Schweißattacke befällt, weil dieser hohe Schreiton irgendeinen Hormonmix freisetzt, der sagt: »Wenn du dein Kind nicht sofort ruhigstellst …« Nur, wie soll man drei Kinder auf der Rückbank des Autos ruhigstellen, wenn man auf den Verkehr achten muss? Eindeutig eine Fehlkonstruktion der Natur … Zum Glück war es in Malibu so ziemlich jedem egal, wie verrotzt, verbabybreit, verkotzt und verschwitzt meine Klamotten aussahen. Zum Glück sind in Amerika alle etwas geduldiger.

Einen kleinen Hauch schlimmer als mit Kindern zu shoppen, ist das Rotze-Kotze-Bingo, das wohl jeder mit Kleinkindern, die in die Kita gehen, durchläuft. Mein Kinderarzt meinte, dass ein Kindergartenkind jedes Jahr zehn Infekte mit nach Hause bringe. Das machte dann bei uns in Hochzeiten

40 Infekte. Von den Bakterien und Viren, die die Kinder brav im Haus verteilten, hatte immer die gesamte Familie etwas. Ich legte Til nahe, Werbung für Tempo zu machen, denn unser Verbrauch an Taschentüchern war gigantisch. Noch schlimmer als der Husten in der Nacht waren nur Durchfallkrankheiten. Eines Tages kam Valentin aus der Kita, fahl und blass – und musste sich zu Hause übergeben. Und zwar jede halbe Stunde. Ich weiß nicht, was für fiese Viren das waren, aber am Ende hatten alle Kinder die Kotzeritis …

Und diese faszinierend-furchtbare Tatsache, dass man nichts gebacken bekommt, wenn Kleinkinder um einen herumwuseln. Meistens kam ich damit klar – spannend war es nur, wenn ich Til abends begreiflich machen wollte, was es bedeutet, mit drei/vier Kindern einen Haushalt zu führen: »Du wirst es nicht glauben, aber ich brauchte heute drei Stunden, um im Wohnzimmer den Boden zu wischen. Erst wollte der eine etwas trinken und die andere Pipi machen und dann umgekehrt. Danach wollten alle Kekse. Anschließend hat Luna Valentin angestiftet, die Popowundcreme an die Wand zu schmieren. Ich musste den Wasserball aus dem Pool fischen, um den sich dann alle gestritten haben. Und am Ende hatte Lilli einen Wutanfall, weil sie die Blumen im Garten nicht abpflücken durfte.«

Spätestens zu dem Zeitpunkt hat sich jeder gut gemeinte Plan, welche Art von Eltern man eigentlich sein will, ohnehin erledigt. Beim dritten oder gar vierten Kind hat man längst den Faden verloren. Wer kann denn auf den Markt gehen und nur die besten regionalen Sachen holen, wenn er vier Kinder hat und fünf Körbe voller Wäsche? Wer kann zur Helikopter-Mutter mutieren? Fragen Sie mal Vierfacheltern, ob sie

Zeit für so was haben. Es ist doch so: Hat das erste Kind Geld verschluckt, sitzt man in fünf Minuten in der Notaufnahme des Krankenhauses. Beim zweiten Kind wartet man eine Woche – wenn es dann nicht rausgekommen ist, geht man augenrollend hin. Beim dritten Kind denkt man: Ach, das wird es überleben. Beim vierten zieht man es vom Taschengeld ab.

Es ist aber auch egal, ob das Erziehungskonzept – so man eines hat – ab Kind drei den Bach runtergeht oder ob man nur zwei Arme für vier Kinder hat. Liebe ist etwas, das man immer parat hat – Liebe lässt sich immer teilen. Die Kleinkinderzeit in Malibu war meine glücklichste überhaupt. Dieser herrliche Wahnsinn als sechsköpfige Familie, oft am Limit und darüber hinaus, mit viel Knatsch, aber auch viel Lachen und unvergesslichen Momenten … Wir alle ein Herz und eine Seele. Dass sich in dieses Familienglück heimlich, still und leise feine Risse zogen, die schleichend größer wurden, habe ich nicht bemerkt. Vielleicht wollte ich das aber auch gar nicht.

EIN STREITFALL NAMENS BELLYBUTTON

Wenn ich mich mit Til nicht gestritten hätte, wäre unser Unternehmen Bellybutton wohl nie entstanden. Zumindest ohne mich. Ich hatte nämlich überhaupt keine Ambitionen, zu arbeiten. »Du machst die Familie, ich verdiene das Geld«, sagte Til – und ehrlich, genauso und nicht anders wollte ich es. Meine Mutter hat gearbeitet, als ich klein war, und es war nicht immer schön, in ein leeres Zuhause zu kommen. Ich wollte zu 100 Prozent für meine Babys da sein. Außerdem ist Muttersein durchaus ein Job. Mir geht es auf den Geist, dass heute vermittelt wird, man sei nichts wert, wenn man »nur« Mutter ist. Dass es dazu gehört, Mutter zu sein *und* Karriere zu machen. Mir geht es auf den Geist, wenn es heißt: »Sie ist eine Working Mum«. Sorry, aber arbeitet nicht jede Mutter – egal ob sie am Ende des Monats dafür von einem Unternehmen Geld überwiesen bekommt oder nicht? Es hat mich wirklich aufgeregt, wenn ich gefragt wurde: »Und was machst du *noch*?«, wenn ich im Gespräch erzählte, dass ich 1/2/3/4 Kinder habe. »Wie, was soll ich *noch* machen? Stimmt, ich schmuse ja den ganzen Tag nur, backe duftende Kekse und spiele mit Bauklötzen. Der Klamottenturm neben der Waschmaschine ist übrigens ein interaktives Kunstwerk … Schauen wir mal, wann er umkippt.«

Ich hatte nie das Gefühl, dass mir etwas fehlt. Zumal Til mich in fast jede seiner Entscheidungen involvierte. Das stellte für mich einen wichtigen Teil unserer Partnerschaft dar, weil ich mich von ihm gebraucht fühlte. Ich habe also nicht nur »Gugugu«- und »Gagaga«-Gespräche geführt, sondern konnte Til beraten und damit uns als Familie unterstützen. Ich fand, dass wir viele Jahre ein tolles Team waren, in dem ich den Part innehatte, ihn zu inspirieren, anzustupsen und zu motivieren, an sich selbst zu glauben. Natürlich gab es auch andere wertvolle Ratgeber wie Bernd Eichinger, seine Brüder und engen Freunde. Aber gerade als Partnerin erspürt man vieles, weil man den anderen in- und auswendig kennt, weil man einen authentischen Blick hinter die Fassade hat – und wirklich weiß, was den anderen bewegt. Das ist das Schöne an einer Partnerschaft, wenn sie intakt ist und ausreichend Liebe und Vertrauen vorhanden sind. Dann kann man genau im richtigen Moment den entscheidenden Anstupser geben. Und das habe ich immer wieder getan …

Einmal waren wir in Köln in einer Buchhandlung, es war etwa 1995, als ein Typ Til ansprach: »Ich bin Regisseur, na ja, zurzeit Taxifahrer…«, sagte er und meinte, dass er bereits Drehbücher geschrieben habe. Er fragte: »Dürfte ich dir mal eines schicken?« Til war super nett zu ihm, sagte »Mach ruhig!«, blieb dabei aber unverbindlich. Solche Bemerkungen gab es oft, denn auf nette oder auch nicht so nette Weise möchten viele Menschen etwas vom Erfolg abhaben. Als einige Zeit später wirklich ein Drehbuch im Briefkasten lag, war Til zunächst mäßig interessiert, es zu lesen. Ich aber sagte zu ihm: »Gib ihm eine Chance, so schlecht klang seine Story doch gar nicht. Und wer weiß, wofür es gut ist.«

Der Taxifahrer war Thomas Jahn und er war es, der die Idee zu *Knockin' on Heaven's Door* hatte. Nachdem Til das Drehbuch gelesen hatte, war er Feuer und Flamme und versprach Thomas, dass er Regie führen dürfe, wenn Til einen Produzenten gefunden hätte. Als er den Film tatsächlich finanziert bekam, sagte er zu mir: »Verdammt, ich habe vergessen, denen zu verkaufen, dass Thomas da Regie führen soll. Das machen die doch nie mit einem unerfahrenen No-Name-Filmhochschulabsolventen, der sich mit Taxifahren über Wasser hält …« Ich erwiderte: »Warum gründest du nicht endlich deine eigene Produktionsfirma? Wovor hast du denn Angst? Du hast so viele Ideen und Visionen. Mit deiner eigenen Firma könntest du bestimmen, wer was macht!«

Bernd Eichinger hatte Til dies schon oft geraten. Damit er nicht nur für Rollen gecastet würde, bei denen lediglich ein hübscher Knackarsch ohne Grips rumhampelte, sondern etwas Eigenes aufzöge. Er zögerte zunächst, aber tatsächlich gab ihm unser Gespräch den nötigen Ruck und er stand so sehr hinter dem Projekt, dass er die letzten Bedenken abschüttelte.

Seine erste Produktionsfirma trug wie schon erwähnt den Namen Mr. Brown Entertainment. Er entstand bei uns am Küchentisch – eine Ode an Tils großes Vorbild Quentin Tarantino, dessen Rolle in *Reservoir Dogs* die des Mr. Brown war. Ich hatte ihn mir natürlich angeschaut, damals im Berliner Hotelzimmer, als ich hochschwanger war – Valentin und ich haben keinen bleibenden Schaden davongetragen.

Das beides sind für mich Anstupser gewesen, die so oder so ähnlich in jeder Partnerschaft stattfinden. Keine große Sache, aber immer wieder Schritte, die weitreichende Folgen haben können. Der mit Abstand abenteuerlichste Anstupser war die Namensfindung für seine zweite Produktionsfirma. Zu meinem 32. Geburtstag schenkte mir Til eine Überraschungsreise nach Mexiko. Ganz romantisch, nur wir beide, ohne Kinder. Das erste Mal. Meine Eltern reisten extra aus Seattle an und passten auf die Kinder auf. Mit der Urlaubsanlage traf Til genau meinen Geschmack – man konnte sie nur quer durch einen Dschungel erreichen, um anschließend per Boot in einer Bucht anzukommen, die paradiesisch war. Die Unterkünfte waren einfach gehalten, aber stilvoll und auf der anderen Buchtseite befand sich das Restaurant und Hauptgebäude, in dem man mit dem besten mexikanischen Essen verwöhnt wurde.

Wir bezogen einen Bungalow direkt am Strand, mit Außendusche und einem mega lässigen riesigen Daybed auf der Veranda, auf dem wir den ganzen Tag lagen und Bücher lasen. Als die Sonne unterging, wollte Til die Kerzen und Laternen im Bungalow anmachen, denn es gehörte zum Konzept, dass es keinen Strom gab. Er kam schreiend, auf einem Bein tanzend, wieder heraus. Unfairerweise habe ich angefangen mich totzulachen, weil ich dachte, dass er sich »nur« den Zeh gestoßen hat. »Was machst du denn für einen Aufstand, du Weichei?«, neckte ich ihn. Er rief: »Mich hat irgendwas gebissen. Das tut bestialisch weh.« Wir sind mit einer Taschenlampe in den Bungalow gegangen und mir verging das Lachen sofort, denn da krabbelte ein beachtlicher Skorpion herum. Til nahm das nächstbeste Buch und haute es auf den Skorpion. Geistesgegenwärtig packte er das tote Viech in ein Glas – um dann total hysterisch zu werden. »Ich sterbe«, schrie er. »Dana, ich sterbe hier!« Ich versuchte ihn zu beruhigen, weil ich wusste, dass sich das Gift schneller ausbreitet, wenn man voller Adrenalin ist und sich aufregt. Auf einmal fand ich die Ach-so-romantisch-abgelegene-Hütte mitten im Dschungel gar nicht mehr so toll. Ich bin am Strand entlanggelaufen und pfiff wie eine Wahnsinnige, damit das Personal auf der anderen Buchtseite auf uns aufmerksam wurde. Nach einer gefühlten Ewigkeit kam endlich jemand, der uns rüber zur Hauptanlage schipperte. Dort sah sich der Hotelmanager den toten Skorpion an, bekam sofort einen hektischen Atem, griff nach einer Ampulle des Gegengifts aus seinem Kühlschrank und sagte »Los, los. Wir brauchen vermutlich noch mehr Gegengift. Das ist ein Skorpion, mit dem nicht zu spaßen ist.« Er setzte uns in seinen Wagen, um mit Vollkaracho zum einzigen Arzt in der Umgebung zu fahren. Mittlerweile war es stockdunkel und wir fuhren und fuhren und fuhren durch den düsteren Dschungel. Es war irreal: Ich stand unter Schock, während Til immerzu beschrieb, wie es ihm gerade ging: »Jetzt kribbelt es schon in meinem Gesicht. Was bedeutet das? Es fühlt sich an, als würden Tausende von Ameisen drüberkrabbeln. Jetzt ist der Schmerz nicht mehr nur im Fuß. Jetzt geht er Richtung Knie.«

Die einzige Arztpraxis der Umgebung entpuppte sich als eines von fünf ärmlichen Häusern eines Dorfes. Im Behandlungszimmer war alles total dreckig, von der Decke hing eine nackte Glühbirne, das Kind des Arztes fuhr mit seinem Dreirad und im Pyjama immer um unsere Beine herum. Es gab eine Pritsche und eine kleine Glasvitrine mit spärlichen medizinischen Utensilien, aber immerhin weiteren Einheiten des Gegengifts.

Als ich die schlichte Umgebung sah, dachte ich: Okay, Til wird hier sterben. Ich griff mir den Hotelmanager und sagte: »Hören Sie, das geht so nicht. Sie müssen einen Helikopter rufen, mein Mann muss in ein vernünftiges Krankenhaus.« Der Manager schüttelte nur den Kopf: »Keine Zeit mehr. Sonst ist Ihr Mann tot.« Insgesamt fünf Einheiten spritzte der Arzt Til, bis sich eine Wirkung einstellte und wir alle aufatmen konnten. Wir hatten riesiges Glück, das überhaupt so viele Einheiten des Gegengifts vorhanden waren.

Zu dem Zeitpunkt waren die Nerven allerdings bereits so stark angegriffen, dass der Schmerz erst nach fast einer Woche wieder verschwand. In der ersten Nacht weinte Til immer wieder. Ich sagte: »Jetzt kannst du dir ungefähr vorstellen, wie schmerzhaft es ist, ein Kind auf die Welt zu bringen. Aber keine Sorge: Nach ein paar Tagen bist du wieder völlig in Ordnung.« Er sagte zu mir: »Du bist so gemein.« Aber dann mussten wir ausgiebig lachen, weil wir mit einem Schrecken und einem schmerzenden Bein davongekommen waren – wie wir danach erfuhren, sterben jährlich bis zu 1000 Menschen in Mexiko an einem Skorpionbiss.

Das Buch, mit dem Til den Skorpion erledigt hatte, war das Drehbuch zum Film *Barfuß* über ein Mädchen, das niemals Schuhe trägt, der 2005 mit Til und Johanna Wokalek in den Hauptrollen in die Kinos kam. Als ich es in Mexiko sah, sagte ich zu Til: »Na, wenn das kein Zeichen ist. Du bist barfuß auf den Skorpion getreten – und hast ihn ausgerechnet mit diesem Drehbuch gekillt. Du solltest deine neue Produktionsfirma vielleicht Barefoot nennen.« Das machte Til dann auch und mittlerweile sind eine Einrichtungslinie, ein Hotel und ein Restaurant mit dem gleichen Namen hinzugekommen.

Der Anstupser, den *ich* wiederum von Til bekam, wenn auch eher unfreiwillig, passierte in einem anderen Urlaub. Kurz zuvor hatte Ursula Karven mich gefragt, ob ich nicht Lust hätte, mein eigenes Geld zu verdienen. »Ich habe eine Idee, die garantiert funktioniert«, versuchte sie mich neugierig zu machen. »Von der muss ich dir unbedingt erzählen.« Aber ich winkte ab: »Es ist so lieb, dass du an mich denkst, aber ich bin gar nicht interessiert. Ich habe zwei Kinder, bald drei … Ich bin gern einfach nur Mama. Mehr möchte ich nicht.«

Dann überraschte uns Til mit einem Familienurlaub auf Hawaii – den ersten, den wir uns als Familie gemeinsam leisten konnten. Das hatte natürlich nicht viel mit einem chilligen Sonnenurlaub zu tun und die ausgedehnten Restaurantbesuche nach einem Strandtag, die Til so liebte, waren auch nicht wirklich möglich. Ich sagte ihm: »Das kannst du knicken. Von Sonne und Meer müde Kinder haben im Restaurant eine Halbwertszeit von etwa 20 Minuten in ihren Hochstühlen.« »Na, dann sitzt einer auf meinem Schoß.« Aber dann war das andere natürlich eifersüchtig. Und kreischende und eifersüchtige Kinder sind nicht unbedingt schön, wenn man sein Essen genießen will.

Abgesehen von solchen »Nichtigkeiten« war es super schön. Dieser Ort ist aber auch magisch. Ich fragte mich ernsthaft, warum ich den Traum, den ich mit 18 Jahren hatte, auf Hawaii eine Kaffeeplantage zu gründen, eigentlich nie weiterverfolgt hatte? Die Zeit auf Hawaii vergeht irgendwie langsamer, die Natur ist überwältigend und diese gelassene Aloha-Philosophie liegt mir extrem.

Leider kam es auf dem Rückflug zu einem Rieseneklat zwischen Til und mir. Der Grund: Er hatte unsere Economyflüge auf Businessstatus upgegradet – fand dann aber meine Reaktion nicht angemessen. Angeblich hätte ich mich zu wenig darüber gefreut. Er stänkerte rum und nuschelte so was wie »undankbar«, »dann eben nicht« vor sich hin.

Das wiederum regte mich total auf – deswegen bin ich mit den Kindern kurzerhand zum Economyschalter marschiert und habe uns aus lauter Trotz wieder normale Tickets geben lassen. Und anschließend bin ich, schwanger mit Lilli, fünf Stunden mit Luna auf dem Schoß und Valentin neben mir zurückgeflogen, weil ich keine Lust hatte, ihn dafür huldigen zu müssen, dass er seine Vielfliegermeilen nutzt, um seiner Familie bessere Tickets zu verschaffen. Wir haben sogar noch im Taxi vom Flughafen nach Hause weitergestritten, sodass der Taxifahrer mich sorgenvoll fragte, als wir ausstiegen: »Ma'am, alles okay bei Ihnen beiden?«

In der Nacht lag ich wach, mehr als mit zwei kleinen Kindern ohnehin schon, und musste an die Worte meiner Mutter denken, die uns Mädchen so oft gepredigt hatte, sich unabhängig zu machen und eigenes Geld zu verdienen. Direkt am nächsten Tag rief ich Ursula an und sagte: »Erzähl mir bitte von deiner Geschäftsidee. Es könnte sein, dass ich doch interessiert bin.« »Klar, komm rüber«, antwortete sie. Ich habe die Kinder eingepackt, bin zu ihr gefahren und sie legte los: »Kennst du Jennifer, die Frau von Sylvester Stallone? Die macht seit ein paar Jahren eine Hautpflegeserie, die direkt über einen

Shoppingsender verkauft wird – und ist super erfolgreich. Ich sage dir, das können wir auch.« Jennifer Flavin Stallone arbeitete ebenfalls als Model und durch ihren Mann hatte sie einen bekannten Namen. Also in etwa so wie wir beide: Ursula, die zu der Zeit schon in einigen deutschen TV-Produktionen mitgewirkt hatte, und ich, die »Frau von …« mit Modelskills. Ich fand Ursulas Idee ziemlich genial. Til meinte nur: »Wenn du meinst, dass du das machen möchtest.« Ich vermute, anfangs belächelte er unser Engagement, wie es auch Ursulas Mann tat, aber als Bellybutton ein paar Jahre später durch die Decke ging, war er richtig stolz auf mich.

Zunächst aber haben wir ein Konzept für eine Anti-Aging-Produktlinie entwickelt und einen Termin bei QVC in München gemacht, um dort über eine mögliche Homeshoppingshow zu reden. Alle waren furchtbar nett und hatten Lust, mit uns zusammenzuarbeiten. Aber ich stand in den Studios, guckte bei einer Show zu und dachte auf einmal, dass es sich gar nicht so gut anfühlte, wie es sollte. »Ich kann das nicht«, sagte eine Stimme in mir. »So dastehen, in meinem gebrochenen Deutsch rumplappern und den Zuschauern erzählen, warum sie un-un-unbedingt unsere Creme kaufen sollen. Das bin ich nicht.« Als wir raus waren, erzählte ich Ursula von meinem unguten Gefühl. Sie war ziemlich angefressen, weil ich nicht im Fernsehen auftreten wollte und unser Plan plötzlich zusammenbrach. Aber sie akzeptierte es, denn mal abgesehen davon, dass sie längst eine gute und verständnisvolle Freundin war, ist sie auch eine große Vertreterin davon, auf seine Intuition zu hören. Und wenn die so laut schreit, wie sie es bei mir tat, wäre sie die Letzte, die nicht erkennt, dass irgendetwas dran ist.

Wir trafen uns kurze Zeit später wieder bei Ursula, um erneut zu brainstormen, was wir auf die Beine stellen könnten. Dort ließ mich meine Schwangerenblase mehrmals auf die Toilette gehen. In Ursulas Badezimmer bin ich beinahe hintenübergefallen. Ich wusste schon, dass Ursula der totale Beautyjunkie war. Aber ihr Bad hätte auch ein Pop-Up-Store einer Douglasfiliale sein können: Cremes und Tiegel, Ampullen und Öle soweit das Auge reichte. »Benutzt du das wirklich alles?«, wollte ich von ihr wissen. »Klar«, sagte sie und erklärte mir, was wofür ist: »Die für die zarte Haut unter den Augen, die fürs Dekolleté, das für die Lippen. Die massiere ich ein gegen Cellulite, die ist für den Bauch, die für dies und das und jenes …« Bis zu dem Zeitpunkt, muss ich gestehen, hatte ich nicht daran geglaubt, dass man für jedes Körperteil eine Creme benötigt, aber Ursula war gerade Mutter geworden und sah schon wieder so unfassbar gut aus – vielleicht spielten die Produkte doch eine Rolle …

»Und was genau verwendest du für das Baby?« Da legte sie wieder los mit dem Aufzählen: eine Creme fürs Gesicht, eine für die Kopfhaut, eine für den Körper, eine zum Bäuchleinmassieren – und so weiter. Eine Armada an Produkten, alles immer von ganz verschiedenen Firmen. »Sag mal«, überlegte ich laut. »Wie wäre es, wenn wir Produkte entwickeln, die speziell für die Schwangere oder die frischgebackene Mutter sind? Guck dich an – du hast schon so kurze Zeit nach der Geburt deines Sohnes wieder unfassbar tolle straffe Haut, um die dich jede frischgebackene Mama beneidet. Ich jedenfalls würde dir alles abkaufen.« Ursula fand die Idee sofort super und ergänzte noch: »Und wie wäre es, wenn die Produkte auch fürs Kind funktionieren?«

Wir waren ganz euphorisch: Je mehr Ideen wir hatten, desto richtiger fühlte es sich für uns beide an und die Intuition sagte beschwingt Ja! Erst recht, als wir noch den passenden Namen fanden: *Bellybutton*. Das ist ein Wort, das so schön sympathisch ist, denn jedes Kind ist mit seiner Mutter über die Nabelschnur verbunden und man assoziiert sofort Wörter wie »Geborgenheit«, »Vertrauen«, »Schutz« damit. Für uns war von Anfang an wichtig, dass die Produkte ohne Tierversuche hergestellt und »organic«, also bio, sein sollten. Umstrittene Inhaltsstoffe wie Farbstoffe oder Parabene haben wir sofort ausgeschlossen. Man will als (werdende) Mutter schließlich so wenig Chemie wie möglich an sich, den Bauch und sein Kind herankommen lassen.

So richtig klar, auf was für eine Marktlücke wir da gestoßen waren, wurde uns aber erst, als wir die Apotheken und Drogerien nach vergleichbaren Produkten abcheckten, denn damals gab es kaum Produkte, die gegen Dehnungstreifen, wunde Brustwarzen und schwere Beine angeboten wurden oder die speziell für Babyhaut entwickelt waren.

Dann sind wir auf die Suche nach Kosmetiklaboren gegangen, die unsere Wunschprodukte in die Wirklichkeit umsetzen konnten. Wir sind dafür quer durch Kalifornien gedüst, um Gespräche zu führen und Angebote einzuholen. Und zwar mit meinem 72er Bronco, damals mein ganzer Stolz. Das Ding war ein Koloss von einem Wagen. Kennen Sie Monstertrucks? So einer war das – nur ohne extragroße Rennreifen. Als ich ihn gekauft hatte, zeigte mir Til einen Vogel, aber dann hat ihn auch das Broncofieber gepackt, nicht zuletzt, weil er an der Reaktion unserer Freunde merkte, wie cool alle den Wagen fanden. Als er zu einem Meet and Greet mit Drew Barrymore eingeladen war, wollte er, um sie zu beeindrucken, den Bronco nehmen. Ich musste so lachen, als er ihn zuerst nicht anbekam … Drew fand ihn sehr süß – ob das an dem Bronco lag oder seinem Lächeln, vermag ich nicht zu sagen …

Ursula und ich dürften einen filmreifen Anblick geboten haben, wenn wir unsere Parkplatzpausen in dem Bronco machten, auf dem Weg zum nächsten Labor. Ursula pumpte mit ihrer Milchpumpe Milch ab und ich saß mit Melonenbabybauch neben ihr. Aber genau so war das damals 1997. Die Anfangszeit von Bellybutton werde ich immer mit meinem Bronco verbinden. Leider musste ich ihn relativ schnell wieder verkaufen, weil er null kinderkompatibel war. Der Motor machte so einen Lärm, dass die Kinder jedes Mal schockiert geweint haben, wenn ich losfahren wollte.

Als wir ein Labor gefunden hatten, das uns hochwertige Proben anfertigte, überlegten wir, wen wir ins Boot holen könnten, um die Finanzen zu übernehmen – denn von Buchhaltung, Steuern oder Gesellschaftsformen hatten wir keine Ahnung. Ursula fiel Katja Emcke ein, eine Freundin aus Deutschland, die Betriebswirtschaft studiert hatte. Katja war gleich Feuer und Flamme und als Vierte im Bunde heuerten wir ihre Schwester Annette Bode an, weil sie Public Relations studiert hatte. Wir beschlossen zu viert, dass wir unsere Produkte in Deutschland und dort nur in Apotheken anbieten wollten. Deutschland, weil Ursula und ich hierzulande einfach bekannter waren und der Markt übersichtlicher – in den Apotheken, weil wir fanden, dass unsere Produkte genau dorthin gehörten und dort auch ernst genommen werden würden.

Als wir mit unseren Testprodukten aus L.A. ein Labor in Deutschland gefunden hatten, das unsere Bedingungen akzeptierte, Naturkosmetik zu entwickeln, die ohne Tierversuche, Farbstoffe und Parfüm auskommen sollte, konnten wir loslegen. Das hieß, dass Ursula und ich regelmäßig nach Deutschland fliegen mussten. Wir schliefen bei Freunden, weil wir als kleines Start-up wenig Geld für Reisen oder Hotels hatten. Und dann sind wir losgezogen, um unsere Marke bekannt zu machen. Wir versuchten, so viel Werbung wie möglich selbst zu machen und waren uns für nichts zu schade. Wir verschickten E-Mails an unsere Freundinnen und schrieben: »Hallo, wir finden unser Produkt ziemlich geil und würden uns freuen, wenn du es ausprobierst und weiterempfiehlst.« Aber Hauptbestandteil unserer Werbekampagne made by us war, dass wir mit einem Rollkoffer, gefüllt mit unseren Produkten, von Apotheke zu Apotheke gejuckelt sind. Wir taten so, als befänden wir uns auf dem Weg zum Flughafen und fragten die Apothekerinnen wie beiläufig: »Kennst du eigentlich Bellybutton?« Offensichtlich haben wir das ganz gut gemacht, denn die meisten haben uns sofort in ihr Sortiment aufgenommen, natürlich verbunden mit dem Versprechen, für einen Promotionstag zur Verfügung zu stehen.

Diese Werbetage in den Apotheken, von denen wir unendlich viele gemacht haben, damit uns die Laufkundschaft kennenlernen konnte, habe ich als am lustigsten in Erinnerung. Ich stand da, in der Hand eine Packung mit unserem Massageöl »Streifenlos« gegen Dehnungsstreifen und habe mit meinem gebrochenen Deutsch jede Oma, die reinkam, angesprochen: »Kennst du Bellybutton? Das sind ganz tolle neue

Pflegeprodukte für Schwangere und Kinder.« Die haben natürlich erwidert: »Nein, kenne ich nicht. Ich bin aber auch nicht schwanger. Und ein Kind bin ich auch nicht.« Ich jedoch ließ nicht locker: »Aber du hast doch Haut! Das ist für jede Haut schön. Probier es doch mal aus!«

Wir hatten also einerseits extrem viel Spaß und andererseits extrem wenig Geld. Ich erinnere mich noch daran, dass wir immer sparen mussten. Annette, unsere Schatzmeisterin, hat es immer ein bisschen zu genau genommen. Sie hat zum Beispiel gesagt: »Was? Du bist S-Bahn gefahren? Du hättest doch auch gehen können!« Ihr egal, ob man vier Koffer mit Probeprodukten mit sich rumschleppen musste. Oder: »Was? Du hast zu Mittag eine Currywurst mit Pommes gegessen? Das geht nicht, das können wir uns nicht leisten.«

Nach und nach machte die Runde, dass Ursula Karven, Dana Schweiger und andere coole Mamas ein paar Produkte auf den Markt geschmissen hatten, die wirklich etwas konnten – und so bekamen wir immer mehr Presse. Als wir ins Frühstücksfernsehen eingeladen wurden, überlegte ich, in welchem Outfit wir uns gemeinsam präsentieren könnten, sodass es harmonisch aussähe. Ich besorgte Ursula und mir einfach zwei weiße T-Shirts, auf die ich mit einem fetten schwarzen Stift schrieb: www.bellybutton.com und »Nur erhältlich in der Apotheke«. Auch für die Fotos in der *Gala*, die ebenfalls über uns berichtete, trugen wir die selbstgemachten Shirts. Erstaunlicherweise riefen dann die Leserinnen und Zuschauerinnen bei uns im Büro an, weil sie wissen wollten, wo sie diese T-Shirts bekommen könnten. Also ließen wir kurzerhand welche anfertigen und stellten schnell fest, dass die Gewinnspanne für Kleidung viel höher ist als für Kosmetikprodukte.

Zu der Zeit, etwa im Jahr 2000, kam Astrid Schulte als geschäftsführende Gesellschafterin hinzu – sie brachte richtig Wumms in die Sache und sagte: »Mädels, da machen wir jetzt eine große Nummer draus!« Sie motivierte uns, mutiger zu werden und zu expandieren. Wir fingen im großen Stil an, Kleidung für Schwangere und später auch für Babys zu entwerfen. Dafür haben wir einfach unsere Lieblingsteile genommen, die wir während unserer Schwangerschaften getragen hatten, und uns gefragt, wie wir sie noch lässiger, bequemer und chicer gestalten könnten. Die Kollektion sollte aus lauter Wohlfühlklamotten bestehen, die tagsüber entspannt getragen werden konnten und abends mit High Heels partytauglich würden. Und es sollte endlich eine coole Jeans für Schwangere geben. Zu der Zeit waren ja diese super teuren Modelle von 7 For All Mankind oder Citizens of Humanity angesagt, für die man gern mal über 150 Euro zahlen musste – pro Bein. An denen haben wir uns orientiert, weil die Waschung tatsächlich extrem cool war. Allerdings war unser Modell sehr, sehr viel preiswerter.

Unsere Jeans mit dem entspannten Bündchen, das sich so schön an den Babybauch kuschelt, wurden ein absoluter Verkaufshit. Ich kenne Frauen, die sie sogar noch trugen, als das »Baby« längst in die Schule ging. Lustig, dieser Zufall, dass ich etwa 30 Jahre nach meiner Mutter nun selbst meine eigene Jeans verkaufte …

Wie schon mit den Beautyprodukten haben wir mit der Kleidung für Schwangere und später mit den Babyklamotten in gedeckten Tönen sowie den hübschen Spucktüchern einen Nerv getroffen. Einfach, weil es weder coole Schwangerschaftsklamotten gab noch bezahlbare, hübsche Babykleidung, die nicht knallpink oder blau war. So wurden wir von Jahr zu Jahr erfolgreicher. Das Sortiment wurde übers Internet sowie in rund 380 verschiedenen Läden in Deutschland vertrieben. Der jährliche Umsatz wuchs von rund 25 000 auf fast sechs Millionen Euro und es gab Zeiten, in denen wir monatlich bis zu 4000 Mails bekamen, die Kundinnen uns schrieben, weil sie so dankbar darüber waren, ihre Bäuche nicht in sackförmigen Oberteilen verstecken und in unförmigen und zwickenden Hosen rumlaufen zu müssen.

Gigantisch, wenn man bedenkt, dass ich nur etwas Geld verdienen wollte, um bei Bedarf meine eigenen Flugtickets zu bezahlen. Das hatte ich immerhin dem Streit mit Til zu verdanken. Auf einmal war ich eine »Mompreneur«, wie es heute so schön elegant heißt, eine Mutter, die Unternehmerin ist und von Freundinnen und Journalisten gefragt wird, welche Tipps sie als erfolgreiche Gründerin geben kann. Tatsächlich antworte ich darauf: dass Bellybutton von Frauen gemacht wurde! Wir fünf Frauen wussten immer genau, was wir machen und für wen. Wir haben selbst insgesamt 16 Kinder auf die Welt gebracht und da weiß man ganz genau, was man für sich und sein Kind will. Wir haben uns nicht von Männern in Laborkitteln oder von irgendwelchen Marketingkerlen reinreden lassen, die nur an den Profit dachten. Uns ging es in erster Linie darum, etwas Schönes zu machen, zu dem wir stehen können, und erst danach darum, auch Geld zu verdienen. Und schon damals war uns wichtig, dass jede Mitarbeiterin die Arbeitsbedingungen bekommt, die sie braucht, um Beruf und Familie zu vereinen. Ich bilde mir ein, dass wir durch diese mütterfreundliche Haltung für eine tolle Stimmung im Unternehmen gesorgt haben.

Dass wir auf unsere Intuition gehört haben. Gerade bei einem Start-up gehört viel Mut und Bauchgefühl dazu, wenn man von einem neuen Produkt überzeugt ist und es auf den Markt bringen will – man kann den Erfolg ja nicht voraussehen und deswegen nur wenig vorab berechnen. Man kann einzig darauf vertrauen, dass es sich »richtig« anfühlt und das tat es.

Dass wir an uns geglaubt haben. Tils Mutter sagte zu mir: »Aber es gibt doch genug Kosmetik auf dem Markt. Wozu macht ihr jetzt auch noch was?« Von solchen Meinungen haben wir uns nicht abhalten lassen. Im Gegenteil: Wir konnten uns gar nicht vorstellen, keinen Erfolg zu haben. Deswegen hatten wir auch keine Angst. Wir haben die Zeitungen angerufen und gesagt: »Das sind wir!« Natürlich hatten wir einen Vorteil, denn unsere Namen waren bekannt, aber wenn die Produkte nicht gestimmt hätten, wäre der Namensbonus schnell verpufft.

Dass wir eine Vision hatten. Wir wussten von Anfang an, dass unsere Produkte absolut natürlich sein sollten, biozertifiziert, hochwertig, aber bezahlbar und glaubwürdig. Der Biotrend fing gerade an, dazu unsere Authentizität – das haben uns unsere Kundinnen abgenommen.

Aber so schön das alles war, es gab auch die Kehrseite der Medaille: Nicht selten wuchs mir die neue Aufgabe über den Kopf – wir alle hatten nicht mit diesem Wahnsinnserfolg gerechnet. Das hat Til natürlich auch zu spüren bekommen, weil ich nun auf einmal Geschäftsreisen machen musste und nicht länger automatisch zu Hause bleiben wollte, um auf die Kinder aufzupassen. Aber auch wenn er schon mal genölt hat: »Das ist nicht der Deal. Der Deal war, dass ich das Geld verdiene und du dich um die Kinder kümmerst«, hat er mir geholfen, wenn seine Zeit und die Dreharbeiten es zuließen. Für ihn war das eine gewaltige Umstellung, denn ob man als vielreisender Papa nach Hause ins gemachte Nest kommt – oder die Rasselbande plötzlich allein managen muss, ist ein immenser Unterschied. Anfangs gefiel uns der Rollentausch. Til wollte beweisen, dass er es locker auch schafft – was natürlich nicht immer der Fall war. Ich erinnere mich noch an dieses eine Mal, als ich nach Deutschland fliegen wollte – und es gerade mal bis zum Flughafen in Los Angeles geschafft hatte, als schon mein Handy klingelte und Til panisch rief: »Dana, du musst sofort zurückkommen! Die Kinder drehen total durch. Die haben es irgendwie geschafft, den Garten mit der Bewässerungsanlage unter Wasser zu setzen. Ich weiß nicht, was ich machen soll.« Am liebsten hätte ich losgeprustet, aber natürlich habe ich ihn beruhigt und gesagt: »Schatz, du schaffst das. Das wird schon …« Natürlich schaffte er es. Und ich konnte beruhigt einchecken.

Wie schön es war, in den Flieger zu steigen, kann wohl jedes Elternteil nachvollziehen, das (das erste Mal) eine Auszeit vom Familienwahnsinn nehmen kann. Dieser Luxus, 24 Stunden nur für sich zu haben. Was man auf einmal alles gebacken kriegt. Und wie traumhaft es ist, einfach mal durchzuschlafen – auch wenn ich es bis heute nicht mehr hinbekommen habe, länger als bis 9 Uhr zu schlafen. Der körpereigene Wecker einer

Mutter ist offensichtlich dauerhaft eingestellt auf »Allerherrgottsfrühe«. Und ist es nicht erstaunlich, wie schnell und stark man die schmatzenden Schnuffelgeräusche, klebrigen Küsse, fisseligen Haare und fiepsigen Stimmchen vermisst? Was es für ein Fest war, wieder zurückzukommen – um nach fünf Minuten ernüchtert zu sein, wenn die anfänglichen zärtlichen Umarmungen nahtlos in die üblichen »Mich-hat-Mama-lieber«-Konkurrenz-Keilereien übergingen.

Etwa 2001 zog sich Ursula aus der Bellybutton-PR heraus, um sich auf ihr Yoga-Thema zu konzentrieren. So wurde ich mehr und mehr zum Gesicht der Marke und natürlich war ich es dann, die auf alle Veranstaltungen und wichtigen Termine gehen sollte. Je mehr Zeit ich allerdings abzwacken musste für Bellybutton, desto größer wurde mein schlechtes Gewissen. Damit hatte ich nicht gerechnet. Diese ständige Gratwanderung: Bin ich genug für meine Kinder da? Bin ich genug für das Unternehmen da?

Die Kinder brauchen Ganztagesbetüddelung, während 100 Mails darauf warten, beantwortet zu werden. Die Kunden wollen Aufmerksamkeit in einem Meeting, während man die halbe Nacht wach war, weil eines der Kinder hustete, fieberte oder albträumte. Der Anspruch an mich selbst, sowohl als Mutter als auch als Gründerin und Partnerin voll da zu sein, machte die Sache nicht einfacher.

Ich fragte mich oft, wie andere Mütter das alles schafften. Kinder, Haushalt, funktionierende Partnerschaft und noch mal eben das eigene Start-up auf den Weg bringen. Wenn jemand so tut, als wäre das einfach, ist das eine Illusion. Zumindest habe ich das festgestellt. Diese Mütter machen es genauso wie wir anderen: mit Tränen und Ausrastern, mit

Umarmungen und Küssen, jeden Tag aufs Neue, einen Tag nach dem anderen.

Manchmal habe ich an einem dieser hektischen Tage gedacht: Warum tust du dir das eigentlich an? Das wolltest du doch gar nicht für dein Leben. Andererseits bin ich meinen Weg gegangen und froh über den streitbaren Anstupser von Til – und das Abenteuer mit dem »Club der schönen Mütter«, wie eine Zeitschrift uns Bellybuttonbesitzerinnen mal nannte, erleben dürfen. All die Widrigkeiten, die schlaflosen Nächte, die Grabenkämpfe mit dem Partner, wer tagsüber zu Hause bleibt, wenn das Kind zu krank für die Kita ist, sollten keine Frau davon abhalten, ihr Ding zu machen. Entscheidend ist, dass das, was sie auf die Beine stellen will, etwas Besonderes ist, eine Idee, ein Produkt, eine Firma, eine Reise, etwas, wofür es sich zu kämpfen lohnt, Kritik einzustecken oder gar belächelt zu werden. Mein Motto ist: »Solange du liebst, was du tust, solltest du alles daransetzen, es auszuprobieren.«

Und weswegen meines Erachtens gerade Frauen so gute Gründerinnen sind: weil ein Projekt wie beispielsweise Bellybutton im Grunde ist wie ein weiteres Kind. Es ist wieder so verdammt anstrengend, es hält einen nachts wach und zaubert gewiss weitere Falten ins Gesicht. Aber man liebt es und möchte, dass es wächst und irgendwann laufen lernt. Und dass man am Ende verdammt stolz darauf sein kann.

ZWEI KOFFER GEGEN 200 KARTONS HEIMAT

»Liebe ist ein Duett. Schwindet sie bei einem, verstummt das Lied.« Das ist ein Zitat von Adelbert von Chamisso, einem deutschen Dichter. Ich werde jetzt nicht so tun, als hätte ich es mit deutscher Dichtkunst, aber dieser Spruch ist mir mal auf Pinterest »begegnet« und ich finde ihn ziemlich zutreffend, was Til und mich und unsere Beziehung betrifft. Denn bei uns wurde der Til-und-Dana-Lovesong definitiv immer leiser – bis er mit einem dicken Tusch von Til endete. Wer von uns zuerst falsch sang, fällt mir im Nachhinein schwer zu sagen.

Der Prozess des Auseinanderlebens ging so schleichend vor sich, dass wir es selbst gar nicht wahrnahmen. Jahre später, in der Nachbetrachtung, ist es ganz deutlich zu sehen. Wie beim Zunehmen. Da denkt man doch auch tagtäglich: Ach, ein Stück Torte geht schon noch. Und eines Tages guckt man in den Spiegel und denkt: Wie ist es passiert, dass ich so mopsig geworden bin?

Ich empfand mich in der Zeit, als es in der Beziehung anfing zu bröckeln, fatalerweise als extrem happy und sang daher lauthals meine eigene Glücksmelodie. Ein Haus, das uns gehörte, voll mit kleinen Kindern – ich lebte meinen wahr gewordenen Traum, der noch versüßt wurde mit lieben Nachbarn, neuen tollen Freunden für mich und die Kinder und das in Malibu, keine 500 Meter vom Strand entfernt.

Til aber konnte diese Glücksmelodie nicht mitsingen – er war lange nicht so gut in Amerika angekommen wie ich. Gemerkt haben wir das beide nicht, denn auch er dachte, dass doch alles perfekt sei. Vielleicht wollten wir es aber auch nicht wahrhaben, sonst hätten wir darüber reden können. Ich denke, wir gingen beide davon aus, dass unsere Liebe niemals enden würde und dass unsere tolle kleine große Familie nichts so schnell auseinanderbringen würde. Aber banale Alltagsprobleme können leider dafür sorgen, dass aus jedem Liebeslied eine Kakofonie wird, wenn man nicht rechtzeitig an ihnen arbeitet.

Es fing damit an, dass es für Til in Hollywood nicht so lief, wie wir es uns erhofft hatten. Die deutsche Presse berichtete damals ausführlich, dass Til in Hollywood »versagt« hätte. So war es keinesfalls: Er spielte in den vier Jahren in neun Filmen mit – an der Seite von Clive Owen, Angelina Jolie, Sylvester Stallone, Emma Thompson und John Cusack. 2009, das war nach unserer Zeit, konnte er in *Inglourious Basterds* sogar mit seinem großen Idol Quentin Tarantino drehen.

Leider wurde er nur für Nebenrollen besetzt und es gab keine Aussicht auf eine Hauptrolle. Den deutschen Nazi hätte er in etlichen Filmen spielen können, aber das wollte er nicht. Eine Produktionsfirma gründen und aus Deutschland wegziehen, weil man nicht auf die Rolle des gut aussehenden Knackpopos reduziert werden möchte, um dann in Hollywood das Klischee des bösen Deutschen zu erfüllen, war nicht das, was wir uns vorgestellt hatten.

Und dann trudelten Drehbücher aus Deutschland ein, in denen Til die Hauptrolle spielen oder die er sogar selbst produzieren konnte – verständlich, dass er damit liebäugelte, sie anzunehmen. Schließlich wollte er nicht dort in Vergessenheit geraten, wo er sich seinen Namen aufgebaut hatte … Deswegen beschlossen wir: Was ihm gefällt, nimmt er an. Dreharbeiten in Hollywood bedeuteten, dass er lange Drehtage hatte oder auch mal zwei Wochen am Stück weg war – doch eine deutsche Produktion hieß, dass er monatelag nicht bei seiner Familie sein konnte.

Anfangs fand ich das natürlich nicht besonders schön, weil wir alle Sehnsucht nach ihm hatten, doch ich gewöhnte mich schnell daran: Allein weil ich in Ruhe mein Ding durchziehen konnte. Til und ich hatten ein recht unterschiedliches Verständnis von Erziehung und zogen selten am selben Strang. Ich hatte das Gefühl, dass ich die Einzige war, die sich Gedanken darüber machte, wie man immerhin grob in die Nähe dessen gelangt, was sich »geregelter Tagesablauf« nennt. Er entgegnete mir in solchen Diskussionen eher so etwas wie: »Kinder brauchen Freiheit.« Als er weg war, entwickelte ich den perfekten Ablauf für Valentin, Luna und Lilli. Meine Erfahrung war einfach, dass Regeln den Kindern und auch mir eine Struktur im Leben gaben. Und Sicherheit vermittelten. Abends lief es immer gleich ab: erst gemeinsam Abendessen, anschließend waschen und Zähne putzen, den Pyjama anziehen, gemeinsam das Zimmer aufräumen und dann ab ins Bett. Jeder in sein eigenes, selbstverständlich. Noch ein Buch vorlesen, Licht aus. Klappte meistens richtig gut!

Wenn Til nach Hause kam, schmiss er meinen Zeitplan großzügig über den Haufen. Er meinte, dass er sich nicht an meine Regeln halten müsse, weil er nur so selten da sei.

Wenn er beispielsweise erst um 21 Uhr vom Flughafen nach Hause kam, war es ihm egal, ob die Kinder schon schliefen: Er weckte sie auf. Um mit ihnen Eis zu essen. »Du kannst den Kindern doch nicht noch abends Zucker geben!« meckerte ich. Aber mein Meckerton war ganz offensichtlich auf einer Frequenz, die Tils Ohren nicht in der Lage waren, wahrzunehmen. Die Kinder kamen dank des Zuckerrauschs natürlich nicht mehr so schnell zur Ruhe. Das ist *einmal* niedlich, aber in der Art passierte es immer wieder ... Dazu überhäufte er sie mit Geschenken: Barbies, Lego, Kuscheltiere – bis hin zu echten Tieren. »Die brauchen keine Geschenke, Schatz«, sagte ich zu ihm. »Deine Kinder freuen sich, dass du endlich wieder da bist.« Aber er machte ihnen so gerne eine Freude. Es kam nur, wie es kommen musste: Irgendwann haben die Kinder abgespeichert: »Wenn Papa kommt, gibt es Geschenke.« Und dann war Til enttäuscht, wenn die Augen der Kinder flackernd-suchend durch die Gegend schweiften und sie schrien: »Papa, Papa, wo ist mein Geschenk?« Meistens wanderten die vielen bunten Kartons ohnehin fast unangerührt in eine Ecke. Aber wie es so ist mit der Büchse der Pandora: Ist sie einmal geöffnet, gibt es kein Zurück mehr ...

Einer unserer größten Reibungspunkte war unser Ehebett. Ich wollte es für mich beziehungsweise uns – Til allerdings liebte es, wenn alle Kinder kreuz und quer bei uns schliefen. Nun ratet mal, was die Kinder am besten fanden. Til knipste dann sein charmantes Lächeln an und sagte: »Bitte. Ich hab sie doch nur so kurz!« Kurzum: Wenn Til da war, herrschte Chaos und die Kinder waren nach kürzester Zeit völlig aus dem Tritt. Sobald Til wieder wegflog, musste ich erst mal alle wieder in den Dana-Takt bringen. Ich fing an, sie wieder um halb acht ins Bett zu bringen und zwar in ihr eigenes, sehr zum Unwillen der Kleinen. Die ersten Nächte verbrachte ich damit, von Zimmer zu Zimmer zu rennen, weil immer eins gejammert hat. Oder eins der Kinder stand vor meinem Bett und ich durfte es zurückbringen. Das Schlafdefizit hat mich und die Kinder tagsüber schön launisch und zänkisch gemacht. Ich weiß nicht, wie oft ich Til in der Hinsicht verflucht habe – auch wenn ich durchaus Verständnis für seine Sehnsüchte und Wünsche hatte.

Was mich daran am meisten genervt hat, war, dass ich als Mutter immer die Böse war, niemals die Liebe. Ich weiß noch, dass die Kinder mich »der General« nannten, weil ich so viele Befehle gab und Verbote aussprach. Und der Papa machte es sich schön einfach und erlaubte auf einmal alles. Generell kann man sagen: Ich habe Nein gesagt, Til Ja. Kinder verwechseln so was nur leider ganz schnell mit Liebe. Sie denken, wenn sie etwas bekommen, was sie unbedingt haben wollen, dass sie besonders geliebt werden. Aber es ist ja umgekehrt: Je strenger man mit ihnen ist, desto besser meint man es mit ihnen, sonst hätte man doch gar nicht die Kraft, das alles so durchzuziehen.

Irgendwann habe ich mal einen Rappel bekommen und wollte nicht mehr mit so netten Kommentaren von den Kindern bedacht werden wie »Wenn Papa da ist, ist alles viiiiiiel schöner!« oder auch nur »Böse Mama!«. Da habe ich mir gedacht: Nö, jetzt sage ich auch mal nichts mehr und erlaube alles. Der Punkt ist: Es funktioniert nicht, denn am Ende tut niemand mehr irgendwas.

Aber wenn ich mich mit meinen Freundinnen unterhielt, stellte ich schnell fest, dass es ganz typische Probleme waren, die jeder hatte: Die Männer, die viel arbeiten, spielen gern mal Disneyland-Dad und wollen der Freund der Kinder sein. Trotzdem kann ich nicht behaupten, dass es mich beruhigt hat, dass es den anderen Frauen ähnlich ging: Ich wollte doch, dass es harmonisch war, gerade, WENN Til schon einmal da war. Die Realität war aber genau umgekehrt: Es war harmonischer, wenn er nicht da war.

Wir lebten uns auch in anderer Hinsicht auseinander: weil sich unsere Welten so vollkommen voneinander unterschieden. Er drehte einen Film nach dem anderen und bekam dadurch seine Anerkennung, während ich zu Hause den Haushalt schmiss. Mein Leben bestand aus Windeln wechseln. Nicht falsch verstehen: Ich war damit ja zufrieden, aber was erzählt man dann dem Mann, wenn er nach einem Monat Dreharbeiten nach Hause kommt: »Hey Schatz, stell dir vor, was ich erlebt habe: Ich habe diesen Monat 270 Windeln gewechselt. Wow, wie findest du das? Wahnsinn, oder?« Aber das ist eben der Alltag einer Mutter. Du machst einen guten Job, aber keiner kriegt es richtig mit. Keiner kommt zu dir und sagt: »Hier, du bekommst auch einen Bambi – dafür, dass du vier Kinder bekommen hast, den Haushalt schmeißt und nebenbei ein Business aufbaust.« Vielmehr bekommt man als Mutter noch zu hören: »Was hast du denn den ganzen Tag gemacht?«

Dann schleichen sie sich doch ein, die fiesen, kleinen, destruktiven Nörgelstreitereien, die jeder Beziehung nur schaden: Ich sag: »Hast du eine Ahnung, wie es ist, drei kleinen Kindern den ganzen Tag hinterherzuräumen?« Er sagt: »Du meckerst ja den ganzen Tag«. Oder Dialoge wie dieser: »Immer zickst du so rum, wenn ich mal mein Weinglas stehen gelassen habe.« – »Ja, weil du es nie wegräumst.« Verbales Gift, das zur Folge hat, dass es den anderen und sich selbst unattraktiver macht.

Und das in einer Zeit, in der man als Kleinkindmama nicht gerade mit reichlich Sexappeal gesegnet ist. Wenn so Sachen passieren wie damals, als ich Til bei einem Hollywooddreh besuchte und dort vorne auf meinem Shirt einen riesigen verkrusteten Kinderschnodderfleck entdeckte. Ich wäre am liebsten im Erdboden versunken. Dabei habe ich wirklich versucht, im Alltag so wenig eingesaut wie möglich rumzulaufen. Ein geradezu unmögliches Unterfangen – das weiß jeder, der Kinder zwischen sechs Monaten und vier Jahren hat, die morgens mehr als nur Wasser frühstücken dürfen. Wozu braucht man noch Schmuck, wenn man auch Haferflockenschleimspuren, Erdnussbutterfingerabdrücke oder Popelglibber auf die Kleidung dekorieren kann? Irgendwann neigt man dazu, den Kampf aufzugeben, weil man ihn nur verlieren kann. Zieht man sich noch schnell was Neues an, kommt ein Kind und zaubert innerhalb kürzester Zeit Zahnpasta oder Breispritzer drauf – und man erhöht die Masse an zu waschenden Textilien nur noch weiter. Manchmal beneidete ich Lilli, die jeden Tag konsequent ihr Pippi-Langstrumpf-Outfit anzog, komme, welcher Fleck da wolle.

Der Beziehung tut es auf Dauer sicher nicht gut, wenn man sich zu sehr gehen lässt und dem Schluffmodus keinen Einhalt gebietet. Deswegen gab ich mir, wie gesagt, trotz allem Mühe, gegen die Schleimattacken der Kinder anzugehen – aber wie sollte ich mithalten mit den hübschen Schauspielerkolleginnen und adretten Partymenschen, die Til umwuselten, wenn er drehte oder zu Filmpartys eingeladen war? Die konnten sexy Abendkleider tragen, ohne Rotzdeko auf den Schultern. Die durften Champagner trinken, weil sie nicht jahrelang stillen mussten. Die lächelten und bewunderten, statt zu meckern. Die sahen nach stundenlangem Styling glamourös aus. Sind wir mal ehrlich: Kleinkindmütter sind nicht glamourös.

Und wenn sie es doch mal sein wollen, dürfen sie es nicht. Til wollte, wenn er nach Malibu kam, einfach nur seine Ruhe haben und am Pool oder auf dem Sofa abschalten. Gleichzeitig wollte ich endlich mal raus. Unter Leute, neue Restaurants austesten, etwas mit ihm zusammen unternehmen. Ich versuchte ihn zu animieren: »Komm, lass uns Spaß haben! Ich war drei Monate lang im Windelland und habe die Gugugagasprache gesprochen.« Aber er machte die Vollbremsung und sagte: »Nee, ich war drei Monate jeden Tag bei Dreharbeiten und auf irgendwelchen Veranstaltungen und musste ständig reden. Ich habe überhaupt keine Lust, rauszugehen.«

Dann passierte etwas sehr Einschneidendes. Auch wenn es uns in dem Moment sicher nicht klar war, war es eine weitere Belastungsprobe für die Beziehung, weil es mich völlig aus der Bahn warf. Es war im Sommer 2001. Wir lebten mittlerweile drei Jahre in Malibu und ich hatte längst das Gefühl, angekommen zu sein. Nachdem ich die Kinder in die Schule und Kita gebracht hatte, ging ich mit anderen Müttern in den Bergen wandern oder am Strand spazieren und tauschte mich mit ihnen über die Widrigkeiten des Alltags aus. Die Kinder waren beliebt und unsere Haustür stand meistens offen, sodass eigentlich immer andere Kinder oder Freunde zu Besuch waren. Genauso wie ich es liebte und aus den Skiurlauben meiner Eltern kannte.

Am schönsten war es, wenn Ursula Karven und ihre Kinder mit uns Zeit verbrachten, denn sie gehörte zu meinen besten Freundinnen. Es passte auch so gut: Bellybutton war unser gemeinsames Baby und die Kinder befanden sich fast im gleichen Alter. Wenn Ursula Dreharbeiten hatte, verbrachten ihre Kinder die Zeit bei uns – wir waren eine große glückliche Familie.

Und gerade, als alles so perfekt schien und die Dinge nicht besser hätten laufen können, hat ein einziger Telefonanruf meine ganze Welt auf den Kopf gestellt. Lunas bester Freund aus der Vorschule war bei einer Geburtstagsparty eines gemeinsamen Vorschulfreundes im Pool ertrunken.

Ich war gerade mit meiner Mutter und Valentin im Supermarkt an der Kasse, als mein Telefon klingelte. Am anderen Ende hörte ich die Stimme der Mutter des Freundes, mit der ich gut befreundet war: »Dana, du musst ins Krankenhaus kommen. Es ist etwas Schreckliches passiert, ich gebe dir die Krankenschwester – die wird dir den Weg erklären.«

Was ich heute weiß, ist, dass ich so unter Schock stand, dass ich einfach nicht begreifen konnte, dass Lunas bester Freund gerade gestorben war. Meine Mutter nahm meinen Arm und sagte: »Komm, Dana, wir müssen Valentin nach Hause bringen.« Sie hatte sofort verstanden, was passiert war. Ich fuhr meine Mutter und Valentin nach Hause. Lilli und Luna waren zu der Zeit mit Til in Spanien, wo er einen Film abgeschlossen hatte und mit ihnen die Ferien verbrachte.

Mein ganzer Körper fühlte sich taub an; ich konnte nicht richtig weinen, ich konnte rein gar nichts fühlen. Ich fuhr durch die Hügel wie hunderte Male zuvor, meine geliebten Hügel – so wunderschön und grün vor dem blauen Himmel. Alles kam mir verschwommen vor, als würde ich mich in Slow Motion bewegen. Ein surreales Gefühl hatte von mir Besitz ergriffen, mal sah ich mich wie in Zeitlupe fahren, mal in doppelter Geschwindigkeit. Die Stimme seiner Mutter wiederholte sich immer wieder in meinem Kopf, dazu die Stimme der Krankenschwester, die mir den Weg erklärte. Irgendwann erreichte ich taub und von unendlicher Traurigkeit erfüllt das Krankenhaus. Eine Krankenschwester nahm meine Hand und führte mich zu den trauernden Eltern.

Seine Mutter war diejenige gewesen, die uns davon abhalten wollte, in unser Haus zu ziehen, weil es einen Swimmingpool hatte. Sie beschwor uns, erst einzuziehen, wenn der Pool umzäunt wäre. Sie war, was ihre Kinder anging, immer sehr auf Sicherheit bedacht. Sie gab mir die Telefonnummer einer Firma, die unser Haus kindersicher machte. Stets schloss sie chemische Putzmittel weg, sicherte ihren Medizinschrank, polsterte harte Kanten ab, damit ihre Kinder sich nicht den Kopf stießen, deckte den Herd ab, damit kleine Finger sich nicht verbrennen konnten und und und …

Der Schmerz und die Stumpfheit verließen meinen Körper lange Zeit nicht. Ich verstand nicht, warum ich nicht weinen konnte. Ich fiel in eine tiefe Depression oder nennt man so etwas ein Post-Trauma? Dieses leere, dumpfe Gefühl. Nicht lachen oder weinen können.

Nachdem ich im Krankenhaus war, rief ich Til an, um ihm zu erzählen, was passiert war. Er musste Luna nach Hause bringen. Oder war es besser, ihr erst in Malibu davon zu erzählen? Was sollten wir tun? Wie erzählt man einem vierjährigen Kind, dass sein bester Freund tot ist?

Wir entschieden, dass Valentin und ich nach der Beerdigung nach Spanien kommen und Til und ich Luna zu Hause in Malibu von dem schrecklichen Ereignis erzählen würden.

Til und ich telefonierten sehr viel in den darauffolgenden Tagen. Bei einem Gespräch erzählte er mir weinend, dass er am Morgen mit Luna am Strand gewesen war, wo es einen kurzen Moment geregnet hatte. Nach dem Schauer brach zwischen den grauen Wolken ein Sonnenstrahl hervor und Luna schaute in den Himmel und fragte, ob das ihr Freund sei, der auf sie niederschiene. Wie so oft im Leben haben Kinder eine unglaubliche Intuition.

Valentin und ich flogen nach Mallorca, um mit Til und den Mädchen zusammen zu sein. Ich flog voller angespannter Angst und von Schuldgefühlen geplagt dorthin, die ich krampfhaft vor Valentin zu verbergen versuchte. Mir graute davor, nach Malibu zurückkehren und zuerst Luna und dann Lilli von dem schrecklichen Verlust berichten zu müssen. Wie sollte ich meinem kleinen Mädchen in die Augen schauen und ihr sagen, dass sie ihren besten Freund nie wiedersehen würde? Wie überbringt eine Mutter solch eine Nachricht? Wie sollte ich meine Kleine zurück auf die gleiche Vorschule schicken, in der sie gemeinsam mit ihrem Freund gewesen war, wohlwissend, dass er nun nicht mehr mit einem breiten Grinsen auf dem Gesicht auf sie warten würde?

Nachdem ich ihr zurück in Malibu die furchtbare Nachricht mitgeteilt hatte, fragte Luna mich, ob sie einen weißen Rosengarten pflanzen dürfe, weil sie sich sicher war, dass ihr Freund auch einen im Himmel hatte. Er würde sich bei uns willkommener fühlen, wenn er aus dem Himmel zu Besuch kommen und den Rosengarten am Eingang unseres Hauses sehen würde, wo er mit Luna so gern vorgelesenen Gutenachtgeschichten gelauscht hatte. Das Haus, in dem er so oft Marshmallows am Kamin geröstet hatte und wir uns ausgemalt hatten, wir wären gemeinsam beim Campen. Oder unsere liebsten Freitagabend-Pizza-Partys. An Lunas sechzehntem Geburtstag blühte zum ersten Mal eine rote Rose in der Ecke des Rosengartens auf. Mittlerweile sind es drei.

Der Tod von Lunas Freund beendete die unbeschwerte Zeit, als die ich die Malibu-Ära empfunden hatte. Trotzdem wollte ich anfangs nichts davon hören, als Til meinte, am liebsten zurück mit uns nach Deutschland gehen zu wollen. Er würde sich nicht wohlfühlen in Malibu und mit dem Konstrukt, unsere Familie so selten zu sehen. »Ich habe mein Quantum an Flügen zwischen Frankfurt und Los Angeles abgerissen«, meinte er. »Und ich möchte jederzeit wissen, dass es euch gut geht.« Ich war mir immer sicher, dass das Zuhause dort ist, wo die Familie ist und die Person, die am meisten arbeitete, sich wohlfühlen sollte. Natürlich verstand ich seinen Wunsch, aber gleichzeitig tat es mir wahnsinnig weh für Valentin, Luna und Lilli. Vor allem für Valentin. Ich brachte es kaum über mich, ihn von seinen Freunden zu trennen. Es gab drei Jungs, mit denen er jeden wachen Moment verbrachte und ich war sehr traurig, ihn von ihnen trennen zu müssen. Aber es gab keine Wahl. Auch Luna protestierte heftig gegen den Umzug und betonte, dass sie Malibu nicht verlassen würde. Til versprach ihr ein Pony, wenn wir in Deutschland wären. Für Lilli war die Tatsache, Mailibu zu verlassen, einfacher zu akzeptieren als für Luna und Valentin, da sie erst sechs war. Auch ich wehrte mich, so gut ich konnte, denn ich wollte nicht wieder neu anfangen müssen. Aber Til hatte die Argumente auf seiner Seite: Wir waren eine Familie und sahen uns dafür viel zu selten – und es bestand kaum Aussicht auf Besserung, denn sein Arbeitsmittelpunkt verlagerte sich eindeutig zurück nach Deutschland und meiner durch den anwachsenden Erfolg von Bellybutton ja auch.

Und dann wurde ich mit Emma schwanger, die als Einzige nicht in Berlin, sondern im Oktober 2002 in Malibu zur Welt kam. Ich war einerseits überglücklich über unser neues Wunschkind, andererseits dachte ich auch: »Das schaffe ich nicht allein. Vier Kinder sind zu viel. Dafür brauche ich Til. Mindestens.« Ich hatte es zwischenzeitlich sogar mit Au-Pairs versucht. Auch wenn ich sie als Riesenhilfe empfand, waren sie häufig selbst noch halbe Kinder. Und eine weitere Person im Haushalt, der »der General« sagen musste, was sie genau machen soll, brauchte ich nun wirklich nicht. Ich sagte also zu Til: »Okay, wenn wir ein Haus finden, das vergleichbar ist, uns allen Platz bietet und wenn du die Kinder auch ab und zu mal in ihren Betten schlafen lässt, ziehen wir nach Deutschland.«

Dennoch muss ich im Rückblick sagen, dass es absurd war, uns nach Hamburg zu holen, wenn man bedenkt, wie kaputt schon alles war. Unser Lied war bereits in Malibu am Ende. Ich denke, dass Til sich an den Gedanken geklammert hat, dass alles anders würde, wenn er seine Familie bei sich in Deutschland hätte. Ich kann es ihm nicht verdenken, mir ging es wohl ähnlich, sonst hätte ich vehementer Nein gesagt. Als wir 2003 dieses tolle riesige Haus in Hamburg-Niendorf zur Miete fanden, mit reichlich Platz für jeden von uns, dachte ich: Sei es drum.

Weil ich den Abschied für die Kinder so leicht wie möglich machen wollte, ging ich zu einer Familientherapeutin und ließ mich von ihr beraten. Denn ein Umzug ist nicht nur für uns Erwachsene schwierig, er belastet die Psyche der Kinder fast noch stärker. Ihre tägliche Routine, die ihnen viel Sicherheit gibt, fällt weg. Ihre Freunde, die ihnen das Gefühl geben, wichtig zu sein und dazuzugehören, fallen weg. Und schließlich zogen wir ja sogar auf einen neuen Kontinent ... Der Therapeut riet mir, eine »Goingaway«-Party zu machen. Ein positiv-verknüpfter Abschied sei ganz wichtig für alle – für uns als Paar und für die Kinder.

Ich fand die Idee super und sagte zu Til: »Komm, lass uns das machen!« Aber er meinte, er könne das nicht. Und dann zog er eine typische Tilnummer durch, indem er einfach zwei Koffer packte und vorflog. Allein. Er überließ es mir, das Haus in Kartons zu packen – an die 200 wurden es am Ende. Ich hätte so vieles gar nicht einpacken müssen, aber ich wollte meine Heimat ganz mitnehmen und hatte nicht die Kraft, loszulassen. Zwei Koffer gegen 200 Kartons – das sagt doch alles, oder? Wir hatten viele wundervolle Momente als Familie in Malibu, aber am Ende war es wohl mehr meine Heimat und die unserer Kinder.

Die »Goingaway«-Party war schön und unendlich traurig zugleich. Alle kamen: die Nachbarn, die Freunde, die

Kitamütter, die Freunde der Kinder. Sie verabschiedeten uns unglaublich herzlich. Als ich danach aufräumen musste, weinte ich nur noch. Und dann startete ich mit vier kleinen Kindern, acht Koffern, einem Hund, zwei Katzen, drei Kaninchen und einem Vogel in Richtung neues Leben nach Hamburg. Als sich unser Gartentor ein letztes Mal vor meinen Augen schloss, ich zum Flughafen fuhr und nach dem Start aus dem Flugzeug schaute und unser geliebtes Zuhause ein vorläufig letztes Mal aus der Luft sah, blieb mir fast die Luft weg vor Abschiedsschmerz. Ein großer, schwerer Stein schien auf meiner Brust zu liegen.

Irgendwie war es immer so, dass ich ganz allein war mit den emotionalen Dingen. Til hat nur seine zwei Koffer gepackt. Ich glaube, er hat gar nicht gecheckt, was wir durchmachten. Unser Nest zu verlassen, rein in ein Land, in dem ich die Sprache kaum sprach. Wo ich kaum mehr jemanden kannte. Wo die Kinder niemanden kannten. Und wo gewiss kein Lovesong auf mich wartete.

VON WEGEN LIEBESPAAR DES JAHRES …

»Liebe Dana, verraten Sie uns das Geheimnis Ihrer Beziehung?« Blitzlicht. Strahlende Reporterin schaut erwartungsvoll auf ebenso strahlende Ehefrau, die im Abendkleid Hand in Hand mit ihrem erfolgreichen Mann auf dem roten Teppich erscheint. Ihre Antwort: »Hm, lassen Sie mich mal überlegen … Mein Herz ist in tausend Fetzen gerissen. Ist es das, was Sie hören wollen?«

Diese Szene fand so in der Art statt, ebenso wie die Frage der Journalistin – die Antwort allerdings habe ich so nicht gegeben. Aber gedacht. Damals, am Abend des 2. Februar 2004, als Til und ich im Hamburger Hotel Louis C. Jacob an der Elbchaussee das Liebespaar des Abends waren. Die Leser der *Gala* hatten ausgerechnet uns zum Couple of the Year gewählt. Was sie ganz sicher nicht getan hätten, wenn sie gewusst hätten, was ich nur wenige Tage zuvor herausgefunden hatte: dass es mehr als zwei Menschen in unserer Beziehung gab. Hinter den Kulissen stand unsere neunjährige Ehe vor dem Aus, im Blitzlicht aber präsentierten wir uns wie frischverliebt und ich antwortete auf die obige Frage: »Wir freuen uns, dass wir anderen ein Vorbild sind. Wir wissen beide, dass wir uns hundertprozentig aufeinander verlassen können. Daran ändert auch der eine oder andere Zoff nichts. Wir lieben uns und nur das zählt.«

Very funny.

Wenn es nicht so furchtbar traurig gewesen wäre.

Wir hätten diese Ehrung nicht annehmen dürfen. Anna Loos und Jan Josef Liefers gehörten auch zu den Nominierten und hätten es viel mehr verdient – sie sind bis heute ein echtes Traumpaar … Andererseits war Tils Geständnis noch so frisch. Wussten wir, wie es mit uns weitergehen würde, ob wir eventuell noch die Kurve kriegen würden? Zu dem Zeitpunkt nicht. Til bat mich damals darum, erst mal mitzumachen, bis wir eine Ahnung hatten, was wir machen würden und ich dachte wie er, dass es »erst einmal das Beste« sei. Sicher verleitete mich auch eine nicht zu unterschätzende Prise Trotz zu dem Auftritt: Sollte doch jeder und vor allem jede sehen, dass das hier immer noch MEIN Mann war. So saß ich an diesem Abend mit 80 wohlwollenden Gästen an langen Tischen, die mit roten Rosenherzen dekoriert waren, und trank weitaus mehr Champagner, als mir guttat.

Seit wir wieder offiziell in Deutschland lebten, wurden wir in der Öffentlichkeit als Bilderbuch-Vorzeige-Ehepaar gehandelt. Die Medien rissen sich um uns, jeder fand unsere Großfamilie toll. Nur leider würde ich wohl bald mit Schlagzeilen konfrontiert werden, die ganz anders lauteten. So etwas wie »Ehe-Aus!« oder »Sie haben's nicht geschafft!« wäre vor den Augen meiner Kinder und Tils Eltern mein persönlicher Albtraum als Start in das neue Leben in Deutschland gewesen, das es ja erst seit ein paar Wochen gab. Willkommen in Hamburg-Niendorf, hier sehen Sie Dana Schweiger, die soeben frisch aus Malibu eingetroffen ist, um herauszubekommen, dass ihr Mann sie belügt. Sie trägt nur eine schlabbrige Jogginghose, weil sie nicht die geringste Ahnung hat, in welchem der 198 Kartons, die sie noch auspacken muss, sich ihre guten Klamotten befinden … Winken Sie ihr doch mal nett zu oder noch besser, laden Sie sie zum Kaffee ein. Dann erzählt sie ihre Geschichte sicher auch noch selbst.

»Die Geschichte« ist relativ banal – ich fand »es« durch einen dummen Zufall heraus. Ich wollte Tils Bruder Nik eine SMS schreiben, um ihn, den Architekten, nach ein paar Tipps für neue Möbel zu fragen. Nur hatte ich seine Nummer nicht in meinem Handy gespeichert. Deswegen nahm ich mir Tils Motorola, um sie mir raussuchen. Irgendwie stieß ich dabei auf ein paar Nachrichten, die komisch zweideutig klangen. Ich habe mal gelesen, dass viele Männer, die etwas zu verbergen haben, irgendwann nachlässig werden und vergessen, Textnachrichten zu löschen. Mein eigener Mann war da keine Ausnahme. Und ich nahm damit den Part der schnüffelnden Ehefrau ein – aber ich schwöre: Bis zu dem Moment hatte ich keine Ahnung, dass meine Finger sich den Weg in den Nachrichteneingang tippen würden.

Mein Herz raste, als ich die Texte noch einmal überflog. Was bitte war das? Harmlose Plänkeleien? Nein, so schrieb man sich nicht, wenn man fest liiert war … Oder doch? Ich versuchte, mich zu beruhigen, um einen kühleren Kopf zu bekommen, aber meine Intuition brüllte: Da stimmt was nicht, und zwar gewaltig! Meine Knie fingen an zu zittern, mir war speiübel und ich wurde kalkweiß. Selbst wenn ich es gewollt hätte, ich konnte kaum verbergen, dass ich diese Textnachrichten gelesen hatte. Ich sammelte all meine Kräfte und fragte Til: »Was soll das?«

Sein Blick sagte mir die Wahrheit, noch bevor er sie aussprach. In diesen Sekunden ist mein Weltbild zusammengebrochen. Ich zog spontan meinen Ehering vom Finger, drückte ihn Til in die Hand und sagte: »Ich habe diesen Menschen nicht geheiratet, der so etwas macht.«

Was genau ich Til damals noch an den Kopf warf, wie er reagierte, welche Namen plötzlich im Raum standen – auf diese Details möchte ich an dieser Stelle verzichten. Einfach, weil all das längst Vergangenheit ist und es mir fern liegt, Partner-Bashing zu betreiben. Was brächte es jetzt noch? Jeder, der selbst schon einmal belogen wurde, kann sich denken, wie Gespräche in dem Moment verlaufen, wenn man alles und nichts wissen will, wenn man Gefühle wie Wut ausleben muss … Ich beschreibe hier, wie ich es vor allem danach erlebt und was ich dabei gefühlt habe.

Ich lebte die ersten Tage im Schockzustand und konnte das alles gar nicht verarbeiten. Es fühlte sich an wie ein Wiedererleben des Gefühlswirrwarrs, in das ich nach dem Telefonanruf der Mutter von Lunas verunglücktem Freund gestürzt war, dieses Mal allerdings ausgelöst durch Textnachrichten. Ich wollte nicht essen, nicht reden, am liebsten aufhören zu atmen. Es läge nahe, es Liebeskummer zu nennen, unter dem ich litt, aber das war es nicht. Vielmehr trauerte ich darum, dass ich gerade meine Familie verlor. Und das war und ist nun einmal das, was mir im Leben am wichtigsten ist: meine Familie. Als wir geheiratet haben, dachte ich: Nun sind wir ein Paar – ein bisschen so wie meine Eltern – und haben das gleiche Ziel: eine Familie zu gründen und für immer so glücklich zu sein, wie es uns möglich ist.

Das gemeinsame Ziel hält uns zusammen, ohne Betrug, ohne Lüge. Nie im Leben hätte ich gedacht, dass es eine dritte Person schaffen würde, in unsere Ehe einzudringen. Erst recht nicht mehrere dritte Personen …

Viele Freunde haben damals zu mir gesagt: »Das hättest du doch wissen können, dein Mann ist ein berühmter Schauspieler.« Hätte ich? Ich empfand solche Aussagen als weitere riesige Enttäuschung. Offensichtlich haben »alle« geschnallt, was abgegangen ist. Und statt es mir direkt zu sagen, hieß es nur: »Wir dachten, du hättest es gewusst.«

Vielleicht war ich tatsächlich zu naiv, vielleicht zu wenig eifersüchtig, aber ich bin wie selbstverständlich davon ausgegangen, dass wir uns treu sind. Wieso heiratet man sich, wenn man in Wahrheit gar nicht dahintersteht? Ich habe Til immer mein volles Vertrauen gegeben, erst recht, nachdem wir die Kinder bekommen hatten. Und nun stellte ich fest, dass derjenige, den ich für meinen besten Freund gehalten hatte, der mich beschützen sollte, genau das Gegenteil machte.

Als ich mit Til zusammenkam, haben wir uns natürlich über das Thema Treue ausgetauscht. Wie unsere vergangenen Beziehungen gelaufen sind. Warum wir uns getrennt hatten. Ob wir betrogen wurden oder hatten. Til erzählte mir, dass er einmal hintergangen worden war und wie tief es ihn verletzt hatte. Deswegen war er manchmal ziemlich eifersüchtig.

Vor unserer Trennung haben wir viel darüber diskutiert, wer was falsch gemacht hatte in unserer Beziehung. »Du hast dies gemacht«, »Du hast das falsch gemacht.« Bla, bla, bla … Wir haben versucht, unsere Ehe zu retten, eine Familientherapie gemacht, aber am Ende haben wir es nicht hinbekommen.

Vielleicht waren wir beide zu egoistisch oder nicht reif genug. Oder wir haben alles zu schnell aufgebaut – Familie, Erfolg. Rückblickend wünsche ich mir, die Kraft aufgebracht zu haben, uns zu retten. Aber genau die hatte ich nicht. Ich habe mich auch in erster Linie für meine Kinder verantwortlich gefühlt.

Fakt ist:

Ehrlichkeit und Treue gehören zu meinen Grundprinzipien. Obwohl, einmal habe ich Til auch angelogen. Meinen geliebten 1972 Ford Bronco habe ich nicht verkauft, sondern in der Garage eines Freundes versteckt. Wie herrlich war es, mich heimlich damit auszutoben!

Meine Mutter hat sich oft über mich geärgert, weil sie der Meinung war, dass ich zwischen CJ, Duane, Dieter und Til viel zu viele wechselnde Freunde hatte. »Da gewöhnt man sich gerade an den einen, schon ist der nächste dran«, wetterte sie. Das mochte vielleicht so gewesen sein, aber sie konnte mir nie vorwerfen, dass ich mit dem einen anbändelte, während ich noch mit dem anderen zusammen war. Bevor ich mich auf jemand Neues einließ, machte ich Schluss. Ob kurze oder lange Beziehung – ich war nie untreu. Ein Verdienst meiner Eltern: Eine Lüge wurde bei uns in der Familie wie die achte Todsünde behandelt. Oder, um es positiv auszudrücken: Loyalität und Aufrichtigkeit standen als Werte sehr weit oben bei meiner Erziehung. Das hatten meine Eltern uns geradezu vorgelebt: In der langen Zeit, in der sie schon damals miteinander verheiratet waren, hatte ich immer das Gefühl, dass sie sich treu waren.

Am Ende war das auch der Grund, warum es einfach nicht mehr funktionierte mit Til und mir. Mir ging nicht mehr aus meinem Kopf, dass da dritte Personen zwischen uns gestanden hatten. Auch wenn er beteuerte, dass es bedeutungslos gewesen ist und rein gar nichts mit Liebe zu tun hatte. Ich glaubte ihm, dennoch kam ich damit nicht klar. Es war, als hätte man einen Gemüsestick, den man in Sour Creme tunken will, und dann kommt jemand, der seinen Gemüsestick ebenfalls in diese Soße eintunkt, ihn herausholt, die Soße ableckt und den Stick erneut einsteckt. Das mag ich nicht. Ich mag meine Soße nicht gern teilen.

Nach der Couple-of-the-Year-Veranstaltung versuchte ich es dennoch mehrere Monate lang – wir machten die erwähnte Ehetherapie, aber durch sie kam ich nur vielmehr zu dem Schluss, dass ich nicht auf Kosten meines eigenen Wohlbefindens in dieser Beziehung bleiben konnte. Ich hatte nur noch in dem Konstrukt verharrt, weil ich dachte, dass sich etwas ändern würde – dass Til sich ändert. Aber das war eine zu hohe Erwartung.

Man ist in der Lage, sich selbst zu ändern. Und kann höchstens hoffen, dass der andere bereit ist, sich auch zu ändern, wenn man über die Dinge redet, so wie wir bei der Therapie. »Du kannst ein Pferd zur Tränke bringen, aber du kannst es nicht dazu zwingen, zu trinken«, heißt es so schön. Wenn das Pferd aber nicht säuft, gibt es nur zwei Alternativen: Entweder man akzeptiert seinen Partner so, wie er ist – oder man muss die Situation ändern. Als ich meiner Mutter am Telefon erzählte, dass ich keine Kraft mehr hätte, dass ich Schluss machen wolle, aber dass ich trotzdem das Gefühl hätte, versagt zu haben, sagte sie zu mir: »Kind, natürlich ist es wert, um den Familienzusammenhalt zu kämpfen. Aber vergiss darüber hinaus dich selbst nicht.« Damit hatte sie recht und das war der springende Punkt: Jeder hat das Recht darauf, glücklich zu sein. Ich inklusive.

Ich dachte immer wieder an die Kinder, die gerade erst verkraften mussten, alle Freunde und die gewohnte Umgebung verloren zu haben. Nun sollten sich auch noch ihre Eltern trennen? Aber eine liebe amerikanische Freundin sagte eines Abends am Telefon zu mir: »Es bringt doch nichts, krampfhaft auf Familie zu machen. Du lebst ihnen eine unglückliche Beziehung vor. Sollen deine Kinder denken, dass es normal in einer Beziehung ist, sich ständig zu streiten oder sich eisig anzuschweigen? Das möchtest du doch nicht als Blaupause für deine Kinder und deren spätere Beziehungen.« Nein, dachte ich da, so möchte ich nicht weiterleben.

Ich will die Untreue nicht akzeptieren.

Ich will, dass meine Kinder später selbst in der Lage sind, eine glückliche Beziehung zu führen.

Ich will mein Glück finden.

Als ich Til meine Entscheidung mitteilte, akzeptierte er sie und wir überlegten in Ruhe, wie wir es den Kindern am besten mitteilen könnten. Wir zogen erneut einen Familientherapeuten hinzu, der uns riet, es ihnen mit viel Zeit, Ruhe und Geduld mitzuteilen. Wir beschlossen, gemeinsam in den Urlaub zu fahren, weil wir dann keinen Stress, keine Termine, keine Schule hatten und genügend Zeit vorhanden war, um ausreichend mit jedem Kind zu reden. Außerdem bereiteten wir uns extrem gut gemeinsam auf das Gespräch vor, denn der Therapeut sagte uns, dass sich die Sätze, mit denen wir unsere Trennung erklärten, ein Leben lang ins Gedächtnis unserer Kinder einbrennen würden.

»Wir lieben uns nicht mehr so wie damals, als wir geheiratet haben. Deswegen trennen wir uns«, waren unsere Worte. »Die Liebe zwischen Eltern und Erwachsenen kann sich ändern, die Liebe zwischen Eltern und Kindern aber nie.« Wir betonten, dass sie keinerlei Schuld an der Trennung hätten. Dass wir die Zukunft für sie, trotz der schmerzhaften Veränderungen, weiterhin so schön gestalten wollten wie es geht, dass wir ihnen beide als Eltern erhalten bleiben würden. Damals beschlossen wir alle gemeinsam, dass wir Geburtstage und Weihnachten immer als Familie zusammen feiern wollten – und das haben wir fast immer auch geschafft. »Wir sind eine Familie und wir werden immer eine Familie bleiben«, beteuerten wir den Kindern.

Bei aller Feinfühligkeit – natürlich waren Valentin, Luna und Lilli am Boden zerstört, Emma war mit ihren drei Jahren noch zu klein. Dass unsere Kinder litten, wegen der Fehler, die wir gemacht haben, war so verdammt hart. Sie haben sich, trotz all unserer Versicherungen, die Schuld an der Trennung gegeben, dachten, dass sie zu viel Stress bedeutet hätten und sie weinten viel in der Zeit.

Im November 2005 gaben Til und ich offiziell die Trennung bekannt, eine Scheidung kam für uns, der Kinder wegen, zu dem Zeitpunkt nicht infrage. Auf die Frage, ob es doch noch ein Happy End für uns beide geben könne, antwortete Til: »Ich liebe meine Frau noch immer ... Wir trennen uns jetzt, aber es kann sein, dass wir wieder zusammenkommen.« Aber wir beide wussten, dass das nie passieren würde. Til ist dann relativ schnell nach Berlin gezogen – und ich war mit den vier Kindern auf mich gestellt.

Am liebsten wäre ich sofort wieder zurück nach Malibu gegangen, aber ich hatte nicht den Mut und auch nicht die Kraft. Ich war wie paralysiert und hatte gefühlt selbst gerade erst den Tod von Lunas Freund einigermaßen verkraftet. Es gab weitere Gründe: Ich hätte mir den Umzug allein gar nicht leisten können, zumal zu dem Zeitpunkt auch so unklar war, wie es finanziell zwischen Til und mir weiterging. Eine wichtige Einnahmequelle war das Haus in Malibu, von dem ich die Hälfte der Miete bekam. Auch Bellybutton stellte ein Argument zu bleiben dar: Meine Partnerinnen und ich hatten die Firma gerade in Schwung gebracht und es war definitiv am besten, von Deutschland aus mitzuarbeiten. Und natürlich sollten die Kinder nicht sofort wieder von ihrem Vater getrennt werden. Also entschied ich mich, zu bleiben.

Ich denke, dass Til und ich die Trennung insgesamt wirklich gut gemeistert haben. Wir nahmen uns vor, Freunde und gemeinsame Eltern zu bleiben und respektvoll miteinander umzugehen – das haben wir geschafft. Am Anfang war der Weg nicht immer einfach, denn natürlich ist man nicht gut auf seinen Partner zu sprechen, weil die Ehe kaputtgegangen ist. Aber was bringt es, wenn da so viel Ärger oder gar Hass zwischen einem ist? Wenn ich wie ein Rumpelstilzchen durch das Haus tanze, bringt das niemanden weiter und kommt bei Til, 300 Kilometer weiter in Berlin, auch nicht an. Wir haben uns in der Therapie beibringen lassen, möglichst konstruktiv unsere Wut zu äußern. Der eine hat dann gesagt: »Das hat mich verletzt, als du das und das gemacht hast.« Und der andere hat erwidert: »Das ist aus dem und dem Grund passiert – es tut mir leid.« Das hat einen Prozess der Vergebung angestoßen. Dieser Weg hat sehr geholfen, wenn er auch den Schmerz nicht komplett genommen hat.

Ich bin immer mal wieder und bis heute traurig, dass ich mir den Falschen ausgesucht habe. Aber ich hätte gern noch den Vater meiner Kinder an meiner Seite – in der Theorie sozusagen, denn Til liebe ich nicht mehr. Ich wünsche mir einen Partner, der mir treu ist. Tatsächlich glaube ich auch daran, dass es so jemanden gibt. Wobei ich wohl nicht mehr so naiv wäre und viel mehr darauf achten würde. Das wird mir so nicht noch einmal passieren.

Und ich würde die Risse, die der Alltag mit sich brachte, früher erkennen. Wobei ich einwenden muss, dass es auch Faktoren gab, die keiner von uns beiden beeinflussen konnte. Wir hatten in der Anfangszeit viel zu wenig Zeit für uns als Paar ohne Kinder. Wir lernten uns kennen – zack –, kurze Zeit später war Til von einem auf den anderen Tag berühmt und – zack – wurde ich schwanger. Mehr Zweisamkeit wäre vermutlich gut gewesen. Vielleicht hätten wir nach einer Zeit sogar festgestellt, dass wir gar nicht so gut zueinanderpassten, wie wir es in der Hochverliebtheitsphase gedacht haben.

Als die Kinder dazukamen, verschoben sich die Prioritäten. Ich stellte mich und meine Ansprüche zurück und widmete meine Zeit dem Erhalt der Familie. Til stand nicht mehr im Vordergrund, sondern unsere Kinder. Der Kuchen wird anders verteilt. Für den Partner ist das eine harte Umstellung, weil er nicht mehr die Aufmerksamkeit bekommt, die er von dir benötigt.

Wir haben uns über die Jahre einfach in unterschiedliche Richtungen entwickelt. Er war nicht mehr der Mensch, den ich geheiratet habe. Und ich war es für ihn ganz sicher auch nicht mehr. Das ist die Erkenntnis, die über 15 Jahre später überdeutlich ist. Und rückt irgendwelche Geschichten, die der Auslöser für die Trennung gewesen sein mögen, in völlige Bedeutungslosigkeit.

60-PROZENT-CHAOS-MAMA MUSS REICHEN!

Es hat ein paar Jahre gedauert, bis ich damit klarkam, alleinerziehend zu sein. Alleinerziehend mit vier Kindern im Alter von drei bis zehn Jahren, wohlbemerkt. Diese Zeit gehörte zu den härtesten meines Lebens.

Ich fand meine Situation so sch…ungerecht und wäre am liebsten allein in den Flieger gestiegen und Richtung Malibu, ach, besser noch, Hawaii abgehauen. Natürlich liebte ich meine Kinder viel zu sehr, um so etwas zu tun. Aber ich hatte keine Sekunde Zeit, den Verlust meines Lebenstraums zu verarbeiten, weil ihm diametral eine kaum zu bewältigende Anzahl an Alltagsaufgaben gegenüberstand. Mein einziges Ziel in dieser Lebensphase war, sobald ich die Augen aufmachte: Wie schaffe ich es, den Tag bis zum Abend zu überstehen? Mehr Kraft hatte ich nicht.

In Malibu hätte ich Freunde gehabt, die mich hätten unterstützen können. Oder meine Mutter, die manchmal rüber geflogen war, um mir zu helfen. In Hamburg hatte ich niemanden. Das neue Haus entpuppte sich als einsame Trutzburg. Es lag am Rande des Niendorfer Geheges, einem Waldgebiet mitten in Hamburg, und war vorne, hinten, rechts und links von Garten umgeben. Wenn ich aus dem Fenster schaute, sah ich nichts als Bäume, Büsche und Rasen – und fühlte mich isoliert. Drumherum befanden sich auch nur andere

Wohnhäuser – Shops oder Cafés gab es kaum. Mit einem Mann an meiner Seite hätte ich ein Haus von Natur umschlungen sicher geliebt, aber so?! Es war nicht gerade prädestiniert dafür, neue Kontakte zu knüpfen.

Die Kinder taten sich ebenfalls schwer, Anschluss zu finden. Weil Til und ich beschlossen hatten, sie nicht in die Grundschule im Viertel zu geben, sondern auf die Internationale Schule, 20 Autominuten entfernt. Wir dachten, wenn die Kinder auf Englisch lernen könnten, würde es den Start für sie einfacher machen. Valentin kam in die dritte Klasse, Luna in die zweite und Lilli in die erste. Sie konnten zwar gut deutsch reden, aber noch nicht lesen und schreiben. Was wir dabei nicht bedacht hatten: Die Schule war so weit entfernt, dass sie niemanden kennenlernten, der bei uns in der Umgebung wohnte.

Und als es erste Annäherungen bei neuen Klassenkameraden oder später bei den Kindern aus der Straße gab, wusste man nie: »Interessiert sich die Person für mich? Oder ist sie nur nett, weil ich bekannt bin?« Einmal ist Lilli weinend nach Hause gekommen – sie hatte belauscht, wie das Nachbarskind am Telefon damit angab, Til Schweiger zu kennen. Natürlich dachte Lilli, dass sie nur deswegen zum Spielen da sei, weil sie einen berühmten Vater hat.

Dieses Verlorensein im eigenen Zuhause zu überspielen und für die Kinder tapfer und aufmunternd zu sein, hat unendlich viel Kraft gekostet. Ich wusste nie, worauf ich mich mehr freuen sollte: aufs Wochenende oder den Montagmorgen? Am Wochenende konnten wir uns treiben lassen, die Kinder spielten bei gutem Wetter viel draußen und es half immens, dass wir neben einem Ponyhof und Abenteuerspielplatz lebten.

Aber irgendwann guckten die vier mich doch an und wollten Entertainment.

»Was machen wir später noch?« Wie habe ich diese Frage gehasst. Da ist man selbst am Wochenende schon seit 6.30 Uhr wach und würde nichts lieber tun, als den Po mit der Couch zu vereinen – und stattdessen muss man Animateur spielen … Damit nicht genug, buhlten on top der Geschirrspüler, die Waschmaschine und der Trockner um meine Aufmerksamkeit. Ich bin froh, dass diese Geräte keine Beine hatten, sonst wären sie mir wohl auch noch, wie die Kinder, bis auf die Toilette gefolgt.

Montagmorgen hätte ich einerseits Freudensprünge machen können, weil ich die Kinder endlich wieder in die Kita und Schule bringen konnte. Andererseits fing da der Alltagswahnsinn wieder an – und, ehrlich, darin war ich gar nicht gut. Vor allem die selbst eingebrockte Fahrerei stellte für mich jeden Tag eine Tortur dar, die über zwei Stunden Zeit fraß. Zeit, die ich so gut hätte gebrauchen können – und wäre es für ein Nickerchen gewesen …

20 Minuten zur Schule, drei Kinder ausladen, anschließend 30 Minuten in die entgegengesetzte Richtung zu Emmas Kita, dann zehn Minuten nach Hause. Dort an den Computer hetzen, die Mails lesen, in denen es um Bellybutton ging, und beantworten und all die anderen Mails aus der Schule und der Kita in den Gehirnordner »später lesen« einsortieren. Nebenbei Haushalt, einkaufen, weinen. Nachmittags wieder Chauffeurin plus Entertainerin. Abends vielleicht sogar eine Abendveranstaltung, auf der ich mich als »Gesicht von Bellybutton« blicken lassen musste. Wenn nicht gerade eines der Kinder krank

wurde – was sie natürlich genau dann taten, wenn man es am wenigsten gebrauchen konnte.

Und diese absurde Flut an Terminen. Allein beim Arzt: Impfungen, U-Untersuchungen, Zahnarzt, Augenarzt, Erkältungsbesuche, Notaufnahme wegen verschluckter Gegenstände. Die E-Mails, die von der Kita oder der Schule kamen, wann welcher Ausflug stattfinden würde, was einzupacken sei, wieder Läusealarm oder welche Anzeichen zu beachten seien bei Würmerinfektionen. Dazu die Meetings bei Bellybutton …

Ich bin nun einmal die Tochter meiner Mutter, was bedeutete, dass ich das »organized chaos« perfekt beherrschte – ich vergaß immer irgendwas. Und selbst wenn ich es am Vorabend noch so perfekt vorbereitet hatte, kam unter Garantie etwas dazwischen. Auf einmal springt der Wagen nicht an, der Schlüssel lässt sich nicht finden oder das Kind weint, weil es ein Referat vergessen hat. Schon musst du in Windeseile die letzten Mathematikerinnerungen aus deinen Gehirnwindungen quetschen, um etwas aufs Papier zu zaubern, mit dem sich das Kind in der Schule blicken lassen kann. Wie ich gern zu sagen pflege: »You have to pull constantly magic out of your ass – Du darfst die ganze Zeit Magie aus deinem Popo pressen.«

Die lustigste Geschichte ist mir mal mit Emma passiert – wenn es sich in dem Moment auch noch nicht so anfühlte … Ich hatte gerade die drei Großen in der Schule abgeliefert und kurz vor ihrer Kita fragte Emma: »Mama, wo ist denn der Kuchen?« Ich fragte zurück: »Welcher Kuchen, Emmi?« Und sie antwortete: »Na, heute ist doch Sommerfest und wir müssen einen Kuchen mitbringen.« Und das sagte sie jetzt? »Aber Emma«, seufzte ich. »Woher sollte ich das denn wissen?« Emma behauptete steif und fest, dass die Erzieherin eine E-Mail geschrieben habe – die war dann wohl im Später-Lesen-Ordner in Vergessenheit geraten, wie so viele andere auch ... Wir sind also zurück nach Hause gedüst, wo ich es immerhin hinbekam, einen amerikanischen Zitronenkuchen zu backen. Mit einer Stunde Verspätung sind wir wieder Richtung Kita los, Emma mit dem Kuchen auf dem Schoß. Und dann machte der Idiot vor mir im Auto eine Vollbremsung – einfach so. Zack, landete der Kuchen auf dem Autoboden. Und es gab Matschepampe und Lachtränen. Das konnten Emma und ich immer gut, uns gemeinsam kaputtlachen. Sie ist immer gut gelaunt und hat einen schwarzen Humor.

Oder Luna, die auf eine Klassenfahrt nach Dänemark fuhr und vergessen hatte, ihren Ausweis mitzunehmen. Beinahe wäre an der Grenze Endstation gewesen. Sie rief mich fuchsteufelswild an und wetterte: »Du bist die Mama, du musst doch daran denken.«

Ich durfte mir in regelmäßigen Abständen, mal von der einen, mal von der anderen, anhören, dass die anderen Mütter alles viel besser machen würden als ich und dass ich eine »Chaos-Mom« wäre. Ja, dachte ich da nur, die sind auch den ganzen Tag zu Hause, haben einen Partner und vielleicht nur ein oder zwei von euch. Die haben den Kuchen selbstverständlich einen Tag vorher fertig und stehen vor der Busabfahrt zur Schulreise eine halbe Stunde früher da, um sich lang und breit zu verabschieden und doppelt zu checken, dass Ausweis und Snackbox auch wirklich im Gepäck sind. Und dazu sehen sie schön dünn aus und sind cool gestylt, während ich daher gehetzt kam, als wäre ich gerade über die Grenze geflüchtet.

Die Kinder hatten ja recht: Es war und ist manchmal bis heute schwierig, ihnen gerecht zu werden. Weil ich jedem nun einmal nur ein Viertel Aufmerksamkeit geben kann. Alles ist geteilt durch vier – wenn man ehrlich ist, durch fünf, denn, Überraschung, ich bin ja auch noch da. Dann ist es eben so, dass man nicht jedem Kind 30 Minuten eine Gutenachtgeschichte vorlesen kann. Zehn Minuten müssen reichen, zack, der Nächste bitte. Aber Kindern begreiflich zu machen, dass die Mama auch nur ein Mensch ist, der am Ende eines Tages auf Reserve läuft und keine Ahnung hat, woher er die Power und Geduld nehmen soll für ewiges Kuscheln und Blümchensprache, ist wahrscheinlich zu viel erwartet.

Diejenige, die mit Abstand am meisten Aufmerksamkeit abbekommen hat, ist Emma. Weil sie die Jüngste war. Wenn sie nachts vor meinem Bett stand, hatte ich keine Kraft mehr, sie wieder zurückzubringen, also schlug ich die Bettdecke zurück und ließ sie zu mir. Ich war zu müde – und die ständigen Schuldgefühle, weil sie keinen Papa mehr im Alltag hatte, ließen mich weich werden.

Generell bin ich der Meinung, dass alleinerziehende Frauen zu wenig Hilfe bekommen und viel zu viel alleingelassen werden. Und das obwohl sie sich doch ohnehin schon am Rande der Belastbarkeit befinden. Erst wird ihnen der Status der Familie aberkannt, dann besteht die Lebensperspektive aus Zeit-, Energie- und Geldmangel. Warum, zum Beispiel, werden sie fast so wie Singles besteuert? Es kann doch nicht sein, dass es kaum ein größeres Armutsrisiko in Deutschland gibt, als ohne Mann ein Kind großzuziehen. Diese Art von Sorgen brauchte ich mir zwar nicht zu machen, aber es war auch nicht so, wie jeder dachte: Die ist abgesichert, ihr Noch-Mann ist ja schließlich ein berühmter Star. Nur so viel – denn ich bin mir darüber im Klaren, dass es mir natürlich vergleichsweise gut ging: Bellybutton und die Malibumiete brauchte ich und dazu nahm ich dankbar andere Engagements an, wenn sie sich anboten.

Aber dieses Geld, das Til verdiente, während wir noch zusammen waren und gerade frisch getrennt, warum ist da überhaupt die Rede von *seinem* Geld? Genau genommen ist es *unser* Geld, denn im Gegenzug habe ich unsere Kinder bekommen. Ich sag ja auch nicht, »Das sind aber *meine* Kinder!« nur, weil sie aus meiner Vagina gekommen sind. Es ist recht häufig so – nicht immer, das ist mir wohl bewusst –, dass die Frau erst um Unterhalt kämpfen muss und wenn sie überhaupt welchen bekommt, ist es meist zu wenig. Davon bezahlt sie alles für die Kinder, Schulsachen, Ausflüge, Babysitter, Winter- und Sommerschuhe, gesundes Essen, während der Mann sein Geld schön spart – und ein Privatleben hat er dazu auch noch, weil er die Kinder nur an zwei Wochenenden im Monat sieht.

In unserem Fall war es so, dass Til nicht oft alle Kinder nahm, sondern immer »nur« zwei oder drei. Das heißt, selbst dann war ich nie allein. So wie er. Dieser Zustand ist für alle immer total normal. Er, der viel beschäftigte, viel arbeitende Vater … Aber wenn ich gearbeitet habe und beispielsweise auf eine Abendveranstaltung ging, wurde ich jedes Mal gefragt: »Wo sind denn die Kinder?« Ich empfand es als ungerecht, dass die Frau, aber nie der Mann darauf angesprochen wird, ob die Kinder auch gut untergekommen sind.

Natürlich tauchte Til irgendwann mit seiner ersten Freundin auf. Er hatte ja auch jede Menge Zeit, jemanden zu daten.

Nicht, dass ich es ihm nicht gegönnt hätte – ich wünschte ihm ebenso sehr wie mir, ein neues Lebensglück zu finden. Wann und wie genau *ich* allerdings jemals einen Mann finden würde, war mir schleierhaft. Beim Abholen in der Kita? Beim Einkaufen? Auf einem der Schulfeste? Ich habe mich damals oft gefragt, ob ich wohl je wieder mit jemandem kuscheln würde, der größer als 140 Zentimeter ist. Dafür hatte ich einen Dreier mit meinem Bett und dem Sofa. Wenn auch seltener, als ich Lust gehabt hätte.

Nun habe ich so gejammert, wie ich es den Deutschen ein paar Kapitel zuvor vorgeworfen habe – ich weiß. Über diese Zeit könnte ich noch einige Seiten länger jammern. Erst der Tod von Lunas Freund, dann der Umzug, die Lügen, der Verlust meines Lebenstraums und nun der Spagat, als Alleinerziehende dem Job und vier Kindern gerecht zu werden, sind immerhin ein paar handfeste Gründe, zu jammern. Zumindest eine Zeit lang.

Aber irgendwann war der Tag, an dem Til aus meinem Leben verschwunden war, über zwei Jahre her. Und irgendwie legte sich ein Schalter um – ich hatte keine Lust mehr, nur zu jammern. Ich hätte mich weiterhin darauf konzentrieren können, wie schwer ich es habe, wie fies die Welt ist und dass ich ja doch nichts machen kann. Ich hätte mich weiterhin mit anderen perfekten Übermüttern vergleichen können und mich permanent mit einem schlechten Gewissen herumplagen, weil ich es angeblich niemandem recht machen konnte. Nur, wenn ich weiter so gedacht hätte, hätte ich mich und mein Leben aufgegeben, mich selbst zum Opfer gemacht und meine Handlungsunfähigkeit und Ohnmacht zementiert. Damit wollte ich Schluss machen. Um mich mal dieser beliebten Ratgeberpoesie zu bedienen: Ich hatte Durst auf Limonade – und da lagen doch diese sauren Zitronen direkt vor mir …

Als Erstes fing ich an, bewusst um Hilfe zu bitten. Die ganze Verantwortung im Alltag und der Gedanke, dass man immer alles allein schaffen muss, klappte nicht. Ich engagierte mit Tils Unterstützung eine Nanny, die unter der Woche von 15 Uhr bis 19 Uhr kam. Vier Stunden sind schon eine Menge Zeit. Mein Deutsch wurde auch immer besser und so fiel es mir leichter, andere Frauen anzusprechen, die mir in der Schule, auf dem Spielplatz und bei Sportveranstaltungen am sympathischsten erschienen. Dadurch konnte ich endlich auf neue liebe Menschen zurückgreifen, wenn ich Hilfe brauchte. Ohne Mamanetzwerk geht es einfach nicht. Und ich bezog die Kinder ein, verteilte Aufgaben, ließ sie mithelfen. Das klappte mal besser und mal schlechter. Aber es stellte nicht nur eine Entlastung dar, wenn die Großen auf die Kleine aufpassten, es tat auch der Geschwisterbeziehung gut. Mein Herz schmolz dahin, wenn sie so liebevoll miteinander umgingen. Tatsächlich schaffte ich es so, mich zu entlasten.

Ich pfiff außerdem ganz bewusst auf Perfektion. Ich gab auf, nach etwas zu streben, was ich nicht war, eine 100-Prozent-Frau. Ich bin die 60-Prozent-Chaos-Mama mit 100 Prozent Liebe im Herzen: Die Zöpfe der Kinder sahen bei mir eben windschief aus, das Leergut wuchs zur Installation heran und ich kam jedes Mal zu spät. So what. Wo es ging, machte ich es mir noch einfacher, kaufte möglichst bügelfreie Wäsche, fertigte Kuchen aus Backmischungen an und guckte angestrengt auf den Boden, wenn bei Elternabenden nach

Freiwilligen für was auch immer gefragt wurde. Überhaupt empfand ich es als befreiend, vor anderen zuzugeben, dass ich nicht immer alles schaffen würde. »Du?« kam erstaunlicherweise oft als Reaktion. »Du wirkst so, als hättest du immer alles im Griff.« Auf einmal stellt man lachend fest, dass die vermeintlich perfekten Übermütter genau dasselbe über dich dachten.

Ich habe aufgehört, mein Leben sch…ungerecht zu finden und sauer auf Til zu sein. Dass die Familie nicht mehr so existierte, wie ich es gern wollte, konnte ich nicht ändern. Was ich ändern konnte, war meine Einstellung. Familie ist, was du daraus machst. Gefühle wie Wut, Trauer, Angst, Verbitterung, Hass kosten viel zu viel Kraft. Die Frage, wer Schuld ist, ebenso. Vergebung und Distanz sind wohltuender für die Seele und das Lebensklima.

Und ich fing an, stolz auf mich zu sein. Ich arbeitete in meinem eigenen Unternehmen, war Vierfachmama und wuppte das Leben in einem anderen Land. Warum sollte ich im Bett liegen und denken, dass ich nicht gut genug bin? Ich befahl dem inneren Kritiker fortan, mal schön den Mund zu halten, denn ich hatte allen Grund, stolz auf das zu sein, was ich jeden Tag leistete. Ich gewöhnte mir an, abends eine positive Rückschau zu zelebrieren, indem ich mir vor Augen führte, wofür ich dankbar im Leben sein durfte. Das ist eine Übung aus der Positiven Psychologie. Dankbarkeit, so die These, mache nachweislich glücklicher. Ich kann das nur bestätigen. Durch all das war ich sicher nicht weniger müde, aber die positivere Einstellung und die zusätzliche Hilfe haben mich innerlich stärker und entspannter gemacht.

Gerade zum richtigen Zeitpunkt, denn der Gelassenheitslevel sollte möglichst hoch sein, wenn die Kinder anfangen, in die Pubertät zu schlittern und Gefühlsausbrüche und Stimmungsschwankungen plötzlich auf der Tagesordnung stehen.

Valentin war ein vergleichsweise pflegeleichtes Pubertier: Er hat seinen Wortanteil einfach von zehn Prozent auf einen runtergesetzt. Er schwieg sich aus, alles andere wäre ihm zu peinlich gewesen und am liebsten verzog er sich in sein Zimmer, wenn er mal zu Hause war. Luna und Lilli hatten schon etwas mehr Temperament. Sie haben zwar auch nicht allzu viel von sich preisgegeben, höchstens mal, wenn die eine was über die andere verriet: »Die ist so, weil ihr Freund mit ihr Schluss gemacht hat.« Dafür waren sie Meisterinnen in nonverbaler Krachmacherei: Türengeknalle, laute Musik und genervtes Rumgestöhne waren ihre Lieblingsdisziplinen. Die wurden immer dann eingesetzt, wenn ich es ihnen mal wieder nicht recht machen konnte. Keine Ahnung, wie oft ich mir Vorwürfe anhören durfte wie »Du warst eine schlechte Mutter.« Oder: »Du hast mich immer zu spät abgeholt früher, weil du lieber noch ein Nickerchen gemacht hast.« Und zur Bestrafung für all meine Mutterverfehlungen plünderten sie meinen Kleiderschrank und brauchten meine Kosmetikartikel auf. Zum Glück hatte ich Emma, die noch schön kuschlig war und meine Fürsorge und Liebe brauchte.

Unsere Wohnsituation änderte sich, als Til 2012 nach Hamburg zog. Die drei Ältesten setzten sich in den Kopf, ab sofort lieber bei ihrem Papa zu leben, der sich extra ein Haus ganz in der Nähe ihrer Schule suchte. Also zog ich gemeinsam mit Emma in eine Wohnung, die kleiner war und sich in einer belebteren Gegend befand. Einerseits fiel es mir unheimlich schwer, die drei ziehen zu lassen, andererseits verstand ich, dass sie endlich ihren Vater wollten. Und er sie. Es hatte ihm in der Seele wehgetan, was er alles verpasst hatte – von ersten Schritten und Worten über witzige Momente oder Schulaufführungen. Und sie hatten als jüngere Kinder so oft geweint, weil auch sie ihn schmerzlich vermisst hatten. Damals sagte ich zu ihnen: »Er gibt euch seine Liebe so, wie er das eben kann.« Das ist auch der Grund, warum ich nie etwas dagegen hatte, dass Til die Kinder in seine Filme eingebunden hat. Wenn sie mit ihm drehten oder auf Premieren gingen, konnten sie Zeit miteinander verbringen. Er ist nun einmal ein Workaholic – sie mussten also in seine Welt eintauchen, um einen Teil von ihm abzubekommen. Nun hatten sie das erste Mal die Möglichkeit, mit ihm zusammenzuleben – was wäre ich für eine Mutter, ihnen das nicht zu gönnen? Ich vermisste sie trotzdem jeden Tag. Komisch, wie still es ohne sie war. Als sie laut Musik hörten oder mit den Türen knallten, sehnte ich mich nach Ruhe. Nun, da sie weg waren, vermisste ich den Krach.

Muss ich erwähnen, dass es bei Til keinerlei Regeln gab? Die Kinder fanden das »nice«, klar. Ich sah es mit gemischten Gefühlen – vor allem, als es darum ging, was sie nach der Schule anstellen wollen. Ich hatte mir immer vorgenommen, es besser als meine Mutter zu machen, beratend zur Seite zu stehen und sie zu ermutigen, zu studieren. Aber Til wollte es wohl besser machen als sein Vater und ihnen jegliche Freiheiten geben. Also sagte ich: »Geh doch studieren!« Und Til sagte: »Brauchst du nicht, ich habe das auch nicht gemacht.« Ist doch klar, was die Kinder in dem Moment besser fanden.

Mir blieb nichts anderes übrig, als loszulassen, auch wenn es mir von Herzen schwerfiel. Sie mussten ihre eigenen Entscheidungen treffen. Und ich musste darauf vertrauen, dass Til ihnen dafür Fähigkeiten vermittelte, die seine Stärke waren. Dass er niemals aufgibt, zum Beispiel, wenn er etwas wirklich erreichen will. Dass er großzügig ist und ein fairer, loyaler Kollege, dass er immer hart und bis ans Limit arbeitet.

Aber der Auszug der Kinder hatte auch Vorteile: Ich hatte wieder mehr Freiheit, mehr Zeit für mich und neue Freundinnen. Auch bei Bellybutton hatte ich einen entscheidenden Schritt gemacht: Nach 15 Jahren als Privatunternehmen haben wir eine solvente Firma mit ins Boot geholt, durch die wir neue finanzielle Ressourcen bekamen und unsere Verantwortung etwas abgeben konnten – kurzum: Wir mussten nicht mehr 100 Prozent geben. All diese Veränderungen und die Tatsache, dass ich bis dahin keine relevante neue Partnerschaft eingegangen war, ließen einen Gedanken wieder aufkeimen, den ich jahrelang unterdrückt hatte: wieder zurückzukehren nach Malibu, in meine gefühlte Heimat. Ich dachte: Bis auf Emma brauchen die Kids mich nicht mehr und sie haben ja nun Til. Worauf bitte sollte ich noch warten?

Also zog ich gemeinsam mit Emma 2016 wieder in mein geliebtes Haus, zu meinen Freunden, in die Nähe meiner Eltern, meiner Schwester. Das Gefühl, die Tür aufzuschließen, war unbeschreiblich. Ich ging durch jedes Zimmer, erinnerte mich an das Lachen der kleinen Pippilotta-Lilli, den frechen Blick von Luna, wenn sie wieder was ausgeheckt hatte, an die Versunkenheit von Valentin, wenn er Lego spielte, an die ersten tapsigen Schritte von Emma, an die Spur von Drehbüchern, Aschenbechern und Weingläsern, durch die man immer wusste, dass Til da war, an all die schönen warmen und lustigen Familienabende in der Küche. Und ich wusste, dass jetzt die Zeit gekommen war, das Haus wieder zu neuem Leben zu erwecken – und anzufüllen mit neuen wundervollen Erinnerungen, mit Lachen, Tanzen, Weinen, Liebe und Innigkeit.

EIN PUZZLE NAMENS LEBEN

Das Leben ist ein großes Puzzle. Das ist jedenfalls so was wie meine Philosophie. Jeden Tag, eigentlich jede Minute, kann ein neues Stück hinzukommen, sei es, wenn etwas Schönes, Lustiges, Liebevolles, aber auch Trauriges, Schreckliches, Prägendes passiert. Momente, die dich zu dem Menschen werden lassen, der du heute bist. Manche nennen diese Momente Schicksal, manche Gottesfügung. Ich tue mich schwer, an DAS Schicksal zu glauben – warum sollte jemand ein besseres oder gar schlimmeres Schicksal haben als andere? Warum sollte ein Gott zulassen, dass ein kleiner Junge im Pool stirbt? Deswegen mag ich die Metapher eines Puzzles, das, wenn man es Stück für Stück zusammensetzt, ein Bild des Lebens ergibt.

Jeder Einzelne von uns, so stelle ich es mir vor, stellt mindestens ein 1000-Teile-Puzzle dar und natürlich ist jedes ein Unikat. Die bunten Teile, die Highlights des Lebens, will man sofort zusammensetzen, weil es leichter von der Hand geht und Spaß macht, sich an sie zu erinnern. Das sind bei mir meine Kinder und all die herrlichen Momente, die ich mit ihnen beim Großwerden erleben konnte. Aber auch viele Augenblicke, die ich selbst als Kind in der Natur verbracht habe, meine Reisen durch die halbe Welt als Model, wertvolle Erlebnisse mit lieben Freunden, meine Hochzeit, die Geburten und glücklichen Ehejahre.

Dann gibt es graue oder schwarze Teile, die man erst einmal auf einem Haufen sammelt und liegen lässt. Man hat keine Lust, sie zusammenzusetzen, weil es schwierig ist, sich mit ihnen zu befassen. Es bringt nur nichts, sie zu ignorieren, denn sie gehören genauso dazu und machen das Puzzle erst komplett. Das sind die bitteren und schmerzvollen Momente im Leben. Bei mir waren es der sinnlose Tod von Lunas Freund, den ich geliebt habe wie ein eigenes Kind, und der Umzug aus einer geliebten Umgebung hinein in eine Zeit der Trennung und des Alleinseins.

Ab und zu wiederum findet man hocherfreut ein Teil, bei dem man denkt: Hey, da ist es ja endlich, das passt bestimmt an diese eine Stelle da! Man drückt das Puzzlestückchen in die Lücke rein – aber es ist doch falsch, wenn auch nur um wenige Millimeter. Das, bei dem ich dachte, es würde in die bunte Mitte gehören, war das Til-Teil.

Als wir uns kennenlernten, wollten wir beide eine Familie. Wir waren zu jung, naiv, voller Verliebtheitshormone und haben zu viel geknutscht und zu wenig nachgedacht. Sonst hätte ich die wenigen »falschen« Millimeter bemerkt und festgestellt, dass unsere Vorstellungen eines gemeinsamen Lebens nicht ganz deckungsgleich sind. Stattdessen tat ich Dissonanzen zwischen uns als »Ach, was soll's« ab. Man sagt ja nicht, nur weil der eine lieber Techno hört, viel raucht und gern Partys feiert und man selbst mehr auf Blues und Jazz steht und Zigaretten doof findet: »Du, lass mal gut sein …!«

Ich hielt mich an die Dinge, die wir gemein hatten: die bedingungslose Tierliebe, die Hilfsbereitschaft, unser Sinn für Humor. Wir groovten uns eine Zeit lang aufeinander ein, konnten uns gegenseitig ergänzen und zu Besserem pushen: Til, der impulsive Typ mit Hang zur Regel- und Sorglosigkeit, ich, objektiv, pragmatisch, die Dinge mehrfach skeptisch hinterfragend – vom Wesen her war er manchmal mehr Amerikaner als ich und ich mehr Deutsche als er. Aber genau so kamen Dinge zustande wie seine Produktionsfirmen, sein Versuch, es in Hollywood zu probieren, mein Mamaunternehmen. Das wäre ohneeinander vermutlich nicht so passiert. Und das, was wir erreicht haben, obwohl wir kein Perfect Match waren, kann uns niemand mehr nehmen.

Die Jahre direkt nach der Trennung, als ich alles sch… ungerecht fand, habe ich mich oft gefragt, warum ich ausgerechnet an Til geraten bin. Eine beliebte spirituelle These, die ich auch während meiner Therapie durchging, ist ja: »Nichts passiert ohne Grund. Und wir können aus allem etwas fürs weitere Leben lernen.« Schön und gut, ich hatte nur nicht die geringste Ahnung, was das sein sollte. Heute weiß ich: Es bringt nicht immer etwas, sich den Kopf über »die Message« zu zerbrechen. Oder sich Gedanken zu machen, was sonst hätte sein können. Ein Leben voller »Was wäre, wenn …« und »Hätte ich doch …«, macht nicht zufriedener, sondern verbittert nur.

Mag sein, dass ich nach dem Modeln vielleicht meinen Pilotenschein gemacht oder Flugzeugmechanik studiert hätte, denn alles rund ums Fliegen war und ist noch heute etwas, das irgendwas in mir zum Klingen bringt. Aber vielleicht hätte ich nur wieder abgebrochen. Vielleicht wäre ich Duane noch einmal über den Weg gelaufen. Vielleicht wären wir glücklicher geworden. Vielleicht aber auch nicht. Allein – es tut nichts zur Sache.

Damals, als ich in Köln gerade Schluss mit einer mittelmäßigen Beziehung machte und Til und Flo kennenlernte, hatte ich eben einfach keinen anderen Plan. Wie schon in den Jahren nach der Highschool. Ich kann sogar sagen, dass ich relativ planlos durchs Leben geschlittert bin. Manchmal habe ich probiert, strukturierter zu werden, aber dafür bin ich nun einmal nicht der Typ. Ich habe die Queen of Unstrukturiertheit als Mom – das Ergebnis meiner Bemühungen, aus dem anerzogenen »Comme ci, comme ça«-Kreislauf auszubrechen, hielt sich in Grenzen. Immerhin frage ich nicht jedes Jahr, wann genau noch mal die Kinder Geburtstag haben, so wie es meine Mutter seit Jahrzehnten tut, nur, weil sie keine Lust hat, einen Kalender zu benutzen. Auf der anderen Seite würde ich vermutlich ersticken, wenn ich in zu engen Strukturen leben würde. Der Vorteil meiner Erziehung war, wenn man es mal aus einem anderen Blickwinkel betrachtet, diese immense Freiheit, die mir meine Eltern ungefragt in den Schoß schmissen: »Kind, ab jetzt mal schön allein klarkommen.« Gewiss kam die Freiheit ein bisschen zu früh, aber sie erlaubte mir, mich ohne Druck durch die halbe Welt treiben zu lassen. Nur weil man einen detaillierten Plan für die eigene Zukunft hat, heißt es noch lange nicht, dass dieser auch klappt. Im Leben spielen so viele Unbekannte eine beachtliche Rolle. Derjenige, der schon alles genau für die Zukunft festgelegt hat, kann doch nur enttäuscht werden, wenn etwas Unerwartetes dazwischenkommt. Ich hatte keine großen Erwartungen und dazu immenses Glück in meiner Planlosigkeit.

Und der Vorteil daran, so durchs Leben zu schlittern, ist, dass man mit Veränderungen meistens ganz gut klarkommt.

So konnte ich die Umzüge zwischen den Kontinenten gut wegstecken und immer wieder neu durchstarten. Mein innigster Lebenswunsch hat sich ja ohnehin bei all den unerwarteten Wendungen erfüllt: Ich bin Mutter geworden. Und auch, wenn die Kids gerne mal so tun, als wären sie anderer Meinung: Den Job habe ich ziemlich gut hinbekommen. Die vier sind großartig geworden. Sie machen ihr eigenes Ding, sind richtige Freidenker. Sie interessieren sich für Umwelt und Politik, sind empathisch, nicht verwöhnt und können teilen. Bei zweien von ihnen entdecke ich Spuren von Chaos – aber nun ja, wieso sollte es ihnen besser gehen als mir? Die anderen beiden kommen eher nach ihrem Vater. Nur so viel: Sollte ihnen mal ein unordentliches Schweigerkind unterkommen – das haben sie nicht von mir … Immerhin studiert mindestens eines der Kinder, ganz von sich aus. Check!

Ich habe also vier verdammt gute Gründe, meinen inneren Frieden damit machen zu können, an Til geraten zu sein. So lasse ich das falsche Puzzleteil, das wohl eher für die Randnähe gedacht war, dort liegen. Fest verkeilt mitten im bunten Geschehen, zwischen den vielen Teilen, die mir meine Kinder bescherten, gehört es nun eben hin.

Die *Bild*-Zeitung hat einmal eine schöne Überschrift geschrieben, als Tils Liebesbeziehung, die er nach mir hatte, wieder zerbrach: »Am Ende bleiben immer Dana und die Kinder.« Man könnte es genauso umgekehrt formulieren: »Am Ende bleiben immer Til und die Kinder.« Das stimmt. Da ist zwar keine Liebe mehr, aber ganz viel Zuneigung – und der Stolz darauf, es ohne Rosenkrieg hinbekommen zu haben. Ich kenne einige Frauen, die sich so betrogen von ihren Männern fühlten, dass sie ihnen die Kinder vorenthalten haben. Und Männer, die ihren Frauen aus Rache keinen Cent gezahlt haben. Stattdessen sind wir zehn Jahre, ohne schlecht über den anderen zu reden (na ja, oder zumindest nicht allzu oft schlecht übereinander zu reden), verheiratet geblieben, um unsere vier nicht zu Scheidungskindern zu machen. Erst im Mai 2014 haben wir uns offiziell scheiden lassen. Das war auch harte Arbeit, denn ich weiß nicht, wie oft ich in Gedanken meine eigenen Schweigerfilme gedreht habe, nur, dass es keine Komödien, sondern eher Thriller mit nur einem Mordopfer waren, *Kein-Ohr-Til*, *Pfeil im Kopf* oder *Kill Til* als Serie …

Nun haben wir es aber zu einem freundschaftlichen Verhältnis geschafft – und können wieder gemeinsam lachen. Vor ein paar Jahren waren Til und ich mal zum Abendessen aus und da sagte er zu mir: »Ich würde dich wieder heiraten. Und du? Würdest du mich auch noch mal heiraten?« Ich antwortete: »Ja«, und fügte hinzu: »Für die andere Hälfte des Hauses wohl schon.« Er lachte und sagte: »Du hast mich durchschaut. Genau aus dem Grund würde ich dich auch noch einmal heiraten.« Ich rechne es ihm hoch an, dass er mir seine Hälfte unseres Malibuanwesens vor einiger Zeit auch so überlassen hat – ich musste ihn nicht noch einmal heiraten. Er kommt bis heute gerne zu Besuch, wenn er in Los Angeles ist – ob wir das noch brauchen, wenn auch Emma aus dem Haus ist, dürfte unwahrscheinlich sein. Seit drei der Kinder selbst erwachsen sind, wird Tils und meine Verbindung zunehmend schwächer. Was immer er macht, geht vor allem ihn und unsere selbstbestimmten Kinder an. Ich muss sie nicht mehr in Schutz nehmen, auch ihn nicht – sie haben ihr eigenes Verhältnis zu ihrem Vater.

Für mich ist nun eine Zeit des Neuanfangs gekommen: Bald wird als letzte meine Emma ihren eigenen Weg einschlagen, bald bin ich wieder völlig frei. Das fühlt sich aufregend und ein bisschen beängstigend an, so wie damals, als ich die Highschool beendet habe. Was kommt als nächstes? Welche Abenteuer hält das Leben für mich bereit? Was steht noch auf meiner Bucket List?

Was da ganz sicher nicht draufsteht, ist, dass ich zu Hause rumsitze, Löcher in die Wand starre und auf die Anrufe meiner Kinder warte, die für eine Mutter immer viel zu selten kommen werden, weil sie angefangen haben, ihr eigenes Leben zu leben. In jedem Fall werde ich mich weiter engagieren für Projekte, die mir am Herzen liegen. Allen voran ist es mir ein Anliegen, anderen Kindern, die es nicht so gut haben wie meine, zu helfen. Deswegen unterstütze ich seit Jahren Vereine wie Dunkelziffer, SOS-Kinderdorf, Projekt Findelbaby oder die Ronald McDonald Häuser. In Malibu habe ich nach dem großen Brand Ende 2018 Spenden für diejenigen gesammelt, die alles in den Flammen verloren hatten und habe unser Haus an eine größere Familie vermietet – schließlich sind Emma und ich »nur« zu zweit. Und ich denke darüber nach, eine Bewegung ins Leben zu rufen, die sich gegen die amerikanischen Waffengesetze richtet. Wenn man hier lebt, ist es schwer zu ertragen, wie einfach es den Menschen gemacht wird, in die nächste Bar oder gar Schule zu spazieren und mit ihren dämlichen Gewehren rumzuballern.

Ich würde die Organisation »MGGA – Make Guns Go Away« nennen, als Affront zu Trumps Slogan »Make America Great Again«. Aber ich muss für meinen Lebensunterhalt auch Geld verdienen und kann daher nicht nur ehrenamtlich arbeiten. Weil ich ein Faible für Einrichtung und Design habe, habe ich einen Onlineshop entwickelt, auf dem ich liebevoll ausgesuchte Midcentury-Möbel anbiete.

Dass ich bald 52 werde, macht mich eher fassungslos als ängstlich. Die Zeit rast nur noch und offensichtlich sind die Bremsbeläge, um das Tempo zu drosseln, genauso abgenutzt wie so manches an meinem Körper. In der Hinsicht dachte ich allerdings, es würde mich mehr stressen, älter zu werden. Tut es aber nicht. Ich mag mich und befinde mich weitestgehend im Einklang mit meinem Körper. Ich habe keine Probleme, über Winkefleisch, Fältchen oder Hitzewallungen zu reden. Klar wäre ich froh, wenn ich immer noch die straffe Haut einer Zwanzigjährigen hätte oder sieben Kilo weniger wiegen würde, aber ich hadere nicht mit dem Älterwerden. Ich klammere mich nicht daran, möglichst jung auszusehen, als sogenannte Milf (»Mother I like to fuck«) durchzugehen oder »in Würde zu altern«. Soll das Resultat von 40 Jahren Emanzipation wirklich darauf hinauslaufen, dass Frauen den Männern alles nachmachen können und dürfen, solange sie dabei aber bitte schön knackig und sexy aussehen, und zwar auch jenseits der 50? Da mache ich nicht mit. Ich befinde mich vielleicht nicht mehr in der Blüte meines Lebens, aber der Komposthaufen ist noch weit entfernt – und was ich stattdessen bekommen habe, ist so viel wert: Zufriedenheit, innere Ruhe und Gelassenheit – das sind wirkliche Trümpfe.

Natürlich werde ich regelmäßig gefragt, ob es da wieder einen Mann in meinem Leben gibt beziehungsweise warum eigentlich nicht. Es existierten immer mal wieder kurze Liebschaften, allesamt zu wenig ernsthaft, um etwas offiziell zu machen. Insgesamt scheine ich Pech zu haben, wenn es um eine neue Partnerschaft geht. Leider stehe ich so gar nicht auf Online-Kennenlern-Plattformen wie Tinder oder Parship, bei denen ich selbst den ersten Schritt machen muss. Ich bin ziemlich altmodisch und mag es, angesprochen zu werden. Das Ding ist: Es tut nur niemand. Warum weiß ich auch nicht. Vielleicht, weil ich ausstrahle, dass ich ziemlich gut »allein Dana« sein kann? Ich muss mich nicht zwingend über einen Partner definieren. Nicht *mehr* in jedem Fall, denn das zu tun, ist kein Glücksgarant. Ich bin mir meistens selbst genug. Nur manchmal gucke ich verstohlen meine glücklichen Freundinnen und ihre Partner an, die gut zu ihnen sind (und umgekehrt) und wünsche mir eine innige Verbundenheit mit einem Mann, so wie sie es haben.

Eine meiner Hamburger Freundinnen beschwert sich gern mal darüber, dass ihr Mann den vollen Küchenmülleimer übersieht oder nur sich selbst einen Cappuccino macht, während am Esstisch die Gäste sitzen. Mehr hat sie nicht, worüber sie sich nach knapp 20 Jahren Ehe wirklich aufregt. Ansonsten haben es die beiden geschafft, sich gemeinsam darüber zu freuen, welche Wege ihre fast erwachsenen Kinder gehen. Sie können sich im Restaurant noch jede Menge erzählen und haben gemeinsame Hobbys und Freunde. Das käme meiner Idealvorstellung von Partnerharmonie recht nahe.

Til hat oft Schlagzeilen mit neuen Beziehungen gemacht, gehalten hat bis jetzt nichts auf Dauer. Schade fand ich, dass es mit Francesca Dutton nicht funktioniert hat. Ich mochte sie, trotz oder gerade wegen ihrer Kuchenmitbringsel. Viele seiner anderen Freundinnen haben mich genervt – nicht weil ich eifersüchtig war, diese Art von Gefühlen hatte ich relativ früh nach unserer Trennung nicht mehr. Sondern weil sie versucht haben, einen Keil zwischen ihn und seine Familie zu treiben. Ich empfand es als Angriff gegen unsere Kinder – und da schaltet man als Mutter eben in den Kampfmodus. Aber ich würde mich für ihn freuen, wenn auch er jemanden fände, der zu ihm passt und wenn er glücklich wird.

Das werde ich nie abstellen können: meine Liebsten glücklich machen zu wollen. Meine Kinder, meine Eltern, meine engen Freunde, sogar meinen Ex – wenn sie glücklich sind, dann bin ich es auch. Ich nenne es: »Mein Streben nach dem perfekten Familienfest.« Die Wahrheit ist nur, dass es mir noch nicht besonders gut gelungen ist. Zum einen ist das zwei falschen Puzzleteilen geschuldet: Bin ich in Malibu, vermisse ich meine Kinder so sehr, wenn sie nicht auch gerade dort sind. Bin ich in Deutschland, vermisse ich meine Eltern, meine Schwester und ihre Kinder – diese Teile wollen einfach nicht so richtig zusammenpassen und werden es vielleicht auch nie. Das Resultat meines Hin- und Herreisens zwischen den Kontinenten ist, dass ich immer einen Teil meiner Familie nicht um mich herum haben darf.

Zum anderen machen es mir die Kinder nicht gerade leicht. Ich fühle mich manchmal wie ein Familientherapeut, der versucht, alle zusammenzuhalten, wenn mal wieder die totale Hysterie herrscht. Die Kinder streiten sich ziemlich häufig um meine und Tils Aufmerksamkeit und sind manchmal eifersüchtig aufeinander. Dann wird geschrien und ausgeflippt. Und ich stehe dazwischen und rede beruhigend auf alle ein: »Versuch bitte, deine Schwester, deinen Bruder, deinen Vater zu verstehen …«

Da gucke ich schon etwas auffälliger auf einige Freundinnen, die neben einem tollen Partner auch noch das scheinbar perfekte Familienleben haben. Wenn diese mir von einem schönen Weihnachtsfest erzählen und ich leider nur zum Besten geben kann, wie oft die eine Tochter Schimpfwörter benutzt und die nächste mit den Türen geknallt hat, denke ich: Warum kann ich das nicht auch haben? Wieso ist sie für die perfekte Familie gecastet worden und ich für die »Schweiger Shit Show«?

Ich nenne das den »Perfect Neid«, hervorgerufen durch den einzigen Stachel, der wirklich tief in meinem Herzen sitzt und sich nicht einfach ziehen lässt. Der Stachel, es als Mutter nicht geschafft zu haben, die Familie zusammenzuhalten. Mein Verstand weiß genau, dass unter jedem Dach ein Ach sitzt und nichts eindeutig perfekt ist. Meine Seele aber sehnt sich nach einer eigenen perfekten Familie mit dem schönsten Filter, den das Leben zu bieten hat, bitte schön.

Aber auch wenn ich für meine Kinder alles tun würde, kann ich am Ende nur das geben, was ich bin. Und auch eine Mutter ist nur ein Mensch. Genau wie meine Mutter, die gewiss Fehler gemacht hat, aber sich im Laufe meines Lebens immer öfter als wichtige Ratgeberin entpuppt hat. Ich habe mich mit ihr ausgesöhnt, aber noch viel wichtiger, ich habe mich mit mir selbst ausgesöhnt, denn ich kann niemand anderes sein als ich selbst und mache mir keine Vorwürfe mehr für das, was in meiner Vergangenheit passiert ist. Wie viele von uns sind in der Vergangenheit in Mist getreten, den sie immer noch an ihren Schuhen herumtragen? Wir nehmen ihn überall mit hin. Ich bin bereit, meine Vergangenheit zu akzeptieren. Sie macht mich zu der, die ich heute bin.

Und ich bin mir sicher, dass wir es schon hinbekommen werden. Beim letzten Fest, es war der Geburtstag eines der Mädchen, hat Valentin gesagt, dass er keine Lust mehr habe auf unsere Familienfeiern. Weil es wieder zu viel Streit unter den Mädchen gab. Er wolle sich von uns scheiden lassen, waren in etwa seine Worte. Aber dann kam Emma dazu und sagte: »Was ist denn los?« Wir haben uns gemeinsam mit Luna und Lilli in die Küche gesetzt, uns gegenseitig zugehört, uns umarmt und zusammen gekocht. Am Ende vertrugen sich alle. Und ganz ehrlich, es wäre sonst ja auch wirklich langweilig ohne meine schön chaotisch-liebenswerte »Schweiger Shit Show.« Ich bin gespannt, was sie mir noch beschert – und freue mich auf all die Puzzlestücke, die noch dazukommen und mein Bild des Lebens ausformen.

Am liebsten dürfen sie kunterbunt sein.

Edel Books
Ein Verlag der Edel Germany GmbH

Neumühlen 17, 22763 Hamburg
www.edelbooks.com

Projektkoordination und Lektorat: Svetlana Romantschuk
Vermittelt durch: Käfferlein & Köhne GmbH & Co. KG
Layout und Satz: Datagrafix GSP GmbH, Berlin
Umschlaggestaltung: Groothuis. Gesellschaft der Ideen und Passionen mbH | www.groothuis.de
Coverfoto: Jonas Mohr

Druck und Bindung: GGP Media GmbH, Pößneck

Bildnachweis
Alle Bilder privat, außer:
Dana Schweiger und Ursula Karven bei einem Fototermin für Bellybutton 1999 in Berlin: imago images / Kathrin Schubert; *Bunte*-Cover vom 02.01.2003: *Bunte*; Familie Schweiger beim New Faces Award in Berlin: imago images / Mauersberger; Dana Schweiger 2005 bei einer Charity Gala in Hamburg: imago images / Strussfoto

Printed in Germany

ISBN 978-3-8419-0661-8

MIX
Papier aus verantwortungsvollen Quellen
FSC® C014496
FSC www.fsc.org